［美］瑞秋·谢尔曼 著　黄炎宁 译
Rachel Sherman

不安之街

财富的焦虑

Uneasy Street

The Anxieties of Affluence

华东师范大学出版社
·上海·

图书在版编目(CIP)数据

不安之街:财富的焦虑/(美)瑞秋·谢尔曼著;
黄炎宁译 .—上海:华东师范大学出版社,2021
 ISBN 978-7-5760-2131-8

Ⅰ.①不… Ⅱ.①瑞… ②黄… Ⅲ.①阶级差别—研
究—美国—现代 Ⅳ.① D771.261

中国版本图书馆 CIP 数据核字(2021)第 194994 号

不安之街:财富的焦虑

著　　者	瑞秋·谢尔曼
译　　者	黄炎宁
责任编辑	顾晓清
责任校对	王丽平　时东明
封面设计	周伟伟
出版发行	华东师范大学出版社
社　　址	上海市中山北路 3663 号　邮编　200062
网　　址	www.ecnupress.com.cn
客服电话	021-62865537
网　　店	http://hdsdcbs.tmall.com/
印 刷 者	苏州工业园区美柯乐制版印务有限公司
开　　本	890×1240　32 开
印　　张	11.875
字　　数	253 千字
版　　次	2022 年 5 月第 1 版
印　　次	2025 年 6 月第 2 次
书　　号	ISBN 978-7-5760-2131-8
定　　价	69.80 元
出 版 人	王　焰

(如发现本版图书有印订质量问题,请寄回本社市场部调换或电话 021-62865537 联系)

献 给 劳 拉

幸运儿很少会承认自己只是运气好。他还需要知道自己有权获得这份运气。他需要心安理得地认为自己"配得上"这运气;最重要的是,他比别人更有资格……于是乎,好运成了"正当的福气"。

——马克思·韦伯《世界宗教的社会心理》[1]

目　录

致谢 \ 001
绪论 \ 005

第一章　目光所及的他人 \ 037
 自视中产或是承认特权 \ 039
 从"中间"仰望高处 \ 045
 心系下层，承认特权 \ 060
 向上又向下 \ 070

第二章　努力工作还是难得干活？ \ 077
 工作能力和道德品质 \ 079
 挣钱，体现人生价值的艰苦奋斗 \ 084
 运气、帮助和结构性优势 \ 087
 独立感的另一面：焦虑和审慎 \ 093
 继承人、愧疚，以及占有特权 \ 097
 全职妈妈和生活方式的劳动 \ 106

有偿劳动和独当一面 \ 115

回归有酬工作？\ 119

第三章 "非常昂贵的平凡生活" \ 123

充满矛盾的消费 \ 125

合理消费和基本需求 \ 128

节制与审慎 \ 132

物质主义、炫耀和露富 \ 138

定义合理需求 \ 144

第四章 "回馈社会"、自我觉察和身份认同 \ 153

自我觉察和感恩之心 \ 160

互相尊重、平等和抹除差异 \ 166

贡献金钱和时间 \ 173

回馈还是放弃特权 \ 189

第五章 劳动、消费和配偶之间的财富支配 \ 197

矛盾和贡献 \ 203

劳动分工和单收入来源家庭的价值认可 \ 206

继承和财富正当性 \ 228

时间凌驾于金钱之上：双职工家庭 \ 240

性别、阶级和贡献 \ 245

第六章　关于特权的家庭教育 \ 249

节制欲望、接触社会，防止儿女"恃财傲物" \ 251

规训自我：行为和消费 \ 255

接触策略：定位自己的生活 \ 264

远离特权，以接受自我的特权 \ 288

结论 \ 291

方法论附录 \ 301

注释 \ 325

参考文献 \ 351

致　谢

首先，我非常感谢我为写作本书采访过的所有人。他们不仅和我分享了时间，而且还和我分享了他们的思想、经历和情感，这些并不总是容易谈论的。他们的慷慨使本研究项目最终得以实现。我也要感谢帮我寻找受访者的朋友、同事和熟人。出于保密的原因，我选择不公开他们的姓名，但他们对于这项研究至关重要。

本研究受惠于组织机构和个人的慷慨相助。新学院（New School）为我提供了研究资金和研究助理。2013年到2014年间，埃里克·柯烈宁博格（Eric Klinenberg）以及纽约大学公众知识学会（NYU's Institute for Public Knowledge）的教职人员为我提供了写作本书最初的物理和心理空间。而我随后在新学院设计、民族志和社会思想研究院（Graduate Institute for Design, Ethnography and Social Thought）挂靠的研究员身份，使我得以在第二年继续进行写作。丽莎·凯斯特（Lisa Keister）对我突然的数据要求予以了慷慨的回应。安娜·马西森（Anna Matthiesen）和尤萨拉·拉克斯伦（Jussara Raxlen）仔细并且极富洞察力地编码了许多访谈实录。吉列米娜·艾尔托蒙德（Guillermina Altomonte）和塔尼娅·阿帕里奇奥（Tania Aparicio）回顾了许多二手研究，吉列米娜还帮我仔细检查了我的草稿和校对稿中的语法和逻辑问题。

正如我在附录中所说，这项研究给我带来了巨大的智识和情感上的挑战。如果没有许多好友和同事的支持，我无法完成这个研究项目。给我最大帮助的是劳拉·刘（Laura Liu）和米丽安·提科庭（Miriam Ticktin）。整个研究和写作过程中，她俩始终是我的挚友和进行学术交流的重要对象。她们对于我写下的论文和章节的许多版本提出了敏锐并且往往是改变性的评论，并同时给予了我无以回报的精神支持。我对凯伦·斯特拉斯勒（Karen Strassler）也充满感激。就本研究的核心问题，我俩花超过半生的时间进行了讨论。她从头到尾的介入，特别是她对整个书稿的独特解读是不可或缺的。朱丽叶·硕尔（Juliet Schor）、特丽莎·莎普（Teresa Sharpe）以及普林斯顿的一位匿名评审对整个书稿提出了中肯的评论意见，对此我也表示感谢。

在本书写作的不同阶段，许多人都读过其中一些部分，他们的看法也令我受益匪浅。杰夫·亚历山大（Jeff Alexander）、安吉莉·克里斯汀（Angèle Christin）、辛迪·卡兹（Cindi Katz）、阿南特·拉罗（Annette Lareau）和罗宾·瓦格纳—帕西费奇（Robin Wagner-Pacifici）在关键时刻给予了重要的反馈。我也感谢以下这些人的评论和想法：莱斯利·贝尔（Leslie Bell）、大卫·布罗迪（David Brody）、塞巴斯蒂安·沙文（Sébastien

Chauvin）、布鲁诺·考辛（Bruno Cousin）、普莉希拉·弗格森（Priscilla Ferguson）、梅丽莎·费舍尔（Melissa Fisher）、特蕾莎·高恩（Teresa Gowan）、瑞秋·海曼（Rachel Heiman）、沙姆斯·可汗（Shamus Khan）、莱斯利·麦考尔（Leslie McCall）、阿什利·米尔斯（Ashley Mears）、茱莉亚·奥特（Julia Ott）、德瓦尔·佩贾（Devah Pager）、休·拉弗雷斯（Hugh Raffles）、丽莎·赛尔文（Lisa Servon）、丽萨·索厄普（Lissa Soep）、米莉·萨耶尔（Millet Thayer）、弗洛伦西娅·托奇（Florencia Torche）和凯特琳·扎罗姆（Caitlin Zaloom）。卡洛琳娜·班科·穆尼奥兹（Carolina Bank Muñoz）、佩妮·刘易斯（Penny Lewis）和史蒂芬妮·卢斯（Stephanie Luce）在写作初期协助我打磨了我的分析。我也对哥伦比亚大学民族志工作坊的参与者，新学院设计、民族志和社会思想研究院的研讨会成员心存感激，还有我所在院系那些阅读过我研究的学生和同事，以及这一项目漫长进程中聆听我做过报告的许多观众。我感谢以下这些学者的兴趣、鼓励和各方各面的帮助：迈克尔·布洛维（Michael Burawoy）、奥利维·伯克曼（Oliver Burkeman）、杰夫·格里克（Jeff Golick）、大卫·赫柏兹曼（David Herbstman）、达拉·列文多斯基（Dara Levendosky）、露丝·米克曼（Ruth Milkman）、黛布拉·明可弗（Debra Minkoff）、蒂姆·墨菲（Tim Murphy）、安迪·佩林（Andy Perrin）、爱丽逊·普尔（Allison Pugh）、拉卡·雷（Raka Ray）、桑迪·希尔曼（Sandy Silverman）、金·福斯（Kim Voss）、保罗·范德卡尔（Paul VanDeCarr）、维维安娜·泽利泽（Viviana Zelizer）。我也感谢门特（Mentos）一家，他们总是把我逗笑；还有我在内丝科维纳斯（Neskowinners）的伙计们，他们帮我想到了这本书的标题。

能和普林斯顿大学出版社的整个团队合作，我感到非常幸运。埃里克·施瓦茨（Eric Schwartz）在本书的开始阶段非常热情和友好。而在我写作各章节的过程中，梅根·莱文森（Meagan Levinson）一直与我保持密切的联络，她兴趣盎然地阅读各份草稿，力求保证文字能被大多数读者所接受。玛丽莲·马丁（Marilyn Martin）仔细又富有感知力的校对也让本书的质量提高了不少。最后，我想要感谢本书封面的设计者和推广人员，还有那些为本书的出版默默付出的人。

让我深感幸运的是我的家人对我的工作充满兴趣，认可其价值。从我的第一次访谈到最后一个标点，我的母亲多萝西·路易斯（Dorothy Louise）对这项研究一直密切关注着。我的父亲和继母，汤姆·舍曼（Tom Sherman）和南希·米迪尔布鲁克（Nancy Middlebrook）总想分享他们的看法和评论。道格·舍曼（Doug Sherman）和珍妮·亨利（Jeanne Henry）在多年前就鼓励我去思索我在本书里探讨的这些问题，并且在本书写作过程中持续和我进行着交流。玛格丽特·亨特（Margaret Hunt）给我带来了无条件的爱和足够多的秘鲁鸡。最后，劳拉·阿梅利欧向我提供了我在这里难以言表的帮助。我把这本书献给她。

绪　论

　　斯科特和奥利维亚同为39岁，有三个孩子。他们一家在纽约曼哈顿的住所是一套两次世界大战前就已建成的大型公寓。每逢周末和节假日，他们会去康涅狄格州的乡间，那里有他们的第二个家。他们的孩子在一所著名私校上学。他们雇了一个兼职私人助理、一个保姆兼管家，有时还会请大厨来家里烹饪。乘坐飞机时，他们通常会选择商务舱。而在孩子年纪还很小时，他们经常坐私人飞机。负担起所有这些花销的是斯科特继承的一笔财产，来自他教父之前经营的产业。斯科特在常春藤名校念了本科，接着又读了工商管理硕士。毕业后，他先是在金融行业干了几年，但感觉收益不及自己付出的精力。他现在主要经营一家小型科技公司，并且开始资助非营利组织。在孩子的学校，他还是校董事会的积极成员。奥利维亚也毕业于常春藤名校，不过她出生于工人阶级家庭。她硕士念的是社工专业，现在只偶尔上班赚钱。她把大部分时间花在孩子们身上，还有照顾整个家。

斯科特告诉我，他从小就很在意他的家庭背景和财富。如果同学拿他家的豪宅说事，他就会十分敏感。他回忆道："我就觉得'是的，我和他们的确有所不同。而且，我得把这种差异给掩盖起来。'"他在读大学时成了左翼青年，竭力掩饰自己的背景。然而，同学们最终还是觉察出他是个"闷声大发财的家伙"。他们数落他，指控他的家族企业剥夺工人的权利。而奥利维亚也和我谈到她当初结婚时的复杂心情，仿佛自己是嫁给了金钱。她觉得把钱花在孩子身上或者用来帮助别人是再自然不过的事，但如果只是为了自己，她会犹豫不决，因为钱并不是她自己挣来的。她和斯科特都秉持自由派的政治立场，十分留意他们周围那些过得不那么富裕的人。他们也担心自己的孩子会失去努力工作的进取心。

而在居住空间这一点上，两人对他们财富的内心挣扎体现得特别明显。当我2009年采访斯科特时，他正监督纽约上西区一处公寓的翻修工程。他当初买下这套价值450万美元的公寓是想让每个孩子都能拥有自己的房间，然而他们又很纠结到底要不要搬到这里来住。我问为什么，斯科特说："我不确定我们想要搬到这个高大上的地方，不确定我们愿意面对客人的啧啧称赞。你懂的，当他们走进你的家门，发出"哇"的惊叹声……我们不是那种高调的人，我们不想听到那一声'哇'。"

几年后，我又回访了奥利维亚。她透露他们现已搬进了新家，不过这个转变过程并不轻松。她说自己起初对新家非常不适应，甚至一度考虑过放弃。她难以忍受这套公寓先前浮夸的审美和装修风格，尤其是铺天盖地的大理石，给人一种"富到流油"的感觉。她说:"我们想尽了各种办法,胡乱拼凑了一堆我们的廉价旧货,就是要改变原来富丽堂皇的气派。可我有时候回到家,依然会感觉'这里不属于我。'这里没有体现出我对世界的理解,以及我想在世间呈现的自己。"

奥利维亚曾设想把房子彻底翻新,把所有她讨厌的元素通通去掉。但各种意想不到的房屋结构问题迅速蚕食了他们投下的资金,而斯科特也不愿为装修再砸下另外100万美元。奥利维亚向我坦言:"我们其实出得起这笔钱,可他心理上过不去,我也是。但我也不甘心就这么接受房子原来的样子。"两人由此产生了严重的矛盾。用奥利维亚的话说,那是"创伤性"的冲突,甚至威胁到了他们的婚姻。有长达两年的时间,他们在房子装修的问题上一直处于僵持状态。奥利维亚说这一矛盾的背后"其实承载着各种各样的问题,但根源还是钱;是哪些钱该花、哪些不该花的问题"。

他们的内心挣扎也包括其财产的可见度,否则,他们不会对新家的炫富风格如此在意。正如斯科特自己所言,富裕的家境让他从小就显得与众不同,而这正是他长久以来的痛处。奥利维亚则表示她最介意的是,与她那些条件"普通"的同伴和朋友比起来,她家的装修实在显得过于奢华。她说:"我一直不太愿意邀请别人来我们这,特别是那些——我的意思是,我们并不出入于上流社会。其实在上流圈子里,我们的房子也不会显得那么扎眼。但问题是,我们平时打交道的都是普通人。所以,每次孩子邀请朋友来家里做客,我内心都会挣扎很久。"奥利维亚一直不愿承认他们住在一套豪华别墅里。她甚至要求邮局修改她家的收件地址，加上他们住的楼层，而不是直接使用PH这样一个"高高在上"的字眼。[1] 毫不奇怪，他们从未邀请我去他们家做客。我和斯科特的谈话地点是他的办公室，而奥利维亚则来我家接受访谈。

然而他们不仅在意别人眼里看到的他们的消费选择，同时也很困惑怎样限制自己的消费。说穿了，他们基本上可以随心所欲地花钱。但对他们而言，给自己设限，限制到什么程度就意味着他们是什么样的人。斯科特说他们举家搬到纽约后，他花了将近两年时间才下定决心买一台空调。他说：这类决定反映了我们的典型心态。我们必须获得一种生活上的艰辛感。我的意思是，我们的消费方式，我们处理家庭事务的方式……就是说，我们的生活很平常，我们和平头百姓一样坐火车，等等。你懂吗，这种感觉对我们非常重要。"奥利维亚将他们想方设法给自己创造艰辛的做法描述为"一种心理暗示，让我能够对自己现在拥有的财富感到心安，尤其是我出身贫寒"。

不过，斯科特和奥利维亚似乎逐渐接受了他们的生活方式。奥利维亚告诉我，他们的年消费额已经从前几年的60万美元增长到了80万。她对新家也有了新的态度："如果我们打算住在那里，我意思是**真的**住在那里，那我们得敞开心扉去拥抱它，而不是自欺欺人地认为好像自己不属于那里。这种想法挺可笑的，比如故意留一扇坏掉的门。你知道吗，我们过去住的那个公寓，一直有扇坏了的橱门。就是这样的心理游戏，要给自己的生活带来一些小小的不适。你知道吗，就是这种我们在这但又不真的在这儿的心态。我们终于开始厌倦这种把戏，我真的不想再这么做了。"她甚至开始规划另一次房屋翻新。

  为了本书，我采访了包括斯科特和奥利维亚在内的共 50 位生活在纽约的富裕家长，他们的职业包括华尔街金融人士、企业律师、大学教授还有继承巨额遗产的艺术家。我最初的目的是想了解纽约有钱人的消费选择和生活方式——也就是那些有着财务自由的人是如何决定他们的财富应该花在哪里的。买房、装修、送孩子上学、请家政工，以及在工作之余的休闲，关于这些消费，他们是如何做出自己的选择的呢？哪些算是"刚性需求"，哪些算是"奢侈消费"？提出这些问题是因为它们与一个更宏大的社会议题相关：社会的经济不平等正在加剧，而既得利益者如何理解他们自己的社会优势？他们是否会认为自己比别人拥有的东西更多？如果是，这种自我认知是否影响他们的生活选择？而这些选择以及他们用来自我阐释的种种话语又和他们的个体经历、朋友圈子、家庭、同事以及政治立场有着怎样的联系？

  在谈话的开始部分，很多受访者都和斯科特以及奥利维亚一样，谈到他们在消费选择上的种种挣扎。我起初注意到他们纠结的焦点在于花多少钱是可以接受的，以及把钱花在哪里。花 1000 美元买件裙子是否合适？花 2000 美元买个钱包？为了房屋装修砸个 100 万？这些问题有时事关他们坐拥的资源和经济承受能力，但更多时候，他们关心的是如果自己大手大脚地花了这些钱，会**成为怎样的一种人**。比如说，一个全职太太如果雇人来照看宝宝，会不会显得太"自命不凡"（snobbish）？如果她觉得一个厨房灯具太大而想退给商家，会不会显得"有公主病"？为了体现勤俭持家的生活态度，一对拥有上千万资产的夫妇是否就得和一个他们讨厌的沙发死扛到底？所有这些问题都承载着道德判断，而我的受访者们都一致批评铺张浪费和自我放纵，提倡节制、合理的消费。

于是，我调整了访谈的重点，以便进一步深挖这方面的问题。受访者们开始向我提及其他关于财富与自我认同上的烦恼。比如，他们想要给孩子提供优质的（私人）教育和其他种种优势，但怎么才能避免把孩子宠上天？如果和配偶在消费的优先选项上有分歧，该如何解决？不工作的那一方，他（她）的家庭贡献体现在哪里？他们应该如何向别人（包括我）解释自己的这些决定？家装设计师、理财师以及其他服务行业人员都向我证实，他们的客户常常感到财富是一个难以启齿的话题，在花钱这个问题上显得犹豫不决。

我最终意识到，他们所挣扎的是如何做一个既富有又有道德感的人，特别是当下贫富差距日益加剧，社会两极化日趋严重。这本书聚焦的是这些富有的纽约家长如何应对这一问题。

美国的阶级差距和社会想象

在美国，社会阶级这个话题是个"雷区"；[2] 它"空泛、充满政治意味，（又）常常受到忽视"。[3] 与欧洲不同，美国没有贵族和君主制的历史传统，以及由此产生的社会区隔。于是，美国自认为是一个平等的国家。[4] 按照"美国梦"的叙事逻辑，只要一个人足够努力和聪明，不管他出身如何，都能"登上事业的巅峰"。⁵美国社会承诺公民享有同等的机会。与之对应，不管是在公共话语还是个体交往中，人们都避免直接谈论阶级和金钱。几个世纪以来，美国人一直回避点明经济和地位差异的词汇，比如**主人**和**仆人**，而更喜欢使用委婉语，像是**帮助**。⁶拿社会阶级来说事的政客少之又少，不过近几年这个概念突然冒了出来，我在后文会详细提及。

当然，有一个我们津津乐道的阶级，那便是"中产阶级"。但正如本杰明·德莫特（Benjamin DeMott）所言，"中产帝国"——也就是让中等收入群体囊括所有人的想法——实则带给人们一种无阶级差别的印象，好像所有美国人的生活境遇都大同小异。⁷随着中产阶级数量的提升，以及他们在文化领域的影响日益强大，这一印象在二战结束后的一段时间里显得越发准确（但从未完全成为现实）。经济扩张、工会力量，还有在罗斯福新政时期创立起来的公共政策，都促使美国民众、尤其是美国白人的收入和不动资产大幅提升，大学教育也更为普及。与此同时，冷战期间意识形态先行，激进的社会运动在这一时期销声匿迹，美国社会的贫困问题也从公众的视野里消失。崛起的"中产阶级"由此成为美国政治话语中的核心概念。一些专家也开始相信，美国未来的问题仅仅在于如何管理与日俱增的社会财富。

然而好景不长。战后的繁荣发展在20世纪60年代逐渐放缓，进入70年代后陷入停滞。在此期间，国际竞争日益激烈，大量公司实行外包策略，美国社会开始去工业化，企业主攻击工会，政坛重新洗牌。光靠一人工作已无法再维持一个家庭的生计。80年代里根上台后，所有这些趋势都延续着，再加上新自由主义、全球化、金融化和科技创新，美国的制造业和工会力量持续走低，取而代之的是信息和服务产业占主导的新型经济。雇主不再像过去那样向员工提供各种福利保障，而员工对雇主也不再忠心耿耿。在所有这些经济调整之下，美国的福利国家政策走向终结，社会保障体系削弱。税收政策越发偏袒富人。近年来，以短期合同和自由职业为主体的"零工经济"（gig economy）开始崛起。尽管一些分析者赞美这类经济安排的灵活性，但对大多数人而言，经济转型带来的是更严重的经济和职业危机感。[8]

这些转变所带来的影响最深远的一个后果是美国自20世纪70年代以来不断扩大的贫富差距，一些学者将我们如今所处的时代称为"新镀金时代"。[9]随着企业首席执行官的工资暴涨和金融投资行业的收益井喷，美国那百分之0.01最富有的人，或者说是百分之一人口中最富的那百分之一的人，独享了经济增长带来的收益。[10] 70年代以来，没有接受过大学教育的人口，其收入停滞不前。阶层固化和贫富差距已超出多数人的想象。[11]尽管学者对于贫富差距不断加剧的后果存有争论，但都普遍认为两极分化对社会有百害而无一利。其可能带来的影响包括持续走高的消费者债务、教育程度分化、医疗资源分配不公，以及种种家庭问题。[12]

伴随社会贫富差距的扩大，中产阶级的规模已出现萎缩。虽然在社会科学领域，"中产阶级"是个出了名的模糊范畴，但无论我们是根据收入分配、工作类型还是生活方式来定义它，中产阶级正在衰落的论断都成立。都市中等收入家庭的比例下降，高收入和低收入家庭的占比都有所上升。[13] 新增的职业类型普遍集中在高收入和低收入水平，而中等收入工作（比如公交车司机和营业员）的数量增长相对缓慢。[14] 那些从事传统中产职业的人（包括老师、社工、白领和政府雇员）如今无力承担典型的中产阶级生活，譬如买房、买车和送孩子上大学。[15]

可以说，中产阶级如今已成了一个空洞的范畴，更多地存在于人们的幻象中。尽管它现实所指的对象已悄然解体，但中产阶级的符号力量依然存在。它作为一个关键意象，继续在美国的社会文化和政治生活里扮演着举足轻重的意识形态[16]作用。[17] 政客们依然不厌其烦地把"中产阶级"称为美国社会的主心骨，表扬他们工作努力、兼顾家庭，是众人的榜样。把中产阶级树立为道德典范也和"新教伦理"有关；拼命工作、谨慎消费的生活态度奠定了美国社会的道德基石。[18] 而"职工家庭"（working families）一词所带有的褒奖色彩更是体现了"努力工作"对于实现美国梦的重要性。

尽管我们很少用阶级这个概念来公开谈论社会人群，但在流行文化和政治话语中，富人和穷人的形象比比皆是。与中产阶级的正面形象不同，富人和穷人往往代表着某些基本价值观的缺乏，比如勤奋工作，审慎生活。穷人往往被塑造为游手好闲的社会蛀虫，他们的贫穷是咎由自取。特别是20世纪80年代，"福利女王"（welfare queen）[19] 一词还夹杂着种族歧视的意味。[20] 富人的形象也好不到哪去，他们显得懒惰，挥霍无度。这类印象至少可以追溯到1899年，批判经济学家托斯丹·凡勃伦出版的《有闲阶级论》提出了"炫耀性消费"这一概念。根据凡勃伦的理论，人们进行炫耀消费主要是为了比拼社会地位。在凡勃伦看来，富人的工作态度也相当消极。实际上，炫耀消费（以及与之相关的另外一个概念"炫耀性爱好"）的功能之一便是公开展示富人和生产劳动之间的距离。[21]

长久以来，美国的主流文化始终强调有钱人的炫耀消费，尤其是在两极分化严重之时。富人纸醉金迷的生活既是普通民众浮想联翩的对象，又是道德沦丧的表征。作为美国文坛最有知名度的作品，菲茨杰拉德的小说《了不起的盖茨比》刻画了新贵盖茨比在追求美国梦时如何走上歧途，以及"癫狂的20年代"[22]上层社会的骄奢淫逸和精神虚无。20世纪80年代，当贫富差距再一次扩大，罗宾·利奇带领电视观众走进"社会名流的日常生活"。现如今，展现有钱人的生活是电视真人秀中规模不大但颇受欢迎的一类节目内容，从卡戴珊家族、"真正"的家庭主妇，到百万美元房产的买卖双方，不一而足。八卦小报上登载着名人们昂贵的结婚地点和旅游目的地，搭配上占据整个版面的巨幅照片。而主流大报对富人的描述方式也差不多。比如，2016年《纽约时报》和《纽约客》杂志都发表了长篇特写，讲述生活在温哥华的中国富二代人群。按照这些文章的说法，中国富二代开着兰博基尼，给他们的宠物狗佩戴土豪金色的苹果手表。[23]

有钱人的丑恶嘴脸不仅包括炫富和懒惰，还有各种性格和行为上的缺陷。他们势利、贪婪、粗鲁、自以为是。一些媒体援引社会心理学研究基于实验得出的报告,宣称富人比一般人更自私、自负、冷漠、缺乏道德。[24]"颐指气使"(entitled)一词便是为这类自私人格专门准备的贬义词。它形容的是那些自以为有钱就可以对别人吆五喝六的土豪。

最后,有钱人的生活方式和个性往往被塑造为十足的他者,套用菲茨杰拉德的名言则是"富贵者与你我不同"。同样道理,有钱人也常常成为普罗大众猎奇的对象,就好像他们来自另一片国度或另一个星球。就连一些相对严肃的非虚构作品也不断强化着这类印象,比如《土豪斯坦》(Richistan)和《金权政治》(Plutocrats),光是书名就已透出"异国风情"。[25]

有钱人的正面形象当然也存在,尤其是比尔·盖茨、巴菲特、乔布斯等男性企业家。然而,这些正面形象传递的还是同一个意思,即努力工作的道德分量,以及过度消费和精英主义所代表的道德沦丧(如今,它越来越多地和女富翁联系在一起)。如果一个有钱人努力工作、追求卓越,并且生活节俭,他往往会被世人所称道。比如,人们对巴菲特60多年不曾搬家的简朴生活津津乐道。尽管他资产几十亿,但如今依然住在奥马哈市一处普通的住宅内。乔布斯常年穿着的黑色圆领衫,扎克伯格一成不变的灰色卫衣……这些硅谷亿万富翁低调的穿衣风格世人皆知。[26]同时,比尔·盖茨、巴菲特、扎克伯格等人惠及全国、乃至全球的慈善事业为他们赢得了更多的赞美。接地气的处事风格则是另一个加分项。尽管小布什家财万贯、出身高贵,但他在2004年美国大选中成功地把对手约翰·克里塑造为一个自命不凡的政治精英,而把自己包装成一个可以和他的支持者们去酒吧喝一杯的亲切家伙。

所以,有钱不一定光彩。甚至那些形容有钱状态的词,比如阔绰(well-off)、富有(wealthy)、有钱(rich)、富裕(affluent)、优越(privileged)和上层阶级(upper-class),都带有贬义。[27]有钱人很少会用这些词语来形容自己。我们更多时候听到的是一些委婉语,例如"舒适""幸运",以及绕口但貌似中立的词组"高资产净值个人"(英文缩写为 HNWI)[28]。2014年,前美国国务卿和第一夫人希拉里·克林顿脱口而出的一番话曾引起不小的争议。她声称当她和丈夫从白宫离开时,可以说是"一贫如洗"。同时,她把自己和那些"真正生活阔绰的人",也就是"不缴纳工资税""不撸起袖管使劲干"的有闲阶级区别开来。她说这番话可能是无心的,但却再一次揭示了美国社会根深蒂固的对个人巨富的不适感。希拉里的评论恰恰体现出她宁愿以"一贫如洗"的面目示人,也不要显得"十足阔绰"。按照她的逻辑,一个真正的富翁是不工作的逃税者,是道德品质败坏的人。尽管希拉里在过去几年间的收入超过1亿美元,但因为她诚实缴税、辛勤工作,她就不是"真正"的富人。如此说来,一个人到底多有钱并不取决于其财富,而是取决于其道德守信的程度。

过去十年间,随着经济收入差距成为全国性的焦点话题,有钱人所需面对的道德指控又增添了一重。2008年房市泡沫破裂,"大萧条"接踵而至,美国社会的经济矛盾浮出水面。2011年,占领华尔街运动把矛头直指那"1%"最有钱的美国人,就连主流媒体也对此做了连续报道。2014年,法国经济学家托马斯·皮凯蒂关于当今世界贫富不均的 700 多页的鸿篇巨著成为了畅销书。通过快餐行业工人的罢工,以及关于提高每小时最低工资的激烈讨论,低收入群体也进入了公众的视野。2016 年总统大选,尽管桑德斯和特朗普两人的政治立场截然不同,但他们都在经济不平等这个问题上大做文章。特朗普竞选期间和当选之后的政治言说都频繁动用了阶级说辞,特别是"工人阶级"这个字眼。2000 年以来,美国民众对于贫富差距的批评态度越来越激烈,人们普遍感到社会的上升通道越发闭合。

调查富翁

既然整个社会对于富人的想象和呈现如此混杂,那么在贫富差距日益扩大的当下,既得利益者怎么看待和维护自己的特权?尽管媒体上充斥着关于有钱人的各种形象,但在如今这一历史时刻之下,有钱究竟是怎样的一种体验?我们对这些问题知之甚少。当代鲜有关于精英人士生活经历的学术论著,这很大程度上是因为要进入上流圈子并非易事。仅有的几项研究或是直接、或是间接地聚焦有钱人如何互相攀比,不管是如凡勃伦所指出的炫耀性消费,还是追求其他形式的社会区隔。[29] 其他研究关注特权阶层如何通过精英俱乐部等高度封闭的社交方式来维护和延续他们的特权。[30] 面对有钱人对自己努力工作的种种暗示,研究者们不以为然,将其解读为肤浅的自我辩解。尽管近年来学者开始强调阶级研究中的道德维度,但他们依然把道德感视为社会区隔的另一个基础。

戴安娜·李（Diane Reay）呼吁研究者关注"社会阶级的心灵图景"，但践行这一想法、强调参与者生活经历的研究却主要关注穷人、工人阶级或是中产阶级。[31] 比较不同阶级日常生活（比如家庭教育）的研究也很少把目光投向广义的中产或是"白领中产"以上的阶级。[32] 可能唯一和我的研究类似的是苏珊·奥斯特兰德（Susan Ostrander）1984年出版的《上层阶级的女性》。奥斯特兰德采访了一个匿名城市的36位女性，她们都至少符合上层阶级经典标准的其中一项：跻身《社交界名人录》[33]、属于某些高档俱乐部，或是曾在精英预科学校学习。她邀请这些受访者谈论她们作为妻子、母亲和志愿者的日常生活。奥斯特兰德认为，虽然这些女性在性别关系上从属于她们的丈夫，但对于延续上流社会的生活方式和社群，她们的角色至关重要。[34]

然而，奥斯特兰德的研究是在40年前进行的。现如今，美国社会的精英构成已发生巨大改变。同20世纪大部分时间一样，40年前的上流社会封闭而又单一，由洛克菲勒、阿斯托尔等老牌权贵家族所统治，或者用社会学家迪格比·波茨尔（Digby Baltzell）的话说，美国白人新教徒（WASP）[35]占据了上层阶级的绝对多数。精英大学和白领职业教育几乎完全针对白人男性，富人家庭的女性很少工作挣钱。社会地位很大程度上是世袭制的，传统精英看不起初来乍到的新贵。与此相反，从种族、民族、宗教和阶级出身各个角度而言，美国精英人群的构成在过去几十年间都变得更加多元化了。[36]《社交界名人录》

的影响力大不如前。战后高等教育的普及,尤其是精英院校向非白人男性敞开大门,是促使这一转变到来的主要原因。[37] 全球化也在一定程度上促进了上层阶级的多元化;并且,能够自如地游走于多种文化之间成了定义社会精英的新标准之一。[38] 与此同时,美国社会精英的价值观也发生了转变。他们不再认可世袭的特权和地位,而是强调通过自身的努力来获得成就,以及用更开放的姿态面对多元的世界文化。[39]

公平竞争、任人唯贤的观念如今越发深入人心,而美国社会的贫富差距却日益显著,关于富人的各种话语和想象杂糅在一起。在这样的大背景下,我力图探究精英人士如何谈论他们的特权和生活方式。我并不是要寻求他们对于社会阶级和贫富差距的看法或态度,这类问题更适合用调查问卷法来回答。我的目的是探讨在当下这个历史时刻,有钱到底是怎样一种**感受**。如前文所说,我认为回答这个问题的有效途径之一是聚焦他们的消费决定。

纽约是探究这些问题的绝佳地点。作为一个国际大都市,金融业和其他相关行业都集中于此。的确,这些行业的高管薪酬可以说是天文数字,而与之相伴的则是各种低酬劳服务工作,[40] 还有纽约在城市规划上对富人的政策倾斜,都使它成为了全美贫富差距最悬殊的大城市。[41] 纽约市长比尔·白思豪曾用"不平等危机"来形容这座城市的贫富差距。[42] 2014 年,曼哈顿贫富两极的差距乃全国之最,最有钱的 5% 人口的平均收入是最贫穷的 20% 人口的 88 倍。[43] 纽约穷人和富人的空间区隔以及种族隔离程度也是全国之最。[44] 由于更多的有钱上班族选择住在城市里而非搬到郊区,纽约市的房价节节攀升。曼哈顿、布鲁克林等许多街区都已迅速士绅化(gentrified),迫使穷人搬往城市的外围。财富和收入不均问题在这座城市也越发显而易见,2011 年占领华尔街运动正是从纽约市发起的。抗议者占领了地处金融区核心位置的祖科蒂公园,把这些议题推向了风口浪尖。最后,从"公园大道的灵长类动物"[45]到"华尔街之狼",许多畅销书和热门影片都塑造了一批颇具争议的富人形象,而这些作品大都在曼哈顿取景。

然而,谁算得上是"精英"?[46] 要定义精英这个概念并非易事,这一点我在附录中还会做更详细的阐述。说到有钱人,我们可能只会联想到出现在媒体报道和八卦里的那些人。然而媒体更多呈现的是占整个社会 0.1% 甚至更少的那部分超级巨富。我们也可以把研究范围扩大到 1%,不少研究都采用这个定义,并且它经由占领华尔街运动而为世人熟知。那句响彻美国的口号"我们是那 99%"有力地凸显出贫富不均的问题。但它也抹杀了 99% 人口之间的差异,比如顶端 2% 和底端 50% 人口的区别。[47] 劳伦·里维拉(Lauren Rivera)意识到了这些问题,她呼吁把精英定义为社会上层 20% 的人口,因为这一群体占据教育资源的优势。[48]

我把本研究参与者的招募标准定在了家庭年收入 25 万美元及以上,能达到这一收入的人群在纽约市的占比为 5%。[49] 同时,我决定寻找 30—40 岁且有孩子的访谈对象,因为他们很有可能要做出重要的人生选择,比如买房和为孩子择校。我对白手起家和靠遗产发家的人都有兴趣,而且我希望自己的研究样本能包括有色人种和性少数群体,因为他们对这些问题的看法常常受到忽视。正如我在附录里所说,本研究追求的是观点的广度,我的研究样本没有统计学意义上的代表性。我主要使用滚雪球策略,通过自己的人脉关系寻找参与者。我也锁定了一些非营利组织,它们面向立场进步的有钱人士。[50] 我先是采访了10—15名参与者,和他们聊各种关于生活方式的决定。而后,我决定聚焦那些正在装修房屋的人,因为这个问题兼具审美、家庭关系和经济考虑等多个元素,而且它也算是一个较为清晰的访谈出发点。

我最终采访了来自42个家庭的50名家长(包括8对配偶)。[51] 大多数家庭有2—3个孩子,通常都在10岁以下。这一人群的年收入从25万美元到超过1000万,资产在8万到5000万美元之间。多数家庭(86%)的年收入超过50万,资产超过300万,或者两者兼有。超过一半的家庭年收入过百万,或者拥有超过800万的资产。本研究样本家庭的收入中位数约为62.5万美元,这个数字是纽约市整体中位数(52,000)的12倍。[52] 样本家庭的净资产中位数预计为325万美元,而2010年整个美国的数字是7万7千,2007年则是12万6千。[53] 大约一半受访者表示他们主要依靠自己的打拼获得财富;25%受访者的首要资产来源是继承(数额在300万到5000万美元之间);剩下的25%不仅年收入超过40万美元,并且继承了相当可观的遗产。大多数参与者符合西莫斯·可汗(Shamus Khan)对于"新精英"的描述,即他们支持社会的多元和开放,以及应该靠自己的努力获取财富,而不是以出身决定社会地位。[54] 那些继承大量遗产的受访者也并非来自老牌权贵家族，而是从他们的上一代或者祖辈那里获得财富。

本研究的参与者住在曼哈顿、布鲁克林或是附近的市郊（所有住在市郊的受访者在孩子降生前也都住在市区里）。他们之中四分之三是女性，80%是白人，剩余的有南亚人、亚裔美国人、非洲裔美国人，还有混血儿；其中五分之一受访者自我认知为男性或女性同性恋。15名受访者在纽约或周边郊区长大，其余的人来自全国各地，有个别出生在国外。他们全都接受了大学教育，而且几乎都来自精英院校。三分之二的人读过研究生，其中最多的是企业管理硕士（MBA），此外还有其他学科的硕士、法学博士（JDs）和哲学博士（PhDs）。[55] 他们目前或者曾经从事的行业包括金融、企业法、房产、广告、学术、非营利组织、艺术，还有时尚行业。有18人目前辞去工作，全职在家照看孩子。[56]

这些受过良好教育的纽约人大致有三个共同点。第一，他们拥有很高的文化资本，见识广泛，充满文化好奇。他们喜欢艺术和旅行，大多数人表示他们更看重生命体验而非物质消费。第二，和多数纽约人一样，他们相比其他地区的同阶级成员，政治立场更偏自由派[57]（我的抽样策略也趋于招募到自由派的进步人士）。大多数受访者支持民主党，但只有个别人把自己划归为民主党的左派。也有几个受访者拥护共和党，或者表示独立，或是嫁给了共和党人。许多人即便票选民主党，但在经济政策上的立场却是保守的。最后，多数受访者没有强烈的宗教信仰。超半数的受访者在天主教或者新教家庭中长大，约三分之一的受访者成长于犹太教家庭,剩余的从小接受其他宗教的熏陶,或是结合犹太教和基督教传统。然而,只有10个受访家庭虔诚信教,时常出席宗教仪式。

调研期间,我造访了各式各样的住处:城郊别墅、市区宽敞的公寓房(往往是把原来的两三个单元打通)、曼哈顿联排别墅、布鲁克林褐石建筑,还有富人们在汉普顿和康涅狄格州的第二个家。这些房屋的内部装修有的偏传统,安放着古董家具,并且留有正式社交娱乐的空间;有的更为现代,线条明快,棱角分明;还有安逸的乡间别墅,室外空间开阔。有些家庭摆放着出自大师之手的家具或是价值连城的当代艺术品。我的采访区域包括缀有卡拉拉大理石或手工瓷砖的开放式厨房、手工定制的餐桌,以及城市别墅花园的木质露天平台。我瞥见过带浴缸或蒸汽淋浴房的洗手间、装饰着金色或白色面板的客厅、面朝河景或城市天际线的卧室,还有色彩斑斓的孩子游戏室。

令我颇为惊讶的是这些家庭装潢的私人订制程度是如此之高,这些房屋购买者和装修者在考虑他们的生活方式、家人和对居住空间的需求时真是费尽了心思。他们谈起自己的种种抉择,比如是否要辟出一个单独的客厅,他们的孩子是否需要有自己的房间和洗手间,全职太太是否要有一间办公室。他们的居住位置事关一系列更大的问题,包括他们在哪里上班,孩子在哪里上学,他们去哪里度周末。他们想要让自己的家体现出他们的个人审美,竭力透过沙发、客厅桌椅、墙纸、水龙头、墙面颜色、地板、橱柜、电器和台面等来体现自己的风格。

尽管存在审美风格的差异,但我的访谈对象对他们的生活方式和消费习惯的描述都较为类似。几乎所有人都至少购买了一套房产，并把它作为主要的住处；有几个人一次性付清了房款，或者只动用了很少的贷款。[58] 这些家庭中大约有三分之一拥有或者正打算购买第二套房产（个别家庭筹划着第三套）。这些家长的孩子都相对年长一些，这表明他们至少会在为人父母后等上一段时间，再购买额外的房产。鉴于我在招募访谈对象时把重点放在家庭装潢上，90%的受访者对他们的公寓或别墅做过大的翻修并不算奇怪，甚至有些人就地建造了第一或者第二个家。他们的孩子大都在私立学校上学，特别是进入六年级以后。尽管收入500万和50万的家庭在生活方式上有所区别，但样本中只有大约5个生活最拮据的家庭（相对于其他样本家庭而言）会选择送孩子去公立学校念书。本书中，我对这几个家庭的讨论相对较少。[59]

维持这些生活方式需要投入相当的精力。我采访的异性恋夫妇当中，通常女性担负着照顾家庭事务的首要职责，哪怕两人都上班赚钱。我将在第二章详细谈及，这类"生活方式劳动"（labor of lifestyle）涉及十分广泛的"消费工作"（consumption work）[60]，包括计划和购买从食物到家具等各种家庭必需品；将装修计划付诸实行；维护第二个家庭住所；负责孩子的起居，督促他们学习；监督并且与家政服务人员沟通。除了一个特例外，所有受访家庭都雇用清洁工，并且定期请保姆来照顾孩子，特别是当孩子还很小时。一些家庭还雇了奶妈、厨师和私人助理。

所有的受访者都聘用过其他专业服务人员，比如理财顾问、建筑师、室内设计师、房产经纪人、私人厨师以及个人助理。

我也和这些专业人士以及其他有关人员（比如礼宾服务和艺术顾问）做了30个访谈。我想要和这类"文化中间人"（cultural intermediaries）[61]进行交流。正是他们的工作才使得有钱的消费者能够方便地做出选择。这些专业人士对于上层阶级的消费习惯、财富积累和挥霍方式有着一手经验和广泛认识。所以，他们的描述能够进一步补充我对于富有消费者的访谈。[62]

谈（或不谈）钱

考虑到美国文化对钱和阶级话题的禁忌，多数受访者在谈到他们的收入和财产时显得十分局促也许并不出人意料。[63] 对于这一点，我最初的深切感受在于，要找到本研究的参与者异乎寻常的困难。而我把富人怎样花钱放在研究的核心位置可能是带来这一挑战的重要因素，对此我在附录中还会提供更多细节。

多数受访者表示，除了他们的伴侣以及其他一些亲密的家庭成员，他们不愿意与其他人谈论关于钱的任何细节。他们把钱描述为极其私人的话题——用一个我采访过的心理治疗师的话说，它"比性生活还要私密"。当我向一个富太太问起她的财产，她说道："从来没有人问过我这个问题，老实说……没有人会这么问。就好像没有人会突然问你，'你会手淫吗？'"如果我们是在外面交谈，他们会把声音压得很低，生怕邻居听见什么。如果在室内，一些受访者会为了提防隔壁房间的保姆偷听而关上房门。尽管多数人最终和我坦诚相待，但有一些受访者始终拒绝回答某类问题，尤其是关于他们财产的具体数额。[64] 个别女性向我透露，她们绝不会把和我交谈的细节告诉丈夫，因为"他会杀了我的"，或者"他比我更谨慎"。[65] 学者琳达坚信，"我们的文化"对于谈钱有着太多的污名化。她的丈夫继承了一大笔财富，但她拒绝透露他们的净资产到底有多少。她说："对不起，我实在没法回答这个问题。我只是觉得这个问题太过了，而且对于他（她的丈夫）而言太涉及隐私……我觉得他会把屋顶掀翻。"

同时，我也有这样一个印象：许多受访者少报了他们的收入和财产；而我从不担心他们会夸大自己的财富。厄休拉全职在家带孩子，她的丈夫是一家科技公司的执行官。说起丈夫的收入，厄休拉感到非常不适。她问道："我们真的有必要涉及这个话题吗？"我提议："那你可以给我一个范围。"她说："100万加吧。"在随后的访谈中，她纠正自己先前的说法，表示他们的第二个家共花费了25万美元。我由此怀疑她可能也少报了家庭收入。我半开玩笑地问道："所以你说的收入'100万加'，其实是'1000万加'吧？"她笑笑，我又问："还是一加一，200万加？"她又点点头，笑而不语，好像默认所有这些猜测。房屋销售的公开记录显示，一些受访对象向我透露的数字低于他们实际的买房花费。然而，没有一个人多报了他们的房产价值。

一些参与者在向我透露了他们的财产信息后变得极为不安。比如一位女性向我强调说："没有任何人知道我们的钱包里面的情形，没有人知道我们的花费有多少。我的意思是，我只向你明确透露了这些数字。我没有和其他任何人说过，包括我的父母,没有人知道任何东西。对于钱的问题,我们一直慎之又慎。"访谈结束后,她给我发邮件,让我给她打电话。电话接通后,她向我表达了对匿名问题的担忧,要求我对她家的住址保密,还有她和丈夫的购房费用。她认为只需这两个信息,别人就能通过某个街区的公共数据库锁定他们的身份。(受访者对于匿名性的极度忧虑使我不得不采取各种措施,以排除任何人识别出他们的可能,尤其是那些向我介绍访谈人选的中间人,对此我在附录中有更详尽的描述。)

尽管不愿公开谈钱,但许多受访者都承认,关于财富和生活方式的问题一直困扰着他们,而且他们常常和伴侣讨论这些问题。贝特西在一家非营利组织工作,但她继承了一大笔财富;她说自己和丈夫"只要下了班,就无时不刻不在"讨论这些话题。有些人还会和心理咨询师分享他们对钱的烦恼。另有一些受访者承认他们会揣测朋友和邻居的收入,有时还会透过某些花钱方式来评判自己的亲友。有人也表示,他们享受访谈的过程,因为他们可以借此机会诉说自己的心事。全职太太爱丽丝说:"把你一直反复思考的问题说出来是一个情感宣泄的过程。"贝特西在访谈结束后若有所思:"我觉得我已经把自己生活的种种隐私都分享给了你。"她觉得讲述自己的性生活都比谈钱容易些。"但是,"她又说道,"这的确让我感觉轻松了些。它好像让我卸下了一些包袱。就好像是那些你只会和最亲密的伴侣共同保守的秘密,那些紧绷的神经,如今得到了舒缓,就好像你发现谈论这些话题其实也没有那么惊悚和恐怖。"我逐渐意识到,这些受访者谈钱时的缄默和他们对自己富有生活的复杂态度紧密相关。

富人的焦虑

苏珊·奥斯特兰德在20世纪80年代所研究的上层女性（主要出生在1900年到1940年间）对于他们的阶级特权感到心安理得。这些人的成长环境大多是同质化的富人社群，她们也把自己视为该社群的骨干成员。她们公开筹集慈善项目，让孩子接受各种学前教育，并为孩子正式进入上层社交圈组织专门的派对，所有这些举动都有助于特权的代际传递。奥斯特兰德认为阔太太试图通过参与社群活动来为她们的优越生活提供正当性，但她没有提到她们对于阶级特权有任何内心挣扎（尽管有些人觉得自己受到了性别角色的禁锢）。实际上，这些女性自视甚高，显露出"一种道德和社会优越感"。[66] 她们似乎从未想过要让自己的社群更多元一些。的确，要是有非白人清教徒试图加入她们的社交俱乐部，她们会充满疑虑甚至公开抵制。[67]

与此相反，我采访过的纽约富人对于他们的社会特权的认识显得低调很多。我在上文已经提到，他们对如何消费存在如此之多的顾虑。我逐渐开始明白，这些顾虑很多时候源自他们对于自己所**拥有**的特权充满道德挣扎。一些受访者，比如斯科特和奥利维亚，和我坦诚地谈到了这一点，而另一些人则更拐弯抹角。我将在第一章中展现，有些受访者甚至不把自己视为社会精英，因为他们把目光更多地投向身边那些与他们条件类似、甚至更富有的人。我把这类人称为"一心向上"（upwardoriented）之人，而包括斯科特和奥利维亚等人则"心系下层"（downward-oriented），他们更有可能觉察到自己的特权。"心系下层"的富人往往有着更加广泛的社交圈子，也因而更倾向于把自己的生活方式和其他一系列可能性进行比较。不管属于哪类，绝大多数受访者都直接或间接地显露出财富带给他们的道德困境。

他们解决这些矛盾情绪的方式之一是试图把特权的重要性，或者说特权本身，降到最低，也就是把它遮掩起来。不管他们一心向上还是心系下层，几乎所有我采访过的富人也察觉到，对钱绝口不提是上层圈子的文化规范。比如斯科特和奥利维亚，他们对别人来家里做客一事始终态度暧昧，而且在经济条件一般的朋友面前，他们尽可能避免<u>显示</u>自己的财富。他们坚称自己对他人的看法与钱毫无关系。而且，他们认为不加掩饰地炫富会伤害那些不那么富有的人。但他们也深知，谈论特权很容易使自己陷入他人的道德评判[68]。

从事房地产工作、家庭收入约有 40 万美元的莫妮卡采用的策略正是保持沉默。她拒绝向我透露她每月的花销，说"这与你无关"。当我问她为什么这样认为，她回答道（切换到了更有距离感的第二人称"你"）："我不认为人们需要知道你想要花什么钱，想要做什么。我的意思是，有些人会觉得把孩子送到私立学校很荒唐。我不想为这样的举动辩解。"她接着又说："我认为人们会臆测、或者预设一些东西，比如你可能有、可能没有的性格，你的选择。我觉得这样的臆测很多时候都建立在对财富的道德审判之上。"她还说她的花费"不该用数额去衡量，数额也无法代表我是谁,或者我是怎样的人"。和许多受访者一样,她也声称自己对所有人都平等相待,不管他们的经济状况如何。

对于我的受访者而言,这些礼貌性的总体准则——不谈钱、不炫富、己所不欲勿施于人——也起到了向别人(有时候也是对自己)掩盖其特权的作用。美国社会营造的是一种没有阶级差距的文化理想,与之对应,许多富人选择对贫富差别视而不见。这一点也类似于美国当下盛行(但存在相当问题)的肤色盲视准则(race-blindness)[69]。这些关于沉默和可见性的问题贯穿受访者的回答,我将在后面的章节中充分展示这一点。

与此同时,我的访谈对象也都深知他们拥有特权。所以,即便他们在别人面前保持缄默,但仍然会扪心自问,该如何心安理得地接受这份特权。为了获得内心的平静,他们尝试把自己视为"好人"。我对于这类尝试的解读将构成本书的核心。

我的受访者刻画出"好人"的三大特征。首先,好人努力工作(见第二章)。在美国梦的意识形态里,工作和个人价值紧密相关,[70] 而这些富有的家长们也纷纷强调自己的敬业精神。他们看重独立自主和高效,拒斥自我放纵和仰仗他人。靠自身努力积累起财富的受访者总是不忘标榜他们工作赚钱的生活状态,虽然他们常常担心自己会失去手头的工作。而那些靠继承财产致富、或尚且待业在家的受访者则强烈抵触别人对他们的偏见,他们拒绝承认自己懒散、游手好闲,并用其他方式来展现自己的工作效率。

第二,好人是勤俭节约的消费者。当下社会关于精英的话语建构更强调工作层面,对新教伦理中的消费层面鲜有提及。[71]然而受访者的描述却时常凸显出这一点。把这些纽约富人和新教徒联系在一起似乎有违常理。在我们的想象中,他们坐拥奢华的大别墅,到处旅行,给孩子舒适的成长环境,似乎不太可能有强烈的宗教信仰。但我将在第三章展现:我的访谈对象强调他们对日常开销的节制,只是为了满足最基本的需求和照顾家庭。他们矢口否认自己贪图安逸,声称如果需要,自己可以舍弃优越的条件而继续生活。如果说普通百姓对于富人的负面印象常常在于他们毫无限制地炫富和享乐,我的受访者们则是坚决地把自己和这类形象区分开来。由此,他们不仅对自己的财富心安理得,同时也把自己视为"平常"人而非"富"人。

好人意味着**普通**人,意味着广大中间阶层的一员。而第三项成为好人的要求相比之下则突出了富人的特权,它强调"回馈"社会的义务。不过,正如我将在第四章所谈到的,不同人对于该义务的理解并不一致,其中一个重要分歧便是公开承认自己的特权。"回馈"通常意味着"意识到"特权并且心存感激,而非对它们熟视无睹;本质上,这是一种私人的内心活动。许多富人会向慈善事业捐款以及奉献自己的时间。但这些行为常常伴随着矛盾的内心感受。接受富人这一身份、以有钱人的面目示人意味着什么,在这一点上受访者们莫衷一是。那些一心向上、社交圈相对单一的富人更倾向于不假思索地扮演捐赠者的角色。而心系下层的受访者则往往心情更加复杂。

我们将在本书中不断地看到,对我的受访者而言,好人的一大特征是从不觉得自己理应享受某些特权。[72]比如贝特西曾是一名管理顾问,如今在家全职照看孩子,她的家庭年收入约为100万美元。她这样描述自己的生活方式:"我不觉得我们理应获得这份优越的生活。"我问她什么叫做"理应",她说:"就是觉得你配得上它,因为天生如此,或者获得了正确的教育,就是说好像你就**应该**享受这样的生活。"莫妮卡在工作中接触的都是比她更有钱的人,她说她并不想要"那样有钱,然后和他们一样成为混蛋……他们不是什么好人。他们总觉得别人亏欠自己,就因为他们有钱或者有名。"

值得注意的是,道德感和避免"恃财傲物"的优越感都涉及某些行为方式——努力工作、审慎消费、回馈社会。与这些行为相对应的心理状态是独立、节制的欲望以及感恩之心,而非觉得"别人亏欠自己"。然而,要坚持这些原则或者说服自己已经做到了这些并不容易。我的受访者时常展现出这一方面的挣扎。我会在第五章讲述这类挣扎是如何发生在夫妇之间的。他们试图通过对方来确信自己是敬业的工作者和谨慎的消费者,然而他们并不总能从伴侣那里获得这份肯定。他们有时会为了什么是正当的需求而产生争执,比如斯科特和奥利维亚在装修问题上各执一词。他们的冲突焦点也可能涉及社会性别方面的问题,比如没有报酬的家务劳动是否"算得上"改善家庭生活的工作方式。[73]

最后,与我接触过的家长也都希望把他们的行为准则和价值观通过言传身教传递给下一代。我将在第六章谈到,对于孩子娇生惯养的担忧贯穿受访者与我的交流始终。这些家长想培养出勤奋、不贪图物质享受的好人,而非"好吃懒做的蠢货"

（斯科特的原话）。当然，这个愿望在各个阶级的家长中都相当普遍。但这些富人对孩子沉溺于特权的担忧隐含着更深一层的矛盾。他们希望孩子把自己视为"普通人"（也就是和其他同龄人一样）；然而与此同时，他们也希望子女意识到自己（得以从同龄人中脱颖而出）的优越背景，并心存感激。到头来，他们还是把自身的矛盾心理传递给了下一代，也就是如何心安理得地占有特权，而不是放弃它——如何做一个富有的"好人"。

本书挑战了人们对于富人的两大成见，即一，认为他们总是互相攀比、追求更高的社会地位或特权；二，认为他们对于自己的特权颇为得意。同时，我也强调了有钱人对道德感的追求。然而我的目标并不仅仅在于理解富人的视角和生活经验，或是在媒体富有煽动性的报道之外为他们说些"公道话"。我的主要论点是：什么是富有的好人，对于这一问题的理解十分重要，因为它折射出的是一个更宏大的观念问题，即我们的社会认可怎样的特权阶级。人们鄙视铺张、炫富和自视甚高的富人。相反，接地气、敬业、审慎和怀有平常心的富人受到大家的认可。

我认为这样的看法已经成为了一种社会"常识"。[74]大家默许一小部分人拥有比其他人多得多的财富，只要这些既得利益者以合适的方式对待他们的特权。更重要的是个体做了什么、他们怎样想、他们是谁，而非他们拥有什么。即便是对于个体行为的负面批评，它们也有助于合理化社会财富的不平等分配。批评"坏的"土豪相当于接受"好的"有钱人的存在。颇具讽刺意味的是，到头来，否认自己的特权、追求有道德感的生活恰恰成了富人维护特权的绝佳途径。

聚焦个体行为的后果是，要从财富分配的角度进行社会批判变得相当困难：也就是强调不管富人是否努力工作、热心慈善或者为人谦和，他们都不该享有比其他社会成员多得多的财富。而且，聚焦个体行为和心理也会分散人们的注意力，也就是注意到那些加速贫富差距的社会进程，包括公共教育和社会福利项目的衰竭、雇主对于工会的打压，还有向富人倾斜的税收政策。[75]

经历的多样性

尽管我的所有访谈对象都表达了他们对于道德感的追求，但他们描述自身情感、矛盾和生活抉择的方式不尽相同。这些差异似乎与以下因素尤为相关，即家庭背景、财富的来源（继承还是赚得）、上升空间，还有政治立场。比如，高工资收入者无论男女，都更有可能强调自力更生的可贵，同时也更有经济危机感。财产继承者讲到的更多的是对他们财富的不安或愧疚——除非他们同时也赚取很高的工资。而受访者所身处的工作和消费"微观文化圈"（microcultures）也是一个重要因素。比如，住在曼哈顿上城和郊区的富人，他们的社交圈子就不如住在下城或布鲁克林的多元。从第一章开始，我会在整本书中用各种方式呈现这些多样性，并在结论部分回到这一话题。但本研究的样本量小，且不具代表性，因此我不可能做出任何推断，来描述所有这些复杂因素如何共同作用，"导致"了某些倾向。[76] 我相信与细究差异的来源相比，更重要的是从这些不同对话中寻找出一些共同的、关于何为合理特权的话语逻辑。

就我的访谈对象而言，我没有发现基于种族或民族的明显差异。我认为这并非意味着这方面的差异不存在，而是我的样本中有色人种的数量太少，并且这一点与其他因素交织在一起，因此很难单就种族看出任何大体的趋势。要揭示这方面的趋势，需要访谈更多有色人种并进行系统性的比较。[77] 我会在本书中适时地谈及种族问题，但为了保护受访者的隐私（见附录），我决定不透露受访者的种族信息。当我讨论种族或民族问题时，我会使用另外的化名或者干脆不使用任何名字。如果我大段引用某些访谈对象，读者可以默认他们是白人。

关于道德审判

正如我在前文所指出的，人们往往抱着猎奇或狐疑的态度来谈论有钱人的消费，并予以道德层面的谴责。当我的受访者娓娓道来他们的生活细节，读者很容易对之感到惊奇，尤其是他们的巨额财产和惊人花销。你也可能对他们的描述产生怀疑。他们"真的"在努力工作吗？他们的花费"的确"是合理的吗？他们"确有"避免炫富吗？许多受访者都住着价值百万美元的别墅或公寓，还有别处的房产；他们出入于奢侈品商店，四处旅行，坐头等舱；其中不少人支付着各式各样的家政和其他私人订制服务。他们的孩子多数情况下享受着优越的物质条件。他们去最好的学校念书；父母、老师、理疗师、教练等人对他们的关注度可说是史无前例。

一些读过本书部分章节的人对富人的言行充满怀疑，而且难掩他们的道德审判。我自己也经历过类似的怀疑。的确，我有时感到要就事论事地描述研究对象的生活方式和选择并非易事，因为我的文字很容易读来带有轻蔑感。我们几乎情不自禁地给这些选择赋予某些价值观上的判断。而这些自然而然的反应恰恰来源于我试图去挑战的一大成见：富人是丑恶、贪婪和毫无节制的消费者。在我看来，判断我的受访者是否符合这一形象偏离了问题的关键。问题的关键是，他们**想要**努力工作，审慎消费。至于他们是否**做到**了，这首先很难回答，因为敬业、浪费和炫富等行为的定义总是相对的。更为重要的是，试图去探究富人"真正"的言行和情感恰恰使我们囿于那些我力图质疑的区别当中。如果人们将"好"富人和"坏"富人加以区分，而不是去批评造成社会不公的财富分配制度，那么这样的分类只会起到粉饰特权的作用。我的目标是避免这一倾向，同时力求展现在美国，特权如何通过大家习以为常的一些文化过程（cultural processes）显得合理。

所以我希望读者留意他们对于有钱人是好是坏的判断，同时思考这些判断怎样遮蔽了我们对于社会资源分配问题的批判。如果我们不把富人视为一种奇异的社会景观，或是用道德标准来评判他们，我们还能用怎样的目光来审视他们？我们该如何理解，什么叫做配得上特权？

第一章

目光所及的他人

自视中产或是承认特权

乌苏拉的公寓位于上西区，宽敞气派的客厅俯瞰着哈德逊河。乌苏拉现年40多岁，有两个孩子；她的丈夫在一家科技公司担任高层执行官，赚着"200万+"的年薪。她拥有MBA学位，曾在商界工作过相当长的时间。但她几年前选择了辞职。她做这个决定时稍有犹豫，因为她没法找到一份有意义的兼职工作。她现在的生活重心是照顾家庭和孩子，还有就是在孩子们的私立学校当志愿者。她和丈夫雇了一个保姆兼管家兼厨师，此人每周来她家工作40小时。买房时，他们把这套公寓翻修一新，其价值大约有400万美元。他们每周去汉普顿过周末；他们在那有一处价值超过150万美元的乡间别墅。

有着如此优越的条件，乌苏拉可轻松跻身美国社会最顶尖的1%人群。然而她目光所及的却是比自己更有钱的人群。访谈中，乌苏拉把她的家庭出身描述为"中产阶级"。我追问她：那么现在呢？她说："你知道的，在纽约，不管你有多少钱，你总觉得会有人比你富有100倍。"她感觉自己不缺任何东西；我问她如果她家的年收入突然翻番，她准备如何打算，她能想到的就只是对汉普顿的别墅做一些"边边角角"的翻修。她并不嫉妒那些比她更富有的人，但她主要关注的是比她更有钱或至少和她一样有钱的人。她很少将自己描述为特权阶级，也很少流露出对其特权的复杂情绪。我问她是否会因为自己的财富比别人多而心生愧疚，她回答道："不会。我认识的人中有比我更有钱的，所以，不会。"

我们可以把基思和凯伦夫妇和乌苏拉进行比较。他们同样四十多岁，有两个十岁左右的孩子。基思和凯伦两人都上班。不过，在大学任教的基思的收入是这个家庭主要收入（30万美元每年）来源。他俩都拥有高学位。他们的住所位于布鲁克林一片众人向往的街区，价值超过120万美元。为了买下这栋房子，他们卖掉了先前居住的公寓。而他们买得起第一套公寓离不开基思父母的资助。两人的资产总和大约为50万美元，主要用来养老和支付孩子的大学教育。但为了装修新家，他们动用了一笔"紧急存款"，并且还借了一笔钱。他们只有一处房产，孩子们在公立学校上学。他们时常担忧自己的经济状况。

凯伦和基思的收入和资产都比乌苏拉和她丈夫的要少得多，他们住的房子也没有那么奢华，他们把孩子送到公立学校念书。考虑到这些，我们可能推测相比于乌苏拉，凯伦和基思夫妇不太会感到他们是特权阶级。但事实上，他们更多地向我谈及他们对自己的特权作何感想；他们不仅把目光投向自己的社交圈子,还有整个社会的普罗大众。基思把他父母当初借给他们的这笔买房资金称为"彻头彻尾的白人特权"。而说起最近的装修,凯伦说道:"我俩都感到不可思议,我们的收入那么高,还在纠结各种各样的决定。这很荒唐。"她担心这次装修会被别人理解为"挥霍无度"。基思说:"我感到家庭装潢和翻新是一个无底洞。我知道在有的国家,有些简陋的单间挤着六个人一起生活。所以,所谓的(基本)'需求'其实都是扯淡。"他调侃自己的孩子"简直就像两百年前的国王们那样生活"。基思和凯伦自发地做了这些比较,我没有任何提示。他们目光所及的是比自己拥有得少而非多的社会群体。

客观而言,我的访谈对象在收入和资产上都算得上精英人群。但他们是否会谈及自己的优越条件,他们对其拥有的特权又作何感想,这些问题因人而异。[1] 由于"优越"是个相对的概念,因此他们的自我认知很大程度上取决于和怎样的人进行比较。像乌苏拉这样的受访者,我把他们称为"一心向上"之人,因为他们目光所及的是与其地位相似或更富有的人群,并由此弱化了自己的特权。事实上,他们往往会暗示、有时甚至直接挑明自己的"中产地位"。他们不太会直接承认自己的特权,而是使用一些委婉语,比如"运气好""幸运儿"等。除非我直接提问,否则他们很少会提到钱,他们较少表现出对其特权的复杂感受。相反,他们说得更多的是自己的焦虑和不安全感。我把这类人的态度概括为"自视中产"。另一方面,像基思和凯伦这样"心系下层"的富人则更有可能承认自身的特权,他们主要的比较对象是没有自己那么有钱的人。他们会更加坦率地谈论钱，以及描述优越的社会地位带给他们的不适感和内心挣扎。

当然，这两种感知他人的方式并非泾渭分明。我将在后文展现，许多受访者在和我的对话过程中会交替使用"一心向上"和"心系下层"这两种话语逻辑。即便是那些看起来始终逻辑自恰的人，他们的目光是投向高处还是低处，可能与我们当时所处的对话情境更有关系，而非他们自始至终的立场。不过，我的确注意到了一些大体趋势。总的来说，那些活在实际的或者想象的多元世界里的受访者会更坦诚地谈论他们的特权。他们的同事和亲戚朋友往往有着各种不同的背景，并非像他们那样富有。同时，这类受访者的政治立场往往偏向进步的自由派，这使得他们对于社会不公有着更加结构化的认识和批评。[2] 与此相对，"一心向上"的人往往社交圈子狭窄，亲朋好友和他们的经济状况类似。他们中间少有人经历过阶级地位的跨越，政治立场相对而言趋于保守。

在我的样本中，这一大体趋势的例外来自高收入家庭（家庭年收入超过 500 万美元，总资产超过 2000 万美元）的女性。尽管这些全职太太的政治立场偏保守，也没有广泛的社交圈子，但她们都承认自己拥有特权。她们在一定程度上实现了向上的阶级跨越，因为她们现在的生活比起她们中产阶级的家庭出身更加富裕。更重要的是，比她们还要富有的女性凤毛麟角，所以她们很难找到向上攀比的目标。不过大多数情况下，资产收入和人们是一心向上还是心系下层没有明显的联系。

我们可能会猜测，那些一心向上的富人只是没有注意到他们的特权。社会心理学研究对于人们怎样理解自己相对的劣势和特权都有所涉及，但前者受到的关注要多得多。为数不多的关于相对特权的研究表明，占据主导地位的社会群体可能意识不到他们的特权，因为他们对自己的处境感到"习以为常"，而少数族群的劣势更有可能被其群体成员所感知。一个经典的例子来自种族和肤色研究：白人的生活经验往往显得平淡无奇，而有色人种的经历则会显得"特殊"。[3] 白人一直以来都占据着美国社会的大多数，然而我的受访者作为富人群体所占的人口比例并不高。而且，财富和白皮肤也无法进行类比，因为人们从来没有把巨富视为一件稀松平常的事。人们更加习惯接受的是"中产阶级"的社会地位以及他们相比"工人阶级"所拥有的文化资本，而非经济资本或财富本身。此外，正如我在上一章节所指出的，我的受访者居住在美国贫富差距最大的城市，而在当下这个历史时刻，贫富差距已被推向舆论的风口浪尖。当然，那些心系下层的富人承认并且公开谈论他们相对于芸芸众生所拥有的特权，这也表明特权其实是可见的。

所以我的观点如下：那些一心向上的富人并非意识不到他们的特权和优越条件。相反，他们和希拉里·克林顿一样，努力避免给自己贴上特权的标签。希拉里宣称她属于"赤贫阶级"（dead broke）。这些富人都试图在自我阐释的维度告诉自己，他们拥有的**比较少**；他们并不属于高人一等的那个小圈子。实际上，他们把自己形容为"社会中等群体"，就是要把自己和占据道德高地的"中产阶级"联系起来。我认为，这些自我暗示和自我阐释至少在一定程度上转移了他们因为自己比别人拥有更多而产生的矛盾心理。[4] 许多社会心理学研究认为，感知到自身的相对劣势会给人带来负面的情绪。[5]但与此种理论相反,我采访的富人从自己与别人的差距中获得的更多是正面的心理安慰。心系下层的富人更愿意坦诚地谈论他们的矛盾心理。但我们会在后文看到,这两种富人都十分重视展现他们用道德的方式**占据**着特权。

从"中间"仰望高处

　　和乌苏拉一样,那些自视为"中等群体"的富人往往有以下这些典型特征。首先,他们的财富主要来自他们自己或伴侣的工资收入,而不是继承财产。有些人的确来自非常富有的家庭,但他们自己赚的钱也相当可观,而且可能足够支付他们绝大多数的开销。他们工作(或曾经工作过)的行业主要是金融、投资、地产和企业法务,这些行业的收入水平普遍很高。二,他们的朋友基本上有着类似的收入和工作。有些受访者表示自己渴望拥有更广的社交圈,但他们提及更多的是结交从事不同工作的人,而非来自不同社会经济背景的人——比如投资人希望能多认识一些搞艺术的朋友。最后,他们的政治立场大都偏向共和党,或者民主党的保守派。许多人表示自己对待社会问题持自由立场,对经济事务持保守态度。所有人在谈到对富人增加税收时都持反对意见。

和乌苏拉一样，一心向上的富人声称住在纽约这样的地方，他们并不会觉得自己有什么优越之处。比如，玛雅在成为全职妈妈之前曾做过律师，她的丈夫是一名年收入超过 200 万美元的公司律师。她告诉我："我不觉得我们是什么大富大贵的家庭。如果你把我们放在斯波坎⁶，我们的确算很有钱。但放在纽约，我们只是……在我们的圈子，算是过得去。和那些银行家相比，我们简直一文不值。"玛雅利用更有钱的参照对象来表明自己并非那么有钱，来体现她和丈夫就只是他们社交圈子里的普通成员——而她的社交圈构成主要是她丈夫的生意伙伴还有他们的家人。

谈到比他们更有钱的人，一心向上的受访者有时会直接地使用"夹在中间"一词来描述他们自己。海伦在辞职回家当全职太太之前曾在银行业工作，她后来嫁给了一名律师。我估计他们的家庭年收入超过 200 万，总资产远高于 800 万美元，其中包括两处房产。海伦对我说："我觉得我们大概属于夹在中间的群体，因为比我们有钱的大有人在。他们有私人飞机，有司机，所有这些东西……你知道的，有了钱，一切事情都变得更简单。换句话说，它让你能更方便地去做更多的事。我们还没有达到这样奢侈的状态。"海伦在此处的注意力焦点是她所欠缺的特权，而不是她已经拥有的优越条件。尽管她没有在抱怨生活，但她目光所及的是特定的那群人。

薇拉在广告行业工作，她和丈夫的年收入加起来可以达到 200 万美元。他们全家住在一栋价值约 500 万的褐石别墅里，她出生于一个富有的家庭。当我问她相比其他人自己算不算拥有特权,她回答道:"我不觉得自己有什么特权。总有人比我们赚得更多,也有人没我们那么有钱。我觉得我们只是找到了合适的生活方式,现在过得挺舒心的。我们那天还在开玩笑说如果我们一不小心中了彩票,感觉我们的生活并不会有什么变化。我们已经有了我们需要的所有东西。即使中了彩票,我们的生活也不会改变。"薇拉也向我谈起了她的孩子们在私立学校的地位:"你知道吗,他们恰好处在中间。(学校里)有比他们更有钱的孩子,也有些人没有他们有钱。"与海伦相比,薇拉对她的生活现状显得更满意一些。不过她俩都夸大了在她们经济水平之上的人口比例。海伦向上仰望,看到"如此之多"比她更有钱的人。薇拉建构出社会上层和下层人口的均势,而她算是夹在中间。(值得注意的是,薇拉把社会贫富差距描述为一种永恒的状态,一种"永远都会存在"的东西。)

艾莉森现年40多岁,在成为全职妈妈之前,她曾是一名公益律师。我请她比较一下她现在的生活条件和小时候的成长环境。她说:"我当然富有了很多,但我还是觉得我属于中产阶级。"她向我透露,她的父亲当年从事管理工作,她父母的年收入约为12万美元(这本身已经超越了当时的中位数水平)。"我们当时没有任何假期,不去任何地方旅行。"她回忆道。这听起来和她目前的生活状态截然不同:她家目前年收入大约为300万美元(再加上价值几百万的不动产),他们一家每年有两次旅行假期。我顺着她的话接着问:"所以你觉得现在条件改善了很多,但仍然算是中产水平吗?"她回答:"我们绝对是中产阶级。在纽约,在我们孩子的学校社群里,我们绝对……我们……是的，我感觉……是，中上层阶级。"爱丽逊支支吾吾地将自我描述从"中产"改成了"中上层阶级"，我对此的解读是她希望把自己定义为中产，但当她想到自己的童年和当下生活状态存在明显差异时，又意识到说经济地位没有发生改变似乎不太合适。为了佐证她的说法，她拿孩子的私立学校和纽约市作为比较的语境。

类似地，其他一心向上的受访者也都会将自己放在某些语境之下，然后间接地把自己定性为社会的中产。佐伊拥有 MBA 学历，如今在家当全职妈妈。她家的年收入至少有 100 万美元，再加上一栋价值超过 300 万美元的不动产。她对我说："纽约就像一个泡沫。每个有条件住在那里的人都挺富有的，所以你看不到社会的阴暗面。甚至那些和我们的孩子上一个学校的孩子，他们（的父母）也都付得起一年 4 万美元的学费，这很疯狂。所以你看不到底层……这说起来挺可悲的，但那些事情不会进入你的视野，你也不会去想——每个人都忙忙碌碌，根本没有时间去想它们。"佐伊的话透露出，她目光所及的大体上是和她社会处境相似的人。在她的话语建构里，纽约的"所有人"等于"挺富有的人"。另外值得注意的一点是，她强调"你看不到社会的底层"。这一点相当耐人寻味，因为她在日常生活中能轻易接触到没她那么有钱的人。我们不禁要问：佐伊选择"看到"的是谁，她又将什么样的人定义为"底层"？佐伊没有明确表示自己处在社会的中间，因为她承认自己算是有钱。然而，她直接将没那么有钱的人划归为"底层"。

我认为佐伊的视角特别值得玩味。在我们聊天时，她的管家正在隔壁房间工作——一个活生生的例子，表明并非每个在纽约生活的人都"挺富有"。于是，我问佐伊怎样把刚才说的这番话和她的管家还有保姆联系起来。她回答道："我们对她们很好"——也就是给她们丰厚的报酬，允许她们请假，把原本准备捐掉的旧衣服送给她们。她说："我当然有考虑到她们，因为她们每天都目睹我们的生活日常。我觉得试图去要求……不大公平——我希望她们过得满足。"相较于这些家政服务人员，佐伊的确意识到了自己拥有的特权，而且她对这贫富差距也有所感知。对她而言，自己身边的这些个女性每天都亲眼所见她的生活方式，这是她在乎她们的重要原因，而不是说她们属于一个更大的、不那么富有的社会群体。她看到了她们，因为她们目睹了她的生活。然而，她对于自己和雇员之间的贫富差距并没有表现出高度的敏感，或者内心有所挣扎，这一点与我要在本章后文呈现的另一类富人有所不同。佐伊采取了一种"女性家长式"（maternalistic）的路径：她并不反对雇主和家政服务员之间的不平等关系，并把自己视为一名"施主"。[7]

我在绪论部分已经提到过莫妮卡，她是一名房产中介，她的丈夫在广告业工作，他们的家庭年收入约为40万美元。她向我描述她自己、她的家庭，以及朋友圈子："在纽约，我们算是中等收入。"她几乎是立刻略过了收入，谈起他们的消费："我们当中没有显得特别有钱的人，我们都没有高大上的豪车。"此处，"中等收入"指的不是她赚得的金额，而是消费方式。莫妮卡随后如是描述她家的生活方式："我过得很简朴，我的意思是，我没有什么珠宝首饰……一点都不珠光宝气。我们就是普通的工薪阶层,我的世界里不存在什么炫耀。我不知道那些住在拖车公园里的人过得怎么样,但我们的生活相当简朴。"她说他们每天晚上的安排都很平凡:吃晚饭、辅导孩子功课、看电视、睡觉。我们会在第三章看到,许多受访者都和莫妮卡一样,把他们的生活描述为"过得很平凡",和其他任何家庭的习惯毫无二致。

值得注意的是,莫妮卡的确提到了比自己社会地位低的群体——"那些住在拖车公园里的人"。通过这一对比,她把自己放在了一个条件优越的位置,但只是相对那些比她穷得多的人。她的言语中透露出对贫富差距的察觉,但她使用了"拖车公园"这个象征贫穷的意象,由此建构出的是存在于中产(莫妮卡)和穷人之间的差距,而非富人和中间阶层的区别。而在纽约市内,拖车公园极为罕见。于是,这个关于贫穷的意象进一步脱离莫妮卡可能在日常生活中接触到的人,比如她家的家政工,以及纽约街头无家可归的人。莫妮卡的优越条件也可以相较于那些算不上贫穷,但没她那么富裕的人。这包括几乎所有她在日常生活中接触到的服务行业人员,比如她孩子的老师,她买衣服和食物时打交道的那些销售。

贾斯汀的总资产超过 1000 万美元,他的家庭年收入约为 40 万。他和莫妮卡使用了类似的阐释法,也就是把没他那么有钱的人等同于非常非常穷困的群体。他在访谈中谈到:"我认为我们这个国家的每个人,包括我,比起其他国家的人民都要阔绰太多太多。我看到过很多国家……美国最穷的人可能在一些国家都算得上富人。他们还是有车,有房。你知道的,非洲人没有这些，他们从来没有车。所以从这个意义上说（我觉得自己的确拥有特权）。但我会在日常生活中扪心自问，'这个向我迎面走来的人比我穷吗？'不会的。"通过聚焦房子和车子这些基本需求，贾斯汀建构出一个人们的生活条件都大同小异的美国，以及其与"非洲人民"的天差地别。他由此暗示，美国人民之间存在的那些凌驾于基本需求之上的差异并不那么重要。所有这些富人承认他们特权的话语建构方式都把注意力投向极度贫困的人口，于是乎，真正的中等收入群体和自我认知为中产的富人之间显著的差异都被略过不提了。

我在前文提到，一心向上的受访者大都表示他们的社交范围仅限于和他们经济状况类似的人。如果他们提到一些例外，那指的基本上都是和比他们更有钱的人交往。塔莉娅的丈夫在金融业工作，年收入约为 50 万美元。她说自己的朋友们大都经济状况相当，除了个别几个——他们的财富水平"完全属于另一个世界"。阿莉克西斯的家庭年收入约为 50 万美元，她家的总资产超过 500 万。当被问起她朋友是否和她的处境类似，她告诉我："我有一些朋友，他们比我有钱得多，但也不是特别奢侈的那种，比如著名影星之类。大多数朋友和我情况类似。他们依然需要努力工作，但已经有钱购置两处房产。"在回忆自己的社交圈子时只"看到"比自己更有钱的人，这是另外一种体现自己"不算特别"有钱的修辞策略。阿莉克西斯也把她自己和大多数朋友归为一类，强调他们"依然需要努力工作"，和已经不需工作的富人形成对比。

同理，一些一心向上的受访者认为衡量有钱的标准在于，一个人是否得考虑钱的问题。⁸因为他们有时还需为钱的事情伤神，也就间接表明了他们还算不上有钱。比如，玛雅对我说道："我不觉得我能随心所欲地购买商店里任何我想要的东西。我依旧会考虑我的每一笔花费，我依旧会考虑我的孩子们，考虑我们已经花出去多少钱。"塔莉娅则说，她感觉自己和丈夫算得上"小康水平，但没法肆无忌惮地花钱"。她表示，如果他们多存钱少花钱，以后应该能过上舒适的生活。因为他们的父母总有一天会停止给他们打钱，所以他们有必要存钱。我会在第三章展现，大多数受访者并不忌讳谈论他们花钱的上限；相反，他们强调这些局限性，来体现自己的审慎以及算不上"真正"富有的生活状态。

考虑到一心向上者的眼里只有比他们更富有的或与他们经济状况差不多的人，我们可能猜想，他们常怀有一种羡慕嫉妒恨的情感，感到自己不如那些更有钱的人。但首先，我很少听到这样的嫉妒之辞；即使有，也更多来自于某些受访者对自身经济状况的焦虑和不安，而非源自他们彼此地位上的攀比或物质主义。⁹这种焦虑感会影响他们对自身特权的认识。"我觉得我们大概处在社会的中间位置，"海伦说完这句话紧接着补充道，

我觉得我们过得还不错。我的意思是——请不要误解我，我觉得我们过得很好，各方面。但我又同时感到，我们不能默认这样的好日子会一直持续下去。你知道的，生活仿佛一个容易打滑的坡道。你很容易陷入一种对你的财富不负责任的状态，或者——也不是不负责，就甚至是贷款买房……我的意思是，

你知道我们所有的财产都是我们挣来的是吧?所以,这样的生活有时给人很大的压力,我们有时需要借钱来满足我们想要的生活方式……这样每天和风险相伴是挺可怕的事。我丈夫在上班,而且做得不错。但他工作强度很高,而且是那种非升即走的类型。所以如果出了什么岔子,你真的没法延续你现在的收入水平。

海伦在这里只是非常简短地谈到了自己的特权,使用了"各方面"这样模糊的字眼。而风险是这段自我描述的关键词。像海伦这样靠配偶的收入过日子、同时少有财产继承的受访者显得尤为焦虑。其中一些人谈到,他们在2008年金融危机后开始更谨慎地花费自己的财富。

尽管我能感受到一些受访者溢于言表的焦虑感,但强调焦虑也有助于减轻他们对自身特权可能存在的不安。从我和两位非洲裔美国妇女的对话中,我特别清楚地察觉到了否认特权和内心不安之间的关联。我在联系她们的时候,不加掩饰地使用了"富裕"(affluent)一词。而在此之前,我一直避免使用这个词语,因为我猜想它会触及钱这个敏感话题。不过介绍我和第一个访谈对象认识的凯莉觉得,使用"富有"一词不会产生任何问题。凯莉认为帕姆(也就是我的访谈对象)和她圈子里的朋友对她们的社会地位感到"自豪"。她说自己和帕姆等人在一起时,她们从不加以掩饰地谈论其生活的各个方面,包括家庭装潢。

我觉得自己应该接受凯莉的建议,因为她和帕姆还有后者的朋友们都很熟。同时，我也认为"富裕"（affluent）一词比"有钱"（wealthy）好听些，相比之下更容易让人接受些。[10]但事实证明，这不是一个明智之举。在我把录音笔打开前，帕姆就主动提起，我在给她的邮件里使用了"富裕"这个词。尽管她的家庭年收入超过50万美元，她表示："我不觉得自己很富裕，因为富裕一词给人的感觉是，你某种程度上不再需要为钱的问题伤神。在纽约这样的地方，如果你有本事说'我要把我的孩子送到私立学校'，这理论上表明你过得不错。但这是一个很大的教育投资。"随后，帕姆表示他们的家境在孩子的学校里算是"中游"。她讲起女儿有次去一个同学极尽奢华的家里做客："看到吗，在这样的情形下，我压根就不会觉得我们过得富裕。"

在这段描述中，帕姆首先说到了自己的经济危机感，并把自己放在社会的中间位置。但我逐渐意识到，她也对自己的富人身份感到不安。她在一个工人阶级家庭长大，她的父母曾积极参与美国平权运动和呼吁公平住房法案的出台。她把自己对财富的不适感归结于这一成长环境："我花了不少时间才摆脱它。我的意思是，我成长的环境不断向我灌输的观念是，有钱人是信不过的。所以我必须要努力克服这样的观念。"在访谈最后，她说起自己和丈夫有一次起争执的点正是他们是否属于美国的那1%。尽管就收入而言，他们完全符合，但当帕姆了解到划分1%的资产标准超过了他们家的200万美元，她还是长舒了一口气。帕姆的反应恰恰体现了我在绪论部分指出的一点，即对"1%"这个文化符号的过分强调，其实会遮蔽人们对其特权的认识。如果帕姆不用把自己归入这个群体范畴，她至少可以宽慰自己,她不算是特权阶级。

差不多与此同时,我也采访了贝弗利。她的家庭年收入约为250万美元,而她和丈夫的总资产加起来有好几百万,再加上两处几乎无贷款的房产。然而,她对我使用"富裕"这个词感到极为不适。她告诉我,她差点因为这个字眼而准备取消整个访谈。她说:"富裕是相对的……我的一些朋友度假时直接乘坐私人飞机。所以这是个相对的概念。我的意思是,我有不少朋友都——当然大多数都没有。但我只是想说,有这么一些人。所以,我不知道用富裕这个词(来形容我)是否妥当。(坐私人飞机度假)那才叫富裕。"为了显示自己算不上富裕,贝弗利将她的目光投向那些比她更富有的人,而不是她"大多数(朋友)都没有"私人飞机这个事实。她同样谈到了地方性差异:"可能在丹佛,我可以算富裕。但是在纽约,我不确定富裕是不是个准确的用词。这是我的看法。"

的确,有一点逐渐明晰起来,那就是贝弗利对她的社会特权感到不安。她起初表示自己"不喜欢以任何形式谈论钱这个话题"。随后,她在一定程度上暗示了对于自身特权的不安,她说:"让我感到不适的另一点是,当你们谈论社会最顶尖的1%人口,的确我们属于那1%,然而讨论到此就结束了。"贝弗利随后使用了经典的向上比较法,她说:"最最底层的1%人口和顶端的1%之间的确存在着巨大的差异。所以我能够揣摩为什么社会99%的人口都认为贫富差异如此悬殊。可问题是,顶端的1%人口中间也有着巨大的差距。所以,用'富裕'这个词不合适,真的不合适。我的意思是,我们不用为填饱肚子和照顾孩子的问题发愁，出门旅游时也不会感到捉襟见肘。但说我们'富裕'实在不贴切。"在这段回答中，贝弗利努力想要克服她的不安。她承认了自己的特权，但旋即又予以否认。她主要谈论的是比她更富有的人，以及她和他们的差距。同时，她把没自己那么有钱的人描述为"为填饱肚子而发愁"，就像莫妮卡的"拖车公园"和佐伊关于"底层"的描述，这类措辞的言下之意是，贝弗利这样的人算不上富人，她们只是不穷。

美国非洲裔人口的经济条件存在巨大的差异，贝弗利在访谈中明确谈到了她应对内心矛盾的两大策略。一方面，她闭口不提自己的特权。她告诉我："我很少与家人（父母和兄弟姐妹）谈钱的事，因为钱是个有点令人匪夷所思的话题，还有纽约。你在纽约的收入和花销听上去高得很离谱，很不公平。我的意思是，我怎么可能告诉他们私校的学费，那可能相当于他们的收入。所以，你应该避免提这些事。"

另一方面，她又说（使用了更显距离感的第二人称"你"）："你必须在某种意义上坦然地接受（一个事实）有些人的条件就是更好，另一些人拥有的比较少。对此你不需要有什么愧疚。你压根不需要。但你仍然会感到不安。"为了避免"愧疚"，她必须依靠两点看法来安慰自己。一是比她富和比她穷的人数相当，因此她算是处于社会的中间。二，贫富不均是永远无法改变的现象，因而与她个人没有任何关系。存在即是合理，言下之意是她不需要做任何事，无需承担任何道德责任（我会在第四章进一步阐释这一观点）。

我不算明智地使用"富裕"一词，致使帕姆和贝弗利相当直接地点明了她们把目光投向收入更高的人群和她们对其特权的不安此两者之间的关联。种族因素可能在此发挥了一定的作用。我采访过的非洲裔美国富人都有着经济上和种族上多元的社交圈；他们的白人朋友通常很富有，而他们的黑人[11]朋友和亲戚则有着各种不同的社会背景。我在之前已经提到并将在后文中进一步展开的一点是，就我的研究样本而言，社交圈子更多样化的富人更倾向于意识到他们的特权。贝弗利等人与他们来自其他阶层的黑人亲戚朋友依然有着很强的纽带，再加上他们属于富人圈子里少有的黑人，这些都可能引发贝弗利所谈到的不安感。另一方面，其他黑人受访者也表达了他们实现阶层跨越的自豪感。这与凯莉的话一致，即帕姆等人在日常生活中并不忌讳谈论她们优越的物质条件。我怀疑她们在不同的时刻吐露出不同的情感，而所有这些情感都可能是"真情流露"。

无论如何，我认为我在这个小节所提到的许多受访者，不管他们的人种如何，都会抗拒我在邀请他们参加访谈时使用"富裕""富有"或是"有钱"这类词语。比如，我怀疑一个叫妮可的摄影师可能继承了一大笔遗产。但在我们对话的前半部分，她不断重申自己算不上富有。她告诉我，她很吃力地支付着孩子们的私校学费，说她母亲长久以来一直住在一栋昂贵的别墅里，而她却无力对自己的房子做一些心仪的改动。她对自己继承的遗产只字不提。大约一小时过后，我不得不向她表达自己的困惑，并且直截了当地询问她的财务状况——我通常并不会在这个节骨眼上提出类似的问题。妮可于是全盘托出了她继承的遗产数目（约为250万美元）、她的家庭收入（超过40

万美元），还有她的房产价值（超过 200 万美元）。尽管如此，她依然认为自己比不上孩子学校里的其他家长——他们才是"真正的"富人。

同时，妮可把她继承的遗产描述为她的"备用金"（nest egg），强调她家的日常开销来自她丈夫的工资。她说："我不觉得我们现在的生活和父母的钱有多大关系，比如我的孩子们如果没有那笔钱就去不起私立学校了。就算没有遗产，我们也能做到。"事实上，她的父母曾支付过孙辈的学费；而妮可和丈夫也因为有遗产的关系，无需考虑储蓄的问题。但对妮可而言，不需要靠遗产来过日子的自我暗示非常重要。由此，她可以把自己理解为一个不同于特权阶级的"普通人"，而不是以比她穷的人作为参照（我会在第三章进一步展开）。

当我询问这些受访者的政治立场时，他们围绕特权产生的道德焦虑和对此避而不谈的渴求再次浮现出来，特别是当他们说起奥巴马总统对于华尔街的批评时。其中几个受访者表示他们（及其配偶）在 2008 年把选票投给了奥巴马，但到了 2012 年他们不愿继续支持他。这并不是因为他们有多喜欢罗姆尼[12]，而更多是他们对奥巴马感到不满。我起初以为他们的不满来自于奥巴马的税收提案（尤其是他提议取消布什政府对年收入超过 25 万美元的家庭实行的减税政策），因为这一改变会影响他们的收入。不过，他们说得更多的是这一提案的符号层面，也就是奥巴马越了界，开始直言不讳地谈论贫富差距。比如，玛雅表示她当初很欣赏奥巴马的医疗改革。然而她接着说道："他的经济政策以及他谈论有钱人的方式让我感到不适。我觉得这些方式是错误的，他人为地制造了富人和穷人间的隔阂。"她说她和丈夫反对的不仅仅是奥巴马的征税提案，更是"奥巴马谈论商人的方式。按他的话说，几乎所有做生意的都是恶人"。

玛丽对于纽约市长白思豪有着类似的评价。她说："我不太喜欢白思豪……我觉得他从一开始就毅然决然地对'有钱人'和'穷人'做了一刀切的划分，然后他随意编出一些数字来描述富人和穷人的对立。你不能这样绝对地一刀切，我认为这是非常错误的做法。"玛雅和玛丽两人的言下之意是，如果政客谈论贫富差别，他们就是在制造社会隔阂。当然，事实上隔阂早已存在。这些富人试图对它视而不见，因为他们不想被视为道德败坏的家伙，尤其是当下舆论普遍把大规模经济崩塌的矛头指向华尔街。然而，在政治话语中，贫富差距更是不可避免的一个话题。

总体而言，一心向上的富人直接或间接地把自己置于社会的中间。他们平日交往的大都是与其经济地位相当的人；而他们"看见"的和拿来与自己做比较的主要是这些人以及比他们更富有的人。纽约市巨富人群的存在也促使他们把目光投向高处。向上比较使他们得以把自己视为占据道德合法性的"中间阶层"，而没有他们富有的人口就顺势成了赤贫阶层。他们不愿谈钱的话题；如果非得谈，他们往往聚焦于自身的焦虑感和消费上限。而社会贫富差距"亘古不变"的说法也可以进一步帮他们减轻自己的不安。

心系下层,承认特权

也有不少受访者坦言,他们的确拥有特权,像是本章开头部分提到的基思和凯伦夫妇,还有绪论里的斯科特和奥利维亚。他们对于自身的特权和社会不平等问题表现出矛盾的情绪。与那些自视为中产的富人不同,这些受访者通常有两大背景:他们要么是财产继承者而后选择在文创产业工作,要么实现了向上的阶层跨越(个别人的配偶从事文创工作)。由于这些原因,他们的亲戚朋友和同事有着各种各样的经济条件,人种构成有时也较为多元。他们的政治立场通常比一心向上的富人更偏自由主义。

这些受访者承认自己的特权,而且也愿意公开谈论他们对此的看法。娜丁和她的丈夫还有孩子们主要靠她的家族企业获得收入。他们还拥有一幢大别墅和约 700 万美元的额外资产。她说:

我一直感到不可思议的一点是，有许多人明明非常有钱，却不大方。或者说，有些人并没有意识到自己已经相当富有了。就像是，"你的财富明明已经超过了他妈的这个星球上99%的人，但你还在那里叫苦不迭"。你懂我的意思吗……特别是现在经济那么不景气。比如我的哥哥，他就是这样的人。他有一天向我抱怨说，他如果不卖掉现在的房子就买不起新的房产，还有他现在的经济状况有多糟糕，他迫切需要流动资金。他们就是得卖掉原来的房子来置换新家。新房子的花费是300万，他拿不出这笔钱，除非先卖掉原先200万的房子，这听上去有多么令人沮丧？我的想法是，"嗨哥们儿，我爱你，我知道你很沮丧。但是你的视野能不能不要那么狭隘"。

许多人强调，优越的经济条件使他们得以自由地选择理想的生活。企业律师温蒂嫁给了一位经济学教授，他们的家庭年收入约为50万美元。我请温蒂描述一下他们目前的生活方式，她表示："我们生活得非常舒适，我们现有的财富足以满足这一家子的任何愿望。我们住在一个舒适的公寓，地段也合我们的心意。到目前为止，我们在花钱上没有什么需要妥协的地方。"加里继承了超过1000万美元的资产，如今在学术圈工作。他说道："我觉得我们不需要为了达到某个目的在另一件事上做牺牲。"他告诉我，他在购置第二套房产时打败了其他的潜在买家，究其原因是因为他有足够的现钱支付所有的房费，这让卖家立刻相中了加里。他接着又说起自己在第二个家里度过的时光：

比如说我们打算去过个周末，或是在夏天，然后决定购买一些生活用品带过去。我们有可能一不小心就买了300美元的东西。不是说我们花钱买了昂贵的鱼子酱，而是因为我们常常带着朋友一起去那里。我们家有四口人，再加上朋友家的三四个人。你知道的，我们不会在超市里计较比如哪个品牌的厕纸更加便宜……为了过个周末买300美元的东西，这已经很奢侈了，对吧？

加里十分清楚自己的生活方式有多么奢侈，并且坦然承认了这一点。（不过值得注意的是，他强调自己没有把钱花在买"鱼子酱"这样昂贵的日用品上，言下之意是他的消费依然算得上合理。我会在第三章详细阐述这种措辞方式。）

承认自身特权的受访者也谈到，不用担惊受怕地过日子这本身就是一种特权。在一个非营利组织担任执行官的多诺万不仅收入颇丰，还拥有继承财产。他说道："在我看来，有钱真正的好处之一是不用担心它！不用数着一分一分的钱过日子……我从来不需要担心吃穿问题，担心孩子的学费。我天生是一个容易焦虑的人，不用在花钱的问题上犯愁对我尤其重要。我的人生省去了很大一部分烦恼。"艾琳娜也有着类似的感叹，她在一家慈善基金会工作，手握着大约900万家族财产。她把"免于焦虑"视为特权的一个重要组成部分，"因为大多数人日常的焦虑正来源于钱"。

无论是从实际还是抽象的意义上说，心系下层的富人似乎有一颗更能体会民间疾苦的心。雅尼斯在市场营销行业做兼职；

她继承了一笔财产,主要靠丈夫的生意获得约50万美元的家庭年收入。两人花70万美元装修了他们价值300万美元的别墅。雅尼斯告诉我:"能在这个街区买下一栋别墅,而且还有资金做装修,这的确是非常大的特权。我有资本说这里好丑,我不想和这样的装饰住在一起,我要重新打造自己的家。我觉得有能力做这样的改变是一个巨大的特权。"她又补充道:"我很清楚,我孩子(公立学校)的同学家里和我的朋友们都没有办法做到这一点。"

继承了一笔家族遗产、养育着两个孩子的大学教授琳达对我说:

我最近看到《纽约时报》的一篇长报道,并把它分享给了孩子们。这篇文章讲的是海地人怎么把泥土做成饼干吃。我不知道,这真的非常糟糕。所以这条新闻最近一直萦绕在我的心头,我一直想着它。我们有那么多的钱,仔细想想这真的很疯狂……我去买菜时,是想要什么就买什么。我不用去看那些菜是不是有机——我的意思是,我的确会看,但我不在乎有机的树莓要卖5美元。我的孩子喜欢吃树莓,所以我就会买。我意识到许多人在那里反复比对,犹豫有机水果的价格,而我不在这一行列。

那些不那么有钱的,那些按琳达的话说"反复比对、犹豫(产品价格)"的人,那些没有条件花300美元买食材过周末的人,那些没法一次性买房和装修房子的人都出现在了上述这些受访者的描述中。

佩妮是一名兼职法律顾问，她的丈夫从事管理咨询工作，他俩的年收入超过 300 万美元。对两人的成长环境而言，这绝对是个天文数字。他们的孩子在一所享有盛誉的公立学校上学。佩妮说道："你知道的，在纽约，尤其是曼哈顿，你总能找到比你更富有的人。同时，也有许多人没你那么有钱。就孩子们所在的这所公立学校而言，我敢说我们的条件（相对于其他家长）处于顶尖。另外，我们还有这样一套公寓。你去孩子的同学家会看到，他们的条件并没有那么好。"与上文提到的那些自视中产的富人不同，佩妮意识到有更多人的收入不如自己，即使是放在纽约这个语境下；她也清楚在孩子们的学校里，他们比其他家长的经济条件更好。她说完上述这番话后，又反思起了这种自我觉察的可取之处："这些想法可能听上去有点滑稽，但我觉得这是个好事，是一个有益的视角。我每天都感到很幸运，他有一份不错的职业，收入可观，我们有条件重新装修房子，等等，所有这些。"佩妮在此处显露出的是感恩之情和对她特权的公开承认，而非闭口不谈。

心系下层的富人也会更多地提及他们雇用的家政服务人员，而且时常对这种雇佣关系怀有矛盾情绪。贝特西在一家非营利组织担任执行官，她继承了约 300 万美元的财产；她和我的对话主要围绕自己的两个艰难决定：一是要不要送孩子去私立学校，二是该不该购置第二个家。其中一个重要的考虑因素，她说道："是我真的要在一个富人区买下另一栋房子，而这个贫穷的女人在这照看我现有的家、爱护我的孩子们吗？"全职妈妈特蕾莎养育着两个孩子,她丈夫在金融业工作,年收入超过100万美元。她向我说起她的管家因为贫穷,不得不让孩子们离开美国,回到他们自己的国度。为了全职打工赚更多的钱,她也辞去了特蕾莎家的工作。特蕾莎说:"我到底何德何能可以不工作,还让别人照看我的孩子,而她甚至都没法把孩子留在身边?"这些内心矛盾的富有女性把自己和她们雇用的家政工一同放在了结构性的不平等关系当中,这与上文提到的那些默认贫富差距并声称"我待她们很好"(佐伊语)的富人形成了鲜明的对比。

一心向上的受访者往往表示他们的朋友和自己条件类似,甚至更有钱。而心系下层的受访者则会谈到经济条件迥然不同的朋友、熟人和同事。比如,曾在银行业工作并且拥有财产继承的全职太太丹妮尔说:"我们有各种各样的朋友,他们的生活方式天差地别。"如此多样化的社交圈子产生的原因有几个。首先,一些受访者成长于中产阶级家庭,个别为工人阶级家庭;他们至今依然与没他们那么有钱的亲朋好友保持着联系。我们可以料想,这些受访者多数靠自己挣钱致富。不过也有个别靠继承财产致富的受访者,他们童年过得并不富裕。[13] 还有一部分人工作的行业存在异质性的阶级构成,比如学术界、非营利组织和艺术圈。他们大都是财产继承者,通过工作接触到各种各样的社会群体。心系下层的富人,无论是财产继承者还是挣钱致富者,都有一些多年相熟的老友,他们并不那么有钱。另外,部分家长和雅尼斯还有佩妮一样,选择把他们的孩子送到公立学校念书,他们的社交圈由此变得更加多元。

然而,如此多样化的社交圈不仅仅是自发形成的结果。许多心系下层的富人有意识地寻求跨阶级的社交关系。温蒂说："我认为活得接地气一点很重要，交往的圈子不能仅限于和自己条件类似、背景相同的人。""接地气"的意思是要记得自身相对大多数人的真实处境；对于温蒂而言，如果只把社交时间花在和她类似的人身上有违她的人生追求。爱莲娜在谈到她的跨阶级友谊和政治参与时说："我试图跳脱出自己的泡沫世界。"

对这些受访者而言，合理享有特权意味着创造更多元的社交圈。然而，跨阶级的社交关系也可能带来不适感，因为它们迫使贫富差距变得可见。加里说起他为了装修新房而花掉的18万美元："我的朋友来到我家，看到所有这些新家具，然后一副'看上去很不错，可你哪里来那么多钱'的表情。你不能说：'这笔花销其实是小菜一碟。'这对别人根本不是小菜一碟。"这些富人也谈到，他们很不喜欢和朋友聊自己的生活抉择，比如住在哪里、送孩子去哪里上学等。温蒂说："对我的朋友，我没法像对你现在这样坦诚地交待我的生活方式和花销。为了你的研究，我尽量如实回答……可和我的朋友——很尴尬。"我问她这是为何，她说她的朋友"都是很有社会良知的人。他们做着很棒的事情，但生活条件不一定有我们的好，他们有时需要做一些艰难的抉择"。贝特西也有着类似的想法，她说："我的朋友们和我面对一样的难题（比如帮孩子寻找合适的学校）。只是，我有着其他人不具备的资源来解决这些难题。"她接着又说："对此我感到不安。这就像是不停地在别人面前炫耀，我有更多的选择余地。"最终，这种不适感可能在一定程度上造成越发同质化的社交圈子。

对于那些实现了阶层跨越的富人而言,他们的家庭出身是一个重要的参照物。年薪超过 100 万美元的银行家米丽安表示:"我目前赚的工资比我们家所有人加起来的还要多。"米丽安并不对自己的财富感到愧疚,但她把金钱描述为"肮脏的""被玷污的"。她把这归咎于自己的原生家庭:"我的意思是,如果我的兄弟姐妹都是医生、律师和银行家,那么我可能不会很在乎。我可能会觉得:'这就是我们家人干的职业。'但我们家里的其他人都不做这些。我们家没有成为纽约市的银行家族,也没有赚到一大堆钞票。所以我感觉很奇怪。"而米兰达嫁给了一个财产继承者,她表示自己无法向哥哥诉说财富带给她的困扰。我问原因,她说道:"他真的非常努力地工作,然后我觉得……和他谈论有很多钱会造成哪些问题——比如担心你的孩子会因此变得骄横跋扈——真的非常困难,毕竟他还需要发愁是否买得起某些东西。你懂我的意思吗?"

于是在这些跨阶级的关系中,财富再一次成为无人想去触碰的禁忌话题。特蕾莎说她热爱自己的生活方式。然而,她又说道:"我的确感到不安。当我和兄弟姐妹交谈时,我感觉自己必须淡化我的生活方式……三年了,我还不曾告诉他们我雇用了一个管家,搞得像这是一个大黑幕。我的意思是,能够给我的父母买好东西让我感到开心。给妹妹挑礼物时,我也不会有半点犹豫。但我们从不会说起这些礼物到底有多贵,我们的车值多少钱等等这些问题,从不。"

特蕾莎和米丽安都成长于政治立场进步的家庭。米丽安介绍说:"我成长的家庭历来支持工人的权益……我的父母一直告诚我们不需要有很多钱,因为那会带来很多的罪恶感。比如还有成千上万的人需要钱,我们凭什么把那么多财富占为己有。这种感觉自始至终存在。举个例子,当我把我们筹办婚礼的预算告诉父母,他们的反应是:'你知道这笔钱可以喂饱世界上多少人吗?'所以会有这种愧疚。"

相比那些从出生到现在经济状况没有多大改变的人,靠自己赚取的工资实现阶级跨越的受访者会更多地谈及对自身特权的感知。佩妮成长于一个中产阶级家庭,她说自己如今在装修豪华的商店购买全价商品时会感到不安,因为她会回想起童年时在柏林顿百货公司购买折扣鞋的场景。据她介绍,她的丈夫出生于一个"工人阶级"家庭,如今的年薪是 300 万美元。她告诉我:"在工作场合,他是一个另类。别人开会时都在那里抱怨他们得到的报酬太低,说什么'这不公平,我们这个案子应该赚 200 万而不是 150 万。'而他的反应是:'你们知道自己有多幸运吗,能赚那么多的钱?'他是真的有切肤之痛,他觉得'你们这帮人都太荒唐了'。"佩妮的丈夫在此处援引的比较对象可能超越了他的同事们所熟知的那个小圈子;他目光所及的是更多的平常人。

最后,正如我在之前提到的,公开承认自身特权的受访者大多数支持民主党。其中一些人试图和激进的政治立场撇清关系:比如加里表示自己是"保守的进步分子";继承了超过千万美元的萨拉声称自己是一个"进步的实用主义者"。也有一些人有着更偏"社会主义的视角"(娜丁语);一名我采访过的房产经纪人把这类富人称为"喀什米[14]社会主义者"(cashmere communists）。没有一个心系下层的受访者对奥巴马有不满，也不认为他提起贫富不均这个概念有何不妥。我做访谈的时间恰逢占领华尔街运动进行之时，这些心系下层的受访者也往往表达出他们对该运动的同情。凯文的妻子继承了一大笔财产，他把自己描述为"自由主义左派"。他说道："过去这几年那么多关于 99% 的讨论让我觉得，我作为那 1% 或 2% 或 3% 非常奇怪。我的感觉是：'不，我应该是**占领**华尔街那边的人。'这是一种非常奇怪的自相矛盾。"这类政治事件也构成了另外一个让人察觉社会问题和关心普罗大众的途径。相比自视中产的富人，心系下层的富人更容易看到这些问题和一般人的生活窘境。

几个政治立场更为进步的受访者甚至承认，给他们带来如此优越条件的社会机制也同时造成了两极分化和不平等。比如，伊莲娜说道："作为个人，我显然正从一个加剧不平等的体制中获益。这个体制只允许非常非常非常非常小的一部分人获益，而其余的人都在受苦。所以我感到自己的财富和世界范围内的贫穷是有一定联系的。"这样的看法与一心向上的富人截然不同，后者趋于认为"总有人在我之上，也总有人在我之下"。不同之处有二。首先，心系下层的受访者认为"位居高处"和"位居低处"的社会群体之间其实存在着经济关系和道德义务上的双重联系。第二，他们相信结构化的改变是可能发生的。在他们看来，现有的社会机制，尤其是资源分配，可以也应该有所不同。

向上又向下

行文至此,我指出了受访者的阶级背景、职业、政治立场和社交圈子等与他们是一心向上还是心系下层存在着一定的关联(这绝非因果关系[15])。然而这些联系并非铁板一块。我在前文提到过贝特西,她曾做过管理咨询,如今在家当全职妈妈。她丈夫的年薪约为100万美元。他俩的职业背景都属于企业管理。贝特西对待社会问题时的政治立场偏自由派,然而她却是一个财政保守主义者。2012年总统大选时,她没有把票投给任何一个候选人,因为她对两人都感到不满。所以,相比其他心系下层的财产继承者,她的政治观点算不上特别进步。和其他心系下层、靠自己的工资致富的受访者不同,她不曾经历过阶级跨越。她似乎也没有特别多元的社交圈子。所以我们可能会猜测她的回答与那些一心向上的人更加接近。

的确,贝特西把自己和那些巨富人群做了泾渭分明的区分。

她成长于美国一个富有的家庭（她谈到自己"从出生"伊始就拥有一个证券账户）。但她却说："我现在的富足程度和小时候完全不同。"她告诉我：

> 在这些私立学校，有许多非常有钱的父母。他们的财产有上亿甚至是十几亿美元。他们住纽约上街区的联排别墅或一整层的公寓。你去他们家里做客时会忍不住感叹，这真是不可思议……我和一些妈妈开玩笑说，我们算是"工人阶级"，因为我们的确真的还在工作。而其他家庭都没有任何人工作，他们的钱多得花不完。我们一直在努力工作，我们不能停下来，否则现在的生活方式就没法延续。而且，我们对于物品的花销、对于该如何买——如何用你的钱、如何处置你的资源，都有着更清楚的认识。

贝特西在此处的目光所及是向上的，她把自己和她的朋友归为一类，有别于那些"非常有钱"的家长。后者拥有"花不完的钱"，他们不需要上班，也不需要为钱的事情发愁。正如我将在第二章讨论的，贝特西关于"工人阶级"的玩笑实则暗含着另外一层意思，即只有靠工作挣来的财富才是正当的——尽管贝特西本人已经不再上班。

然而，贝特西同时侃侃而谈她对于自身特权的认识。在谈到她家的装修时，她说：

> 我不愿意和我的一些朋友讨论这个话题，因为他们的生活

境遇与我大不相同。我不想和他们聊起我在装修时遇到的问题，我觉得如果自己那么做是错误的，甚至有些可耻。不是说我要遮掩什么，如果有人问起，我自然会说。但我不会主动提起，搞得像这是一个聊天时的常规话题。我意识到它并不是。对于我们而言，我们想要把买来的房子装修一新，我们为这个而努力。这件事做起来不是没有风险和后果的，我们需要花上一段时间才能重新充实我们的备用金。但我也意识到，在曼哈顿这样的区域，拥有房屋产权对于许多人——对于大多数人——而言，都不现实。这很疯狂。

贝特西在说这段话时，依然想着比她和她丈夫更有钱的人：她强调"我们为这个目标而努力"，以及他们的财富并非深不见底（他们需要"花上一段时间来重新充实备用金"）。但与此同时，她也意识到了自身的特权。这一意识来源于她和那些不那么富有的人（"我的朋友"）之间的关系，以及她能够在更大范围内想象"大多数人"生活的能力。她提到了自己在不那么有钱的朋友面前露富的顾虑，以及她避免谈论房屋装修这类炫富话题的决定。在贝特西看来，对待特权有两大欠妥的方式，一是不知廉耻地炫耀，二是言不由衷地遮掩；而她不得不小心翼翼地游走在这两者之间。

相比多数一心向上的受访者，贝特西也更关注家政服务人员的生活处境。她的保姆把孩子留在了自己的国家。贝特西对此说道："我一直在想这一点……他们母子分离让我每天都感到很糟糕……真的，这让我感觉糟透了。"令贝特西感到欣慰的是，这位保姆最终决定回到她的祖国。她回国后最初一段时间，贝特西还给她寄钱。贝特西在回忆她和装修队包工头的对话时，再一次提到了她对财富的矛盾心理。贝特西在接受访谈前不久，刚刚决定保留厨房原有的一套照明系统，尽管她起初抱怨这套灯光把厨房照得太亮了，搞得像她是"一个公主"似的。她回忆自己和包工头的关系时说："我们会聊各自的孩子。有一天，我问他：'你的女儿暑假准备做什么。'他回答：'哦，没什么特别的。'我说：'哦，她不去参加夏令营吗？'他说道：'夏令营太贵了。'天哪，你知道吗，我们家还讨论要不要换掉原来那套大概价值五六百美元的灯。这场对话让我感到不安，我不喜欢这种感觉。它让我自我感觉糟透了。"在这段小插曲中，贝特西意识到的不仅是她相较于打工者所拥有的特权，更包括和没自己那么富有的人交谈时随时可能涌上心头的良心不安。

我认为在被我称为"一心向上"的受访者当中，至少有一部分人和贝特西一样的确意识到了他们的特权，并对此感到不安。他们也许淡化了这种不安感的外露；这不是因为他们不曾想过，而是因为他们不想用语言来表述它[16]。我之前提到的黑人受访者拒绝"富裕"这个标签，然而她们最终意识到自己的富有，却不愿意承认这一点。所以，要搞清楚人们如何**谈论**和如何**认识**其特权此两者间的联系相当困难；这一联系也有可能因人而异，或者视情境而定。也就是说，有些受访者可能更愿意向我说起他们的特权，而不是与他们的朋友谈论这一话题；另一些人则恰恰相反。同一个人在某些情境下也可能更多地说起它。

所以，虽然说注意到"一心向上"和"心系下层"的受访者之间一些规律性的差别是有好处的，但试图把他们分为泾渭分明的两类人只会是徒劳一场。相反，我们应该意识到富人把目光投向"高处"还是"低处"富有弹性；这一弹性彰显出他们为了使自己的良心过得去所需付出的意义阐释工作。对特权三缄其口是把自己的不安掩藏起来的一种方式，它彻底杜绝了进行比较的可能。而把自己置于社会的"中间"同样有助于掩藏不安，因为这种阐释方式把焦点对准了那些更加有钱的人。

我们往往会想象富人活在他们自己的"泡泡"里，他们眼里的参照对象是和他们类似的人。我们也时常有这样的预设，即出于"人的本性"，我们总是将自己和经济地位更高的人进行比较。然而，我在本章中已经展现，这些参照对象因人而异。而且，比较的根据——也就是"和你类似的人"到底指的是谁——也并非一成不变。相反，人们会选择他们目光所及、互动和谈论的对象，虽然该选择有可能是下意识做出的。

正如伊莲娜所说："我觉得关于特权，这个社会存在一种迷思，认为富贵之人遥不可及。但特权不一定就意味着凌驾于众人之上，我觉得这里面包含着一系列选择和意识。你可以处理（你与别人之间的）差别。你可以把处理差别作为你生活里的一个部分。"通过工作、社交圈子的选择以及他们出生的家庭背景，一些富人的确更频繁地"处理着差别"。另一些富人则不愿与社会地位不同的人打交道，甚至不愿想象后者的生活处境，部分是因为他们不想让自己感到良心不安。

本章分析了在社会财富分配的连续光谱中，我的受访者将自己定位于何处。他们自视拥有更多还是更少，相对于谁。同时，我也展示了这种自我定位具有道德感的面向。本书的剩余部分将继续探讨这一道德面向。我采访的**所有**富人，不管是"一心向上"还是"心系下层"，不管直接还是间接地表达他们对于自身特权的理解和不安，都谈到要做一个与其财富相称的有道德感的人。正如我在绪论部分所提到的，我的受访者们详述了一系列相似的观念，关于做一个"好人"意味着什么，以及如何避免成为颐指气使的人：最主要的是努力工作、谨慎消费和回馈社会。当他们说起这些行动准则，"一心向上"的人的确承认了自己的特权，虽然他们承认的方式往往曲折迂回。而"心系下层"的人虽已坦率地承认了自己的特权，也能通过谈论这些（中产）价值观，在符号层面淡化他们的特权。

我将在第二章首先阐述他们的这些价值观，特别是努力工作的道德准则。我们在本章已经看到，一些受访者把"必须工作"作为他们不属于特权阶级的表现，或至少说他们不像其他人那样富有。然而，不管他们是否真的非得工作来挣钱养家，把自己视为辛勤的工作者是他们肯定自身道德品质一个关键方面。

第二章

努力工作还是难得干活?

工作能力和道德品质

40多岁的公司经理保罗的妻子是一位全职太太,他们共同养育着两个年幼的孩子,他的年薪约为50万美元。为了接受我的采访,他从百忙之中抽出一个小时与我见面。我们的见面地点是一家熙熙攘攘的咖啡厅,位于他上班的闹市区。对话主要围绕他家正在进行的房屋翻修工程。访谈即将结束时,我问他是否觉得自己"配得上"现在的生活。每当我注意到访谈对象对他们的特权怀有矛盾情绪时,我都会抛出这个问题。我清楚,这是一个含糊的问题,也许还有点无厘头。然而,我很好奇受访者们会如何解读它,以及他们会怎样为自己的特权辩护。[1] 保罗没有丝毫停顿地回答道:"当然了。我他妈当然配得上它……我今天所处的位置,我一分一厘地挣得了自己的财富。没有人做——我的意思是,我的岳父岳母的确帮了我一些忙,但事情是我做成的。我的工作,我的职业生涯,我以前的工作，我现在的工作，所有这些都靠我自己。没有人帮我，都是我做的。所以我赚得了他妈每一分钱，绝对是这样。"尽管保罗提到了岳父岳母的帮助，但他很快略过了这一点，以维系他自视的那份独立感。

保罗一而再再而三地强调，一个人必须努力工作才配得上过好日子。我问他："照这样说，那些没你有钱的人，他们是不是理应如此？"他回答道："其中一些绝对是。我的意思是，那些占领华尔街的人，他们都做了什么？他们坐在公园里无所事事，不是吗？"随后，他提到自己向一对年轻同事分享了一部分个人财产信息，他说："我觉得这是个好事，因为这让他们看到了奋斗可能带来的财富，从而促使他们更努力地工作。"但他同时又不想让他们感觉这是"理所应当"的，也就是认为"他们无需努力工作也会变得富有"。保罗坚持让自己的孩子进入高中后就去外面打零工："我的主意已定。百分之一千。"

这种倾向与我研究开始时的预期完全一致。支撑起美国意识形态和流行文化的美国梦，其核心观念正是在一个公平的环境里通过努力奋斗来获得高人一等的地位。[2] 其他学者的研究表明，手握特权之人往往把他们的社会优势归功于自己的努力。[3] 而我的研究既支持也挑战了这样的看法。一方面，我采访的大多数人，无论他们是一心向上还是心系下层，都和保罗有着相似的看法，即努力工作是配得上财富人生的基础。他们看重独立性，强调自力更生获取财富，而不是做一个寄生虫。他们也非常在乎自己的孩子能习得这样的职业精神。

但另一方面，少有其他受访者像保罗一样坚信不疑且前后连贯地使用了这整套话语逻辑。比如，全职太太塔莉娅依靠她丈夫（在金融业工作）每年 50 万的薪资生活。我在她的寓所见到她时，他们家正在装修；她带我走过每个房间，向我描述他们如何重新利用空间，并且向我展示了一些墙壁涂料的小样。随后，我们转移到一家咖啡馆做访谈。塔莉娅表示她不愿透露装修费用的具体数字，因为这是不雅的举动，而且"你从来都不知道哪天它（财富）会离你而去，所以不应该吹嘘你现在所拥有的"。我抓住这个机会问她是否会为自己的特权感到愧疚。她回答道："不。我的意思是，我不会觉得……我认为我们都是好人，我们不——我的丈夫工作非常努力。而且，我们足够幸运能住在这样的公寓。而且，你知道的——我不——不，因为我们也有所回馈。"当我问她是否觉得自己配得上这一切，她说："是的。我曾经非常努力地工作，你知道吗，我的生活并不那么骄奢淫逸。"塔莉娅提到了她自己的敬业，这一点我们可以预料，但她也提及了她丈夫的工作、他们作为"好人"的道德状态、他们失去现有公寓的可能性、他们的幸运、他们勤俭的生活、对炫耀的不齿，还有他们通过做慈善给予社会的回馈。

大多数被访者都动用了这一系列的概念，而努力工作只是他们用以佐证其道德品质的其中一个面向。不过，他们谈论工作的方式依据他们的经济来源有所不同。那些凭借自身努力赚取了所有或大部分财富的人可以相对容易地使用努力工作这套说辞，他们有时还会把自己的成功归结于聪明才智。不过，大多数受访者都相信，努力工作这一要素本身并不足以解释他们的成功或者体现他们的价值。他们特别多谈到的一点是自己的幸运。他们也指出了其他展现其道德品质的行为和情感，特别是面临风险时在经济上审慎行事的必要。

那些不用靠自己挣钱的受访对象——财产继承人和全职太太——没法直接动用努力工作的说辞。财产继承人感到不安，甚至"内疚"，因为他们的财富不是靠自己的奋斗积累起来的。所有的全职太太都受过高等教育且曾经工作过，她们对于自己目前待业在家或者说无法为家庭"做出经济上的贡献"怀有相当复杂的情绪。两类人都强调他们努力工作的品质，尽管他们并不从事与金钱有关的工作。他们凸显自己的工作效率、努力、职业精神，并且把自己和懒散纵欲、凡事都浅尝辄止之辈区分开来。虽然多数财产继承人都无需通过工作来养活自己，但他们依然坚持做一些赚钱的工作。而全职太太则强调她们为家庭生活付出的辛劳，我称其为"生活方式的劳动"（labor of lifestyle）。同时，她们把自己和他人的艰苦奋斗联系在一起，包括她们的爱人、父母以及自己早年的经历。

这些受访者想尽办法把自己和职业精神联系在一起，这恰恰体现出"努力工作"所蕴含的符号层面的分量。他们的回答也揭示了，并非所有种类的工作都有着相同的符号价值。公共领域、赚取工资的工作更容易被视为"真正的工作"，从而体现一个人的道德品质。与这一趋势相对应的是不计报酬的家务劳动（往往由女性操持）实际带有的经济价值长期以来被人们所忽视。⁴家务劳动的确拥有符号价值，但它只是与母职以及女性的道德品质存在联系。然而，这些女性在购物时付出的劳动的价值似乎得不到认可。所以，正如社会学家阿尔琳·卡普兰·丹尼尔斯（Arlene Kaplan Daniels）三十年前所说，鉴于无酬的工作向来是女人的职责，通过勤奋工作实现人生价值的观念本质上是高度性别化的。⁵我们将在第五章看到，关于家务劳动的"价值"问题有时会成为夫妻争执的一个焦点。

挣钱，体现人生价值的艰苦奋斗

当我询问他们是否觉得配得上自己的财富时，许多挣工资的受访者都和保罗一样，立刻动用了关于努力工作的整套说辞。比如，一心向上的房产经纪人莫妮卡如是回答："我不会感到愧疚。我很努力地工作，我的丈夫也是，我的孩子们也很勤奋。我不会觉得我们对不起这份财富。"而曾经做过咨询师的贝特西尽管想要避免这种自认为理应拥有财富的心态，但她依然强调了自己的努力。她说："我认为我们非常努力地去争取它（财富）。我不是想说我们就应该得到它，但我们感到，尤其是我的丈夫，他真的没日没夜地工作。我甚至认为就他付出的时间、精力和面临的压力而言，他的收入是不对等的……我不确定我是不是喜欢'配得上'这个词，但我感觉我的确付出了很大的努力。"贝特西不愿直接点明她配得上自己的生活方式，但她的言下之意是，辛勤工作合理化了她和丈夫的财富。

靠挣得的工资实现阶层僭越的人都和保罗一样，把他们向上攀爬的人生轨迹视为自己辛勤工作和聪明才智的佐证，因而也是他们优良品质的体现。我们在之前已经看到米丽安是个年收入过百万的银行家。当我问她是否觉得自己配得上自己所拥有的财富时，她说："我觉得我真是玩了命地工作，所以就这一点而言，我'配得上'。我如今拥有的都是我用巨大的努力换来的……我不觉得有任何一样东西是别人赠与我的。在学校里，我刻苦学习；进入职场，我兢兢业业，如今依然如此。"

值得注意的是，对米丽安来说，自力更生也是定义成就的一个重要面向。我在第一章提到，米丽安是个"心系下层"的有钱人。一定程度上因为她出身于工人阶级家庭以及她父母早年投身于政治运动，她对自己相较别人而拥有的特权有着很充分的认知。谈到这一张力，她好像是在说服自己一样说道："我父亲应该不会认为我努力工作获得财富有什么问题。这听上去好像有点奇怪？我的意思是，他们给了我接受教育的机会，然后我由此走上了致富之路。所以是他们给了我发财的可能，不是吗？"

企业家沃伦宣称自己的家庭出身介于"中产和工人阶级之间"。据他回忆，他在常春藤名校上学时感到自己与别人有所"不同"，但"这种不同有着催人奋进的作用"，因为很明显，他之所以能进名校靠的是自己的聪明才智，而非家族渊源或关系。"我身边的人意识到，原来我没有去安多佛上高中[6]，这很特别。因为它表明我来这念书的机会不是别人'赠与我的'。事实上，我的父亲没有上过大学，而这某种程度上成了我的荣耀……它好像是说：'我没有上过私立学校，也不是什么名门之后，我就是，你知道的，我是真的很聪明。'"

同理，挣钱的和曾经挣钱的受访者十分强调他们的独立性，并把自己和那些财产继承人区分开来。关于自己是否配得上现在的生活，乌苏拉这样说："我不知道怎么回答这个问题。是比别人吗？为什么是我而不是其他人过上了这般富有的生活？我觉得我非常努力地奋斗，没有任何东西是从天上掉落到我手里的……我觉得我们配得上现在的生活，因为我们非常努力地去争取它。没有任何东西是我们继承得到的。"全职太太弗朗西斯的丈夫是一家对冲基金公司的主管，他们家的总资产超过千万美元，而弗朗西斯父母的经济状况有些相形见绌。我问她的父母是如何看待这样明显的财富差距，她回答道："我觉得他们应该会感到骄傲。我们的收入来源不是财产继承。我们靠的是自己。我觉得他们应该为我丈夫事业的成功感到高兴，所以我们两家的经济差距应该不是什么问题。"弗朗西斯在这里把她丈夫赚来的钱说成是"我们挣来的钱"，由此她和挣钱也产生了联系。但实际上，她对这个家庭经济收入上的贡献相当有限，而且已经长期在家做全职妈妈。[7]这些女性都成长于中上层阶级家庭，所以她们无法像米丽安和沃伦一样强调自己实现的阶级僭越。不过，她们依然聚焦于自己的收入，而非她们在成长过程中可能享受到的经济和其他优势。

运气、帮助和结构性优势

　　说起穷人，保罗告诉我："每次我和他们（乞丐）擦肩而过时，我不会因为自己更加幸运就感觉有必要给他们钱。他们——不是说所有人，那是刻板印象——他妈的什么都不干。有些人会做些真的很棒的事，比如，演奏音乐——我的意思是，我只会把钱给那些在地铁里卖艺或者努力工作的人，而不是那些举着'我很饿'的牌子无所事事的人。"斯蒂芬妮目前在家当全职太太，她丈夫的年收入大约为 50 万美元。她说："当然，有些人的确非常努力，但他们就是没法出人头地，甚至连一套房子都买不起。但也有许多懒得不能再懒的人，他们靠救济金过活，他们就想那样子……他们认为政府应该照顾一切。"保罗和斯蒂芬妮都认为判断一个人是不是配得上成功的标准是他/她的工作态度；他们都鄙视"依赖"政府过活的人。

　　保罗和斯蒂芬妮也都承认，有些人即使努力奋斗，依然没法"出人头地"——但他们对此只是轻描淡写地带过,就像保罗也只是提了一句他从岳父岳母那里获得的帮助。然而,受访者中少有人像保罗一样如此蹩脚地略过这一矛盾。许多人把他们的成功部分归功于自己的努力,但也认为自己十分"幸运"。企业律师温蒂表示:"我不知道我是不是配得上(我现在的生活),但我很庆幸,我能够拿到与我的付出相称的收入,因为有人即使拼了命工作,也赚不到多少钱。这其中有个人选择的因素,但也有缺乏机遇的原因。我不是特别配得上我获得的机会,我只是幸运罢了。"温蒂从两方面挑战了这样一个社会常识,即一个人只要足够努力,就配得上拥有更多。一,她强调说许多人即使拼命工作,也无法取得高收入;她对此深有体会,而非敷衍地一句带过。二,她指出自己不是特别"配得上"使她得以赚取高薪的工作机会。

在房产业工作的詹姆斯已经积累了超过300万美元的资产。他的话与温蒂遥相呼应:"我很幸运……因为我的父母真的非常在乎我——在很多方面,我都中了彩票。"和温蒂一样,詹姆斯提到一些人努力工作或者和他一样聪明,但他们无法达到他的财富水平。他说:"如果你觉得你的成功意味着你很聪明,我认为这是错误的。很多时候那只关乎运气。我的意思是,很多时候如果你获得了机会,你就可能抓住它。但有些家伙在我看来和我一样聪明,甚至比我更加出色,他们可能付出的精力也和我类似,却没有获得那份财富。"他总结道:"我逐渐形成了这样一个看法,就是你不需要为此有什么愧疚感。我认为生命是残酷的,它就是这样。而有时候,它——你知道的，我今天和你在这里说话，可能明年就死于癌症了。谁知道呢？"

不过，即便这些挣钱者在解释其成功时会提到幸运的成分，但是努力工作才真正体现了他们的道德品质。詹姆斯说："我真是拼了命地工作，不过我也很走运。我没有预想过什么，一切自然而然地发生了。再说一遍，我的确非常努力，所以我不觉得有什么配不上（我的财富），但我也感到幸运。"詹姆斯的言下之意是，如果他没有努力工作，他可能会觉得"配不上"自己现在拥有的一切。但他的确付出了巨大的努力，因此他可以做一个感到自己既"幸运"又光明磊落的人。

承认运气起到的作用也就是承认艰苦奋斗并不是成功的唯一要素。但强调幸运也会遮蔽结构性的优势，而这种优势可能带来不一样的个体命运。"运气"代表一种随机性，它并不指向系统性的结果，比如出生于某种类型的家庭、去某类学校读书、掌握某些技能，还有社会资源等对于个体能否获得成功的影响。[8]尽管詹姆斯意识到了父母对其财富所起的作用，但他把这一点理解为"中了彩票"，于是他得出的最终结论是"命运无常"，个体无力去改变整个社会系统。正如鲍威尔等人所指出的，"用运气来解释成功是值得深究的，因为它既象征对于际遇不公的察觉，又忽视了造成这一不公的更多的结构性因素"。[9]布朗等人把这称为对教育和生活际遇系统性不平等的"个体化"解读。[10]

值得注意的是，一些受访的挣钱者的配偶倒是或多或少地提到了人生游戏场上的不公。全职太太露西的丈夫通过私人股权投资赚得了几百万美元。当我问露西是否觉得她配得上自己现在的生活,她说道:"没有人配得上。"我接着问:"那你觉得你配不上咯?"她回答:"不。哦,我的天。你是在开玩笑吗?当然配不上。我不知道'配得上'的具体意思。但我觉得一个人要获得成功,必须结合才智、奋斗,还有许多许多许多运气。真的。所以我觉得有些人很不走运,而另一些人很幸运。我认识一些非常聪明的人,他们也很努力,但就是不奏效。"她有些犹豫地接着往下说:"我的丈夫工作非常非常努力。但他赚得的钱——那是个不成比例的数字。你知道吗,你要为这一点辩护……是很难的……很难辩护。真的很难。所以我不能——所以我对此是绝对,你知道的,我是绝对感到局促不安的。我会说,我绝对感到不安。"露西不仅认识到了她丈夫取得事业成功所需的运气成分,也同时提到他赚取的财富相较其他工作类型显得"不成比例"。她还承认了"社会关系"这个因素,并对此嗤之以鼻;在她看来,这种"俱乐部心态"更多时候决定了人们的命运。她认为起决定性作用的"应该是"一个人的"工作效率,你能做成什么事,以及你对成功的饥渴,等等"。

尽管露西等人对社会结构性因素有所批评,但当他们试图将自己的财富合理化时,依然会回到努力工作这个核心的叙事方式上。[11] 露西把她丈夫描述为"自力更生"(self-made)的人——即便她承认他的阶级优势。在聊到他父母为他去精英大学念书提供学费时,露西说:"他的父母给他了各种各样的馈赠,让他在名校里做自己真正想做的事。但是,"她接着说,"他从没有从父母那里领取生活费、房租等。所以他还是一个非常自力更生的人。"薇拉的生活来源主要是她继承的一笔超过百万美金的遗产；她的政治立场颇为进步，而且对于经济和种族不平等发表过深刻的批评。[12] 但她如是描述在金融行业工作、家庭出身并不优越的丈夫："对他的成功，我感到骄傲……他曾经一边上全日制大学，一边全职做厨师。这真是，他简直是不要命了。他就这么要求自己。我非常佩服他……我知道他是白人，这一点算是优势。但他也真是拼了命地奋斗，他非常出色。"这些阐述都把努力奋斗作为一个人卓绝品质的最主要面向，同时弱化了对某些社会资源分配不均的讨论，即使有些受访者的确意识到了这类不公。

不管如何，多数高收入家庭的成员都不愿谈论结构性差距。我在第一章已经谈到，当奥巴马提议取消布什政府对年收入超过 25 万美元的家庭予以减税时，一些被访者感觉他们受到了侵犯；他们也很反感那些将社会不公挂在嘴边的政客，认为后者在人为地"制造隔阂"。塔莉娅告诉我，她和丈夫已经不再支持奥巴马。他俩都认为："在金融业的确有些人，他们劣迹斑斑，干了很多可怕的事情。但也有人是通过商校一路摸爬滚打上来的，比如他（她的丈夫）。"塔莉娅认为，那些靠自己挣得财富的人理应得到一些认同。

对于结构不平等的回避也扩展到了白人特权这个方面。一个黑人全职太太告诉我，她认识的拥有精英商校背景的黑人无法取得和白人同事一样成功。她认为这一区别的本质原因在于制度性的种族歧视。然而，她又说道："我不太愿意和我的白人朋友提这档子事，因为她们的丈夫确实工作努力。"照这位黑人太太的说法，如果提起她丈夫和其他黑人面临的以种族为底色的制度性障碍，好像就是在挑战她的那些白人朋友因为努力工作而获得财富的正当性。在这些受访者看来，对于结构不平等的批评好像是在进行针对个体的人身攻击。[13]

独立感的另一面：焦虑和审慎

挣钱的受访者可以轻易地动用关于努力奋斗和个体独立的整套说辞，因为他们提供了家庭收入的主要来源。然而，扮演这一角色（通常但并不一定总是男性）也有着黑暗面，那就是对钱强烈的焦虑和危机感。詹姆斯说："我最大的担忧是我失去工作和有人生病。这是我对整个世界最大的恐惧。我丢了工作，我们又没有医疗保障，而有人生了大病……一瞬间，突然降临的两百万美元——它一直在那，我都没想去碰——就都送到了斯隆－凯特琳（癌症中心），[14] 或者……哦，愿上帝阻止这样的事情。"

这些挣钱养家者不太会每天都感到焦虑，他们的危机感更多是对于未来总体而言的。他们谈得特别多的一点是，如果丢掉了工作或者遭遇不测，他们的家庭需要多少钱才能存活下去。詹姆斯说他的妻子对于钱和未来没有什么顾虑，然而"感觉我就像是一直举着枪蹲在冰面上,时刻提防着鲨鱼来袭,又担心冰面会不会融化。你懂我的意思吗?"米丽安不加掩饰地说:"我对于自己死后家里会发生什么想得特别多,甚至到了执念的程度,因为我是支撑这个家的人。"几个被访者向我透露,他们一直记挂着银行里的存款数字。佩妮说她的丈夫"恨不得枕着一百万美金睡觉",因为他对股票市场毫无信心。

围绕"审慎"的原则,挣钱者们使用各种策略来管理财富,以防遭遇不测。许多人都参与了"401K 退休福利计划",并为孩子的大学教育建立专项账户;他们声称自己不会去碰这些存款;还有人购买了大量的人寿保险。他们也谈到为了避免债务和为未来做打算而控制开销,关于这一点我会在第三章作更多阐述。当我采访个人股权投资者贾斯汀时,他表示自己和妻子正在"节衣缩食"。虽然有两个孩子和一个住家保姆,但他们现在租的房子比以前要小,租金更便宜。他们已经开始为后面几十年的生活做规划,目标是能提前退休。他们甚至在 2008 年经济危机爆发之前就已作出了这些调整。按照贾斯汀的说法:"我妻子对我说:'如果我俩其中一个丢了工作,我不想立刻陷入恐慌。'我们看到有人买下大得离谱的房子,等等,花了太多的钱……然后有一天,灯泡突然烧坏了。而我为风暴来临做好了准备。"

这种风险之下的自我保护不但体现了富人焦虑的另一个面向,也淡化了他们的优越感和财务上的从容态度。尽管温蒂拥有几百万美元庞大的"储备金"以及 50 万美元的家庭年收入,但她因为担心失业而迟迟不愿购置房产。她也感到恼火,因为她和丈夫无法按照他们精心规划的预算生活;他们总是花得更多，存得更少。贝特西对我说："我和我的丈夫都不愿意做的一件事，就是不自量力地花钱。除了贷款，我们不想有任何形式的债务。用信用卡预支消费，我们不喜欢那种生活方式。我们花我们已经有的钱，而且更喜欢存钱。上一次付清装修的费用之后，我们的经济状况有那么一点吃紧。"然而，她所说的"有些吃紧"的状态其实是指，如果她丈夫突然失去工作（也就是他百万美元的收入），他们只能靠存款维持一年的生活。这些受访者的不安是他们的真切感受，不过他们实际面对的风险可能微不足道。正如我在第一章已经展示的，表达对钱的焦虑是这些富人避免感到富有的另一种方式。

被访者们明确地将审慎的花钱方式和他们挣得的财富联系在一起。他们表示会倍加珍惜自己赚得的钱，由此再次把他们和那些财产继承人区分开来。露西告诉我，当年她和丈夫在购房时曾向卖主表示，可进行相当部分的现金交易。对方答应了，可转手就提高了报价；她的丈夫勃然大怒，拒绝了新的报价。露西回忆她的丈夫当时如是说道："没有人给我任何东西。我挣得的每一分钱都靠的是自己。我不是那种带着信托基金到处跑、把闲钱扔给你的人。"全职太太说起她做生意的丈夫："他工作是那么辛苦，这让我们更加珍惜他的收入。我知道他是这么想的：'我花那么多力气赚来的钱，我不想轻易地把它花掉。'我觉得我也受到了感染。我不想把他辛苦挣来的钱轻易地花掉。而如果是家庭开销，我会感到：'这就像是老天赐予我们的礼物。有人给了我们这奇妙的东西，我们用了它吧。'"努力工作和审慎消费这对孪生的行为过程共同培植着财富的累积，也赋予财富积累以正当性。

即使风险看似很遥远,许多挣钱者和他们的家庭成员依然看重自律的品质,并且在**情感**上趋于审慎。塔莉娅的丈夫不太可能丢掉工作,不过,她对我说:"我们更愿意以审慎的心态过日子。他总是说,不要过得太舒适了。你需要一直兢兢业业,低调做人,不要觉得你就应该拥有任何东西,这是糟糕的生活态度。特别是在当下的经济环境中,有些非常聪明的人还失业着。"塔莉娅同样意识到,一个人成功与否并不仅仅关乎他/她的工作态度和才智,鉴于一些"非常聪明的人"也处于失业的状态。同时,心态驾驭情感;尽管没什么可见的风险,但是塔莉娅却过得好似风险重重,并且避免产生自己理应拥有任何东西的感觉。她把这样的心态视作在经济动荡中坐怀不乱的好方法,即情感和物质上的自律相辅相成。

海伦向我详细讲述了她的父母移民美国时遇到的种种困难,按她的话说,这是"又一个美国梦的故事"(一个她显然已经重复过多遍的故事)。在后来的访谈中,她把自己和丈夫与纵容孩子大把花钱的家长区别开来。海伦说道:"我觉得我们的价值观和我的父母辈更为相似,也就是计较每一分钱的用处……他们没有从家里得到什么经济上的支持,或者说任何东西。他们非常自力更生,而我的生活态度正来源于此。"海伦的言下之意是,艰苦奋斗的生活态度是移民们最为重要的品质。她由此再次建构出一种配得上其财富的自我,同时略过了她实际享受到的物质特权。

继承人、愧疚,以及占有特权

我们可以预料,受访的财产继承人无法轻易地动用关于努力工作、自力更生和工作效率等一套说辞来体现他们的才智和品质,特别是那些无法赚到高薪的人。[15] 如果说挣钱致富者表现出的强烈情感更多来自于风险之下的审慎心态,那么财产继承者最溢于言表的就是他们对其财富的不安或愧疚了。[16] 爱伦是许多财产继承人的理财顾问,她自己也继承了一笔遗产。她的客户时常显得不安,因为他们的财富并不是自己挣得的。她告诉我:"我们的文化由美国梦主导,它强调工作、创新和自我独立……'去组建你自己的公司吧,然后发家致富,我们这片国度满是机遇。'但对财产继承人而言,他们首先得到了财富,(他们的问题是)'我拿着这笔钱去做什么呢?'"我们已经看到,奥利维亚成长于工人阶级家庭,后来嫁给了一个财产继承人。她的说法和爱伦类似:"我会说,某种程度上,有钱人家的孩子长大的过程反而更为艰难。这是因为，尽管我的家庭出身可能不太光彩，但在美国梦的文化当中，它同时又是荣耀的徽章，它象征着你从底层往上攀爬……人们会对你的奋斗历程投以赞许的目光。然而如果你在继承的遗产中长大，没有人会摸着你的头说：'干得不错。'"

继承了约300万美元的贝特西也把她对财产继承的不安归咎于整个社会对此的道德审判。她说："继承遗产简直是最不光彩的一种收入方式。它既不涉及辛勤付出，也无关聪明才智，或者任何东西。就只是，比如我的祖父多年前做了一笔投资，然后出人意料地成功了……这就是我如今富有的原因。这其中没有体现任何我自己的品质，或让我体会到我对这笔财富有特别的所有权——也许通过其他方式获得财富的人会有这样的感觉。那些自己挣钱致富的人，我不是说他们就配得上他们的财富，或者说他们就真的自食其力了，但至少他们经历了某些类似劳动的过程。"贝特西并不认为财富只要是挣来的就是合理的。然而，整个社会赋予劳动的正当性，以及相应的对于财富继承道德上的否定态度，都影响了她对其财富的感情。

这种不安有时也指向因依赖他人和缺乏独立性而产生的羞耻感。管理一家小型非营利组织的凯洛琳成长于一个富有的家庭，她如今嫁给了一个年收入大约50万美元的建筑师。她告诉我，结婚之前，她会为自己"吸取"遗产而心生"愧疚"，因为她的自由职业收入有时不足以支付她所有的开销。她说："那种自我感觉非常糟糕……就像是，为什么我没法靠我自己过下去？"在接受访谈时，薇拉刚刚失去了她的兼职顾问工作，那份工作能为她带来大约 65000 美元的年收入。而她目前的主要收入来源是她超过 100 万美元的资产的红利。她说："在我有稳定工作时，我会感到更加自豪一些。"她的丈夫拥有相当高的收入，家里的开销也都由他支付。薇拉对此感到不适："我觉得我需要稳定的收入来贴补家用……如果我能对家庭做出稳定的经济贡献，我会感到自己在道德品质上属于另一个人群。"

在日常生活里，许多继承人都不愿向别人提及他们继承的财产。一些人把他们试图隐藏财富的举动比喻为"隐藏在柜子里"，于是"出柜"意味着更坦然地面对他们继承的财富。他们也谈到自己需面对的各种与个性和能力有关的刻板印象。比如，继承了超过千万美元的萨拉在她的慈善事业中就面对着一些误解甚至是污名化。她说："我感觉自己要努力克服别人的偏见，比如'她做这项工作只是因为她家里很有钱'或者'她不会努力工作，因为她是一个女性继承人'，等等，各种各样先入为主的印象。"

多数继承人感到他们必须努力工作，哪怕不是迫于生计的压力。萨拉说她选择工作部分是因为她不想成为一个游手好闲、浅尝辄止之人（dilettante）。她透露自己的父母不断给她和她的兄弟姐妹们灌输这样一个想法，那就是"你们应该工作，你们需要有一份事业……我们从小就下定决心，不要做一个闲散之辈。"她的父母一直说："留这笔钱给你们的目的是让你们可以去从事你们喜欢的事业，以及为你们提供医疗保障。它是一层保护网，而不是你们应该赖以生存的经济来源。"她表示她和丈夫现在"精打细算地过着日子。我们其实可以在杰克逊镇买下一个房子，然后在那滑滑雪，混混日子。然而如果我们真的那样做，我们会觉得自己烂透了"。

继承了超过500万美元（还不包括房产）的伊莲娜告诉我："愧疚感几乎如影随形。"我问她目前手头拥有的钱是否可以让她无需去工作，她回答："哦，是的。"她接着说："我考虑过这一点，但深思熟虑之后，我摒弃了不去工作的想法。有一份工作极为重要，我觉得它和钱的确相关。它意味着我是一个正常人，在上班，我发挥着一定的社会功能。我很在意这样的自我认识。"这些回答都表明了上班挣钱的重要意义——它体现了一个人拥有正常的"社会功能"，而不是游手好闲的社会蛀虫。伊莲娜把拥有一份挣钱的工作和"正常生活"联系在一起，由此说来，工作挣钱是融入一个社群的前提。

证明自己能赚钱对于男性财产继承人尤为重要。我们已经看到，斯科特来自一个极为富有的家庭。他说他的"愧疚指数始终处于高位"。大学毕业后，斯科特虽然无需为生计烦恼，但他先后干了两份工作，因为"我想要挣更多的钱，我想要独立起来"。斯科特在华尔街工作过几年，奥利维亚对此颇为不快，因为她不明白既然他们不缺钱，他为什么要抛下刚出生的孩子没日没夜地工作。当我采访斯科特时，他创立了一家资助非营利组织的投资公司。他告诉我："这个夏天我开心极了，因为我从那家公司收获了一张支票。支票的金额虽然只有五位数，还不到我目前投入的十分之一，但我还是感到超棒。我对自己说，'这就是我为什么要投资这个公司，因为它真的可以带来收入。'"他又补充道，"此外，能让家人认可我和我的事业，这对于我而言很重要……所以，我喜欢时不时向他们展示我的一些壮举，自吹自擂一番。我想这种心态也在起作用……我真的很想证明自己。"斯科特挣到的钱也是一种符号货币，一种他用来展示其能力的方式；他不想以只会花钱的无能继承人的形象示人。

继承了超过千万美元的多诺万也曾经在金融行业工作过。他告诉我："我已经展现了自己其实有多么会赚钱。实际上，我证明了只要我愿意，我完全可以用自己挣得的钱来支持我的生活方式。我现在选择不这么做了，我觉得没必要一直拘泥于这一点。不过，我觉得那是我不那么——我不再对自己的财富感到不安的原因。我现在已经可以坦然面对我继承的这笔资产。"此外，多诺万和斯科特如今也都建立了独立的投资公司，并把投资项目和他们的政治抱负结合了起来。另一个财产继承人加里也有类似的想法。而我采访的女性继承人当中却没有一个表示想要挣大钱来证明自己的价值。不过，她们也很强调努力奋斗的职业伦理和为家庭做出贡献的重要性。

这些受访者在讨论和做出这些决定时，也和那些无所事事的财产继承人划清了界限。薇拉既是财产继承人，也在广告业干出了一番事业。我们在之前已经看到，她的自我定位是社会的"中间"。当我问她觉得自己是否配得上目前的生活时，她回答：

我很努力地去争取。我的意思是，我生来就享受着这样的生活，这是我的幸运。因此我的一部分感受是，我理应这样生活,因为我不知道任何其他的方式。如果你问那些从小就养尊处优的人,他们十有八九认为自己会一辈子这样生活,这只是因为他们一直就这么过。我始终处于类似的生活状态。但与此同时,我和我顽固不化的弟弟很不同,他认为他就该这样过,于是他不愿工作,或者说没法长期保持工作的状态。他现在就无所事事,对社会没有什么贡献。我想问:"拜托,你干嘛这个样子?"我和我的丈夫都兢兢业业地工作。

薇拉在这段话的开头先动用了努力工作的说辞。而后她话锋一转,说自己应该过着现在这样的生活,因为她对其他生活方式一无所知。她几乎在暗示,这是她的宿命。不过,当她拿自己和"顽固不化的弟弟"做比较时,她的意思很明确,一直享有优越的物质条件不足以让她感到心安理得,工作,或者说对社会有所贡献,也同样必要。

凯洛琳强调她的"职业道德心态",宣称自己一直"兢兢业业"地工作,和家族里那些坐吃山空的人截然不同。她说:"金钱会毁掉一个人。老天,我目睹过一次又一次这样的事情……我在世界上最好的朋友之一是她父亲的掌上明珠,她从来不需要工作。她每次尝试去上班都会陷入窘境。她憎恨自己,她觉得自己在这个世界上毫无目的。结果,她把所有时间都花在了自我救助上。'我到底怎么了'这个问题不断地把她掏空。"凯洛琳等人讲述的故事暗示,工作挣钱不仅让他们感到心安,也带给他们健康。

财产继承人有时会把工作的涵义外扩到其他类型的劳动,

不管这样的联系显得如何牵强,他们都想把自己和努力生活扯上关系。我们已经看到,尽管妮可继承了几百万美元,但她不愿把自己视为拥有社会特权的人。她说她有时会感到不安,因为她不像有些朋友那样为钱的问题发愁,但她立刻又解释说:"当然,我也不是特别富有。"我问她,如果没她那么有钱的朋友来她家做客,她是否会感觉自己的房子大得有些扎眼,因为其他受访者提到过这种感受。她回答:"我不会感到尴尬,因为房子的墙面都是我刷的……当然,专业工人又重新刷过了。"她笑道:"我干得不算最好,但我的确做了——我付出了很多体力。当我们接过这个公寓时,不是说它一切都已经准备就绪。我觉得我们为它辛勤地付出了,比如,干了体力活。"在这里,妮可把粉刷墙面和其他装修的体力活解释为"辛勤劳动",而这些辛勤的付出使她可以心安理得地占有这个房子。

这些受访者并不是在说,因为他们努力工作了所以才有钱;他们知道自己无论如何都会富有。然而,使得他们自我感觉对得起其特权的正是工作。努力工作意味着他们没有不正当地占有财富。[17]许多人——当然不是所有人——从事艺术、学术领域或非营利组织的工作,哪怕这类工作不足以支持他们的生活方式。这些财产继承人享受他们的工作,并且随心所欲地选择职业。不过,工作似乎让他们可以用改善生活的名义,更加心安理得地花费所继承的财产。要求自己去工作和追求合理消费(详见第三章)一样,都是受访者试图削弱自身特权感的一种方式。

我在上文谈到,靠工作致富的受访者珍视他们自己挣来的钱，能省则省。他们想象自己会漫不经心地挥霍继承的财富。然而财产继承人的"心态账"（mental accounting）则恰好相反：他们认为自己应该谨慎对待他人给予的财富，而对自己挣得的钱则可以放得开些[18]。既继承了财产又有工资收入的尼古拉斯表示："感觉我更有资格烧自己挣的钱。"情况相似的多诺万则说："我更愿意花自己挣得的钱，干什么都可以。"

财产继承人谈到了道德责任感，也就是要把他们的继承所得用于帮助他人，而不是满足自己的私欲。在成为全职妈妈之前，丹妮艾尔在金融业工作了几年。她和丈夫都继承了财产。她说：

> 是，花不是你挣来的钱，感觉相当复杂。比如我们买第一套房子和装修的钱是靠工作挣得的。但买第二套房子的钱完全是天上掉下来的（从他们的父母那里）……于是会有许多内心挣扎，比如"我们为什么不用这笔钱来建学校？"或者"我们为什么不用这笔钱做投资，去帮助许多人？"就感觉我们滥用了这笔钱，为的只是让我们自己高兴。对于继承所得，肯定会有许多选择上的罪恶感——你怎么花，用来做什么。你知道吗？

我们之前已经看到，奥利维亚在花费斯科特继承的财产时心情复杂，因为"我没有做任何配得上这笔钱的事情。这笔钱不是我挣来的"。有鉴于此，她把许多归入她名下的钱（更多见第五章）用于帮助生活上有困难的亲戚朋友。她喜欢打网球，希望在他们康涅狄格州的乡间别墅建一个网球场。她说："这个想法很诱人，它完全关于我个人。然而，我不确定我会不会真的去付诸实践。"她进一步解释道："这是一件我很想做的事情，我们也有土地。那我为什么不去做呢？我为什么就不去花点时间和资金去做一件纯粹为了我自己的事呢？如果是帮助他人，我花钱不会有什么犹豫。但如果只是为了满足我自己的私欲，我会犹豫许多。"对这些受访者而言，把"天上掉下来的钱"用在自己身上而不是帮助别人，从道义上说是错误的，会给他们带来道德罪恶感。

经年累月，这些财产继承人往往会尝试与自己和解，以减轻不安和愧疚感。加里说："和十五年前相比，我现在的心态坦然了许多，这是肯定的。十五年前，我完全无法面对它，我试图把它掩盖起来。"和其他几个受访者一样，加里长年向他的心理咨询师倾诉这些问题。具有讽刺意味的是，继承人有时会把这类内心挣扎描述为"有碍（工作）效率"。雅尼斯说："在自我心理干预上，我费了一番功夫。对它[19]心怀愧疚会妨碍工作的效率。"娜丁说："我对于自己的财富至今仍难以释怀。但相比过去，我的愧疚感少了些，因为我觉得，愧疚只会妨碍我的效率。"说起那些有钱又心里有愧的人，凯洛琳显得非常恼火，她认为这些人陷入了毫无用处的自怜自艾中："我觉得根本没有必要感到内疚。为什么要内疚呢？这又能帮到谁？你大可坦然面对自己拥有的，然后去发挥更大的作用。"凯洛琳认为，对财富感到不安会妨碍财产继承人去做一些更有社会效益的事情，比如帮助他人。因此，内心挣扎是一种缺乏道德感的情绪放纵，它甚至和物质上的自我放纵一样可耻。

全职妈妈和生活方式的劳动

和财产继承人一样,全职妈妈不靠挣工资过活。但就在三四十年前,有钱人家的太太不事生产劳动是再平常不过的现象。她们的首要职责是相夫教子,以及参与社区的慈善活动。关于这些,苏珊·奥斯特兰德早在1984年出版的《上层阶级的女性》一书中就已做了描述。[20]尽管奥斯特兰德采访的女性当中有一部分人希望拥有更多的选择,尤其是出门挣钱的自由,但大多数受访者似乎都安于接受她们有限的生活可能性和期望。这些女性大多出生在20世纪40年代前,在第二波西方女权运动到来之前就已长大成人。许多人没有上过大学或中途辍学;获得高学位的人凤毛麟角。

与此相反,我的采访对象大都出生在60年代末和70年代。此时的社会期望已经开始改变,她们接受的教育是以工作挣钱为导向的。在我采访过的18名全职太太当中,有几个人表示自己即使原先工作过,也一直想离开工作岗位,回家带孩子。但她们中的大多数辞职时心有不甘,她们辞去的工作往往收入相当可观(而她们接受的高等教育针对的也正是这些高薪职业)。个别几个直到孩子长到几岁时才选择辞职;而大多数人辞去高薪工作是因为她们需要更加灵活的日程安排。[21] 一些受访者是在2008年经济危机来临之后停止工作的。她们要么是工作受到了很大的冲击,要么是直接被公司裁员。还有一些人谈到,相比于丈夫赚取的巨额收入,她们的收入不足以说服自己坚持工作下去。

没有了挣钱的工作,这些女性转向了另外一种工作状态,我称其为"生活方式的劳动"。它包括所有基本的家务,从打扫卫生、做饭、照顾孩子到一系列"消费工作",[22] 比如家庭装潢、假期策划,还有对第二(第三)个家的管理。生活方式的劳动也包括雇用和监督家政服务人员,像是保姆、清洁工、私人教师,以及参与其他家庭工程(如家装)的工作人员。它还包括为孩子付出的一系列工作,这远不止给孩子吃饭穿衣那么简单,还包括替他们择校、监督他们的学习进度,计划和实施他们的课余活动,以及处理任何健康或残疾问题。许多全职妈妈还把相当多的时间和精力投入到了志愿服务中,关于这一点我会在第四章更多展开。

但相比挣钱的工作,这类劳动在经济层面或符号层面历来都显得缺乏价值。尽管懂得如何教育孩子体现了家长的可贵品质,但由女性操持的家务劳动长久以来一直被视作是毫无经济收益的。[23] 而消费向来被建构为女性化的行为,它常常和自我放纵以及败家产生关联,却很少被视为延续家庭生活所必需的付出。[24] 而家务和消费这两点又在富有女性的身上产生了叠加,这可能令她们的家务付出显得更加缺乏价值。人们很难想象,管理第二处房产或者策划一次欧洲游可以被称为"工作。"所以,这些全职妈妈和财产继承人面对着类似的社会偏见,也就是被视为"无所事事之人"。[25] 事实上,她们遭遇负面评价的风险更高,因为相比有工作的财产继承人,她们"赋闲在家"的状态显得更为扎眼。

我从有了孩子依然上班的工作女性那里听到了这样一些评价。对于全职妈妈,薇拉如是说道:"能用那么多事来打发一天的时间真是太不可思议了。装修、装饰、购物、和闺蜜午餐、去健身房、做普拉提、做按摩、做针灸……我的意思是,你可以用各种方式打发一整天,但我觉得它们大部分都挺无趣。哦,你做了一个新发型,那也算一种。"家庭年收入为60万美元的公司总监丽莎说:"如果我去参加派对,而男人们也都在那,那我必然会加入他们的行列……聊一些生意上的事。女人——我不太能够和她们交流。她们聊的是健身等,比如每天健身5个小时。我的天,我没空一天花5个小时健身!"

此外,不上班在家也和当下主流的性别观念相冲突,即女人可以也应该上班挣钱。为此,她们也接受了很高的教育。家庭教育咨询师苏珊说道:"纽约市的一些富人有钱到不用去上班,她们只需要呆在家里照顾孩子。这很好。然而她们会心有愧疚,感觉浪费了自己的学位……她们觉得自己什么都没有做,没有生产或贡献任何东西。"

这些全职妈妈虽然没有挣钱的工作，但她们往往试图说服自己（和我），她们的日常活动算得上工作，而且她们的消费是有所贡献的。为了做到这一点，她们需要动用关于正当工作的各种话语——特别是她们作为母亲的职责；同时，她们也提到自己的繁忙日程和办事效率，还有她们过去上班时的经历。我从白人和黑人女性受访者当中都观察到了这一趋势，尽管这两个群体的女性开始大规模从事挣钱工作的历史时段并不一致。[26]

斯蒂芬妮，我们在上文已经看到，她对于努力工作态度坚决，认为贫困的产生是因为穷人不够努力。她和丈夫两人加在一起的年收入约为 50 万美元（再加上她丈夫数量可观的股权收益）。他们在纽约市坐拥一套公寓和另外两处房产，价值总计约 800 万美元。和我在本章开头部分引用的保罗一样，斯蒂芬妮把努力工作和是否配得上财富联系在一起。当我问她："你觉得你配得上你现在拥有的生活方式吗？"她立刻说道："他妈的当然，我可是玩了命的。"她接着说：

除了周末有个逃离世俗的绝佳去处外，我不会，比如把时间花在做头发和购物上，或者和我的朋友共进午餐。有时我会觉得，我今天都做了什么呀，我好像哪里都没有去。因为我每天早上都要把儿子送去学校，等我回到家，已经 9 点半了。而五个小时之后，我又要去接他。在这段时间里，我打扫房子、洗衣服、去买菜，用电话处理各种事务……我从不放纵自己。

斯蒂芬妮不光强调了她在家里的辛勤劳动，也把她自己和只会花钱而毫无贡献的女性形象区分了开来。我们又一次看到了受访者对于自我放纵的拒斥，它与占据道德高地的辛勤劳动形成鲜明的对比。

斯蒂芬妮特别强调了她作为母亲的工作。她自豪地告诉我，在她儿子年满一周岁之前，她一直都没有请保姆："我生孩子是因为我想要一个孩子，而不是为了把他移交给别人。"她对那些"离开了保姆，连一个周末都撑不下去"的母亲嗤之以鼻。她还夸耀了自己的家务本领："我做的饼干在孩子的学校里可是小有名气的。它们都很漂亮，装饰精致。"她拒绝给自己的孩子购买万圣节的道具服，她设问道："什么样的妈妈才会给孩子买道具服啊？"通过贬斥有偿的育儿工作，斯蒂芬妮否定了市场对母职及其产品（比如饼干和万圣节服装）的商品化，由此在符号层面重新定义了她的无偿家务劳动的价值。私房饼干和家庭手作道具服所蕴涵的意义是任何他人制造的商品都无法比拟的。

全职太太艾丽克西斯在汉普顿拥有第二处房产。当我问她是否感觉"配得上"自己的生活方式，她的回答是："配得上？我不会感到什么愧疚。我不知道'配得上'是不是贴切，但我觉得，尽管我现在不挣钱，但我以前挣——我的意思是，我是一个聪明人。我现在正照看我的孩子。是，我不觉得有任何的愧疚。"在这里，艾丽克西斯谈及了几个不同的方面。第一，她曾在金融业工作，而且她还获得了 MBA 学位；二，她的才智；三，她对孩子的照看。和保罗不同，而和斯蒂芬妮类似，她需动用各种各样的理由来为自己的财富辩解。然而，她首先提到的是挣钱的工作。

在我的受访者中，少有人像斯蒂芬妮和艾丽克西斯一样坚信自己配得上现有的生活，并用上述这一系列的理由来做解释。其他全职太太在把家务和正当的工作联系在一起时，显得更为犹豫。比如，我问乌苏拉"平日里"都做些什么，随后又改口说她可以回忆，比如前一天干了什么。乌苏拉回答道："昨天不是一个好的例子。两个孩子都去参加夏令营了，现在正值盛夏。我觉得昨天我干了什么没有代表性，你觉得呢？"我有些疑惑地说："哦，是这样吗？那取决于你昨天是怎么过的。"乌苏拉回忆道："我没事做！于是我先去做了面部美容，然后和一个朋友一起午餐。午餐后，我逛了街，然后计划了下晚餐。我儿子从夏令营回来后，我带他去了公园。我们玩了会儿球……他是五点回来的，我们五点到六点在公园。接着我们一起看了奥运会！三个小时。不过，我真不觉得那是我平日里的生活状态。"

乌苏拉前一天过得很符合人们对于富太太的刻板印象，而她不愿把这样的生活状态描述为她的"日常"。我问，那在平常孩子上学的日子里，她的一天是怎么过的；她此时便突出了自己忙碌的工作："如果（孩子）上学，我的日程会很不一样。我要送他们去学校。我们大约早上七点半离开家，在那之前我必须穿戴好，给他们准备早饭，那么早我还没有帮手……在学校里，我经常会做各种各样的志愿工作，我会在学校里呆很久。回到家，我有一堆文书工作要完成。我们有两个家，以及学校里的一些材料。我还要管其他那些先前已经和你提到的事（孩子的课余活动）。"在这样的日子里，乌苏拉描述了从志愿服务、照看孩子到管理两处房产等一系列的工作内容。和斯蒂芬妮一样，乌苏拉认为照顾孩子是尤为正当的一项工作——所以，当她的孩子放假时，她对于自己辛勤付出的理解便受到了冲击。

包括乌苏拉和斯蒂芬妮在内的许多全职妈妈，都把自己和"闲来无事喝喝下午茶"的清闲阔太太的形象区分开来。艾莉森告诉我，她早上健身完，一整天都忙忙碌碌：付账单、买菜、打扫房子或者和管家一起处理其他家庭工程，规划孩子的行程，在三家不同的机构做志愿服务。她说自己和健身房里的其他人不一样："她们甚至都不去付账单，基本不做任何家务。她们只是照看孩子，还有健身，把剩下的事情都抛给她们的丈夫去做。而我会过问家里所有的事。"艾莉森此后进一步批评了她在健身房里认识的这些朋友，说她们有空一天来健身两三次，喝咖啡，然后去购物。（尽管她有时也会加入她们，但频率只是"每个月一两次"。）和其他受访者一样，艾莉森强调自己的时间和消费都花在了给家庭做贡献上，这有别于毫无价值可言的自我满足。

一些全职太太把她们从照顾孩子到负责装潢这一系列劳动直接称为"工作"，或者使用一些商界的对应术语。比如，有几个受访者自称是"家里的首席执行官"。玛雅的丈夫经常出差，即使周末也很少照看孩子。她说："我对此的理解是，周中有保姆来帮忙，所以我有时间去做些自己的事。但这只是平衡了其他时间的所有事情。我觉得，如果你把我负责的所有事情算在一起，我做的是一份全职的工作。当然，我现在有时间去健身或去做些其他有趣的事，但感觉就像是在工作。"玛雅承认，她操持家务和工作还是有所区别的，因为她可以出去健身或找其他乐子。但她似乎又否认了这份自由，这和她这段话的其他部分产生了矛盾。她自己也意识了这一点。

我采访的家装设计师大卫与许多40多岁的富家太太都打过交道。他说:"我在纽约见过许多……我们接受的教育是:'男人能做的女人也能做。'但即便她们曾经是成功的职业女性,因为各种各样的原因,她们现在不再是了。也许是出于经济的原因,她们无需再出门打拼。但她们依然有一种欲望,就是想要把家庭装修和设计变为一份全职工作……她们真的会把它看做是工作。所以,比如有一个非常能干的女性,她曾经事业成功,后来结婚生子,而后有了四处房产,然后她一个接着一个地设计和重建。这真的会成为她的工作,因为它相当费时费力。"

赋予这些时间和付出以经济价值会使家务劳动显得更像"真正的工作"。曾在银行业工作的财产继承人丹妮艾尔告诉我:"有人按你的劳动支付报酬是对你的一种肯定。"按照这一逻辑,她和丈夫估算了,如果有人代替她干所有的家务,需要支付多少酬劳。丹妮艾尔笑道:"这个数字相当大。照看婴儿、辅导功课、打扫房间、做饭,所有这些加在一起算多少工时呢?尽管算起来还是没有我以前挣得多,但也是不小的一笔钱了。"实际上,丹妮艾尔已重新调整了她家的投资以获得红利。她从这笔红利中抽出48000美元作为家务劳动的回报,用来贴补家用和满足她的个人花销。[27] 她也开玩笑说自己的孩子是她的两个"小小客户",并拿她现在为家庭装修所做的研究和当年工作中的金融研究项目做类比。家庭教育咨询师苏珊表示在她接触到的女性中,情绪状态最好的是那些坚信自己的所作所为(也就是照看孩子)具有价值的人。她说,如果感觉"我正在干的事配得上很高的报酬",那此人的自我感觉会最棒。

另一些受访的全职太太用其他的方式把她们和挣钱的工作联系起来。比如,有人强调自己亲人的努力工作和阶层跨越,间接体现自身的道德品质。露西告诉我:"毫无疑问,我成长于一个中上层阶级家庭。可我的母亲是个移民,她来到美国时一无所有……我的父亲什么都是自食其力,他靠自己进了大学。我们家的人都兼具聪明才智和艰苦奋斗的品质。"或者,还有几个人提到了她们过去的职业经历。丹妮艾尔说:"也许是因为我曾经工作过,所以我现在很自信,我不在乎别人问我'你在做什么?'我会说'我待在家里,不上班。我是个退休的银行家。'"我之前提到过海伦,她声称自己继承了父母作为移民的审慎"心态"。海伦说:"我觉得自己曾经为挣钱努力过,我已经品尝了奋斗的滋味。"海伦的言下之意是,即使一个人不再获取工资,知道工作挣钱的滋味对于拥有正确的"心态"依然重要。也就是说,一个人可以拥有努力工作的可贵品质,哪怕她并没有真的在工作。

有偿劳动和独当一面

全职太太把生活方式的劳动描述为正当、耗时的工作,这就产生了一个问题:花钱请别人来做家务和带孩子又意味着什么?所有我采访过的单职工家庭都雇用了清洁工,被访者似乎也理所当然地认为他们不会去做这类工作。但有些女性在雇用保姆时内心会有挣扎,大多数全职太太对于聘请其他家政服务人员——比如私人助理、私人厨师,或者夜间看护——情绪复杂。我在前文指出,这种不安有时来源于阶级差距造成的不适感。但也有许多人只是觉得她们应该自己完成这些工作,特别是那些与母职有关的工作。

比如,特蕾莎表示:"如果你有帮手,你就会觉得自己是有所欠缺的。"女儿出生后,她的健康出了问题,致使她不得不聘请保姆来照看孩子。特蕾莎告诉我:"我咬牙坚持了很久,就感觉你应该去受这份罪……我会想,什么样的人才会把孩子托付给夜间看护啊？我觉得我几乎是个彻底失败的女人。"特蕾莎和她认识的其他雇用保姆的家庭妇女一样，感觉请保姆"是很荒唐的做法。我应该能够自己带孩子。"当她的婆婆主动提出来帮忙时，特蕾莎拒绝了。她说："我应该能应付一切。我的家里不该一团糟，我的桌子上不该堆满东西。"想要独立"应付一切"的愿望再次体现了她们对于独当一面的看重。

这些全职妈妈也强调，聘请别人有偿地做家务是为了让她们更好地履行自己无偿的家庭职责，而非逃避它们。[28] 比如，佐伊说："我有个帮忙的保姆。她有时会早上过来，然后带孩子出去玩。这样，我就可以去超市买菜、寄东西或者去医生那里赴约，等等。"佐伊的意思是，保姆的存在并不是让她可以放空，好满足自己的私欲，而是允许她去完成家庭和个人的基本任务。这些女性还强调说，保姆只是带自己其中一个孩子，她们则负责照顾其余的娃。露西说她几乎把所有的精力都放在了孩子身上。她辩解道："我的确请了保姆，但我有三个孩子……绝大多数情况下，我都至少和其中一个孩子待在一起。"露西和佐伊都注意塑造自己勤劳而又高效的形象，把自己和阔太太无所事事的刻板印象区分开来，哪怕她们做的家务劳动是无酬的。

艾丽克西斯说道："不是说我们就袖手旁观地坐在那，总有碗和衣服要洗。所以，相信我，我认识不少包办所有家务的女人。而且我知道，如果非得这样，我也可以做到。"但在随后的访谈中，她又问我是否觉得她是个"自命不凡的人"（snob）。我问她怎样定义**自命不凡**，她说："就是，我不知道……被宠坏了。我现在不上班，但我还有那么多帮手。"她在此处使用了

"自命不凡"和"被宠坏"等贬义词,这暗示了她认为自己没有正当的理由来雇用他人做家务。我们将在第五章看到,这个问题在她和丈夫产生争执时也显现了出来,也就是花钱请人做多少家务算是合理。

这些全职母亲也会把自己和工作的母亲进行比较,想象后者可以"搞定一切"。玛雅聘请了一个私人厨师,每周来她家做一次饭,而后他们全家可以吃上个几天。她告诉我:"聘用厨师是让我难以启齿的一件事,因为这很尴尬。和我们这个圈子的人(多数都是高薪男性娶的全职太太)在一起感觉还好。可和我孩子学校里的那些上班挣钱的母亲在一起,我觉得说请厨师会听起来会有点夸张和愚蠢。"她也提到了那些有了孩子之后继续上班或者不请家政工的朋友。她对其中一个是这样评价的:"她包办了所有的事。她似乎没有时间去健身,她的房子也许没有我的那么整洁。所以,我觉得既然我已经获得了那么多帮助,再叫苦叫累会显得很傻。所以我就小心翼翼地不去提它。我的意思是,她们这些人都有本事自己搞定一切,而我却说:'哦,我有个厨子。'她们会想:'这算什么。'"我们又一次看到,避免和身处不同社会处境的人谈论这类生活烦恼,是掩饰自身不安感的策略之一。

玛雅还觉得,这些能够独当一面的女人以及她"还工作时"的老朋友会认为,辞职呆在家里还请人来"帮忙"是"不可思议"的。然而,她又像是面对假想敌一样,立刻自我辩解起来:"她们没有人像我一样在40岁时还养育那么小的孩子。她们孩子都要得比我早。而且,她们的丈夫晚上会回家帮忙。或者,即使他们不帮忙,也不会指望吃上家里自制的食物。而我的丈夫对吃的非常挑剔。"断言她与其他母亲的不同之处合理化了玛雅雇用私人厨师和全职保姆的"需求",从而缓解了她对此的不适。

我没有采访到待在家里不上班的异性恋男性,只和一名不上班、在家带孩子的同性恋男性进行了交流。理查德和一个金融业人士结了婚,他目前没有挣钱的工作,也对此感到不安。他对我说:"纽约城是如此看重工作,人们通过工作来定义自己。人们会问你'做什么',你回答'我干的是这个'等。而带孩子似乎算不上工作"。人们会说:"哦,你有孩子,但你是做什么的呢?'"但理查德和我采访的全职太太有一个显著的不同,他并不觉得自己雇用保姆和24小时婴儿护工有什么不妥。他说:"我觉得我们要坦诚地面对自己。我们不想为了孩子放弃某些自由,或者对某些兴趣爱好的投入……而且,有女性的存在也很好,不是吗?所以,我们觉得这是合理的做法。如果我们付得起,那就值得在这上面花钱。"尽管理查德提到他希望在新生宝宝的生活里有"女性的存在",但他没有刻意强调雇用保姆能让他去做更多的家务劳动。相反,他心安理得地把多出来的时间拨给自己,以享有更多的"自由"和"兴趣爱好"。尽管男性应该工作挣钱的性别期待困扰着理查德,但他对女性雇用有偿家政服务的性别化忌讳是免疫的。

回归有酬工作？

当我询问她们是否打算重新就业时，这些全职太太对于无偿家务劳动的矛盾情绪再一次显现出来。我在上文已经提到，她们都受过高等教育，而且在生孩子之前大都有着可观的工作收入。有几个受访者希望赚取属于自己的钱。其他人则谈到了工作对于智识的挑战，或者表示她们想念上班时与同事结下的友谊。有些人希望能拥有母亲之外的其他身份。

但她们反复围绕的一点还是工作挣钱所代表的正当性和个人品质；她们希望自己对家庭"有所贡献"，不光花钱也要会挣钱。茱莉亚是两个孩子的母亲，嫁给了一名企业家。她说："我一直在想（回归工作）。我的孩子正在长大，我觉得自己不会一辈子做家庭主妇，这不是我的个性。等孩子上学了，我不想每天只是接送他们，然后依然无所事事。我不是那种每天只安于做做头发和美甲的人……我希望自己更有效率些，并且为这个家带回些什么。所以，我真的一直在思考自己下一步的打算。"茱莉亚注意把自己和全职太太的刻板印象——也就是败家、醉心于满足一己私欲的形象——区分开来。她觉得如果孩子年纪尚小，全职在家照顾他们算是正当的做法。但当孩子长大后，她不想继续"无所事事"下去，或只是专注于自己的外表。

尽管这些家庭主妇也试图赋予无偿的家务劳动以符号层面的价值，但对于家庭的经济贡献依然显得最为重要。我们会在第五章看到，无偿"贡献"的价值有时会成为丈夫和全职太太争执的焦点。然而，即使这些女性想要贡献经济收入，衣食无忧的家境意味着她在求职时有着很高的要求。她们不想从事长时间或时间不灵活的工作。多数人不想再回去给老板打工，或是应付挑剔的客户；一些人没有兴趣再回归企业环境。有些女性表示她们也许只会做做义工，因为志愿者服务虽然不挣钱，但可以带给她们和工作一样的社会认同感和智识上的回报。还有人想象自己会创业；有几个人谈到想做私教，或者不管怎样，找一份和孩子打交道的工作。然而，大多数人看起来不准备再回到过去全职工作的生活状态。

我们在这里再次看到，对这些受访者而言，塑造努力工作的自我和是否真的上班是可以分开的。露西乐于呆在家里陪伴她年幼的孩子们，但她也在思考"下一步"的打算。她想上班的部分原因是"我需要找到另一条实现自我价值的途径。"她又补充道："而且，我想我也需要以身作则，向孩子们展现努力工作的道德品质。"而另一方面，她觉得哪怕她自己的母亲从未在外工作过，她还是拥有了良好的职业素养。她说："我做事专注，是个很好的工作者，我也很忠诚。我明白每天醒来去工作意味着什么，我完全明白。但我的妈妈从没有上过班。所以，我在一个女方不上班的家庭长大，却懂得了努力工作的重要性。"这样的看法使露西觉得即使自己不出门上班，依然可以培养孩子们艰苦奋斗的职业品质，而这一点是做个成功母亲的关键。某种意义上，心之所想比实际行动更为重要，因为一个人如果"明白每天醒来去工作意味着什么"，那么这种对上班族的认同可以与她实际的工作状态割裂开来。

  对于我采访到的纽约富人而言，拥有出色的工作能力和效率至关重要。那些主要靠自身挣得财富的受访者基于此**解释**自己的特权（"我现在所拥有的都是我奋斗得来的。"）。许多人也承认运气所起的作用，但他们很少意识到自己占据的结构性优势。更为重要的是，努力工作是所有受访者**活出**自我价值的关键元素（"我配得上我所拥有的，因为我努力工作。"）。最正当的是有酬工作，特别是高薪工作，它不仅和个人的努力挂钩，也和个体的独立自主紧密相关。甚至，金融"风险"意识一边产生焦虑，另一边也强化了个体（通常指男性）的责任意识。[29]待业在家的受访者显露出的不是焦虑，而是因依赖他人和缺乏自我效能感而产生的内心挣扎、愧疚。他们通过提及自己过去的工作、身边的其他人，或者他们的职业知识，创造出与工作挣钱接近的符号价值。了解工作的重要性、能干和审慎构成了在上班挣钱缺位的情况下体现个人品质的必要心态。

  与此同时，努力奋斗并非唯一的典范品质。我们已经看到，辛勤劳动的概念和审慎生活的态度相辅相成。两者都是自我节制——而非放纵——之下的行为。这些行为共同赋予财富积累以正当性。它们并非如新教伦理里说的那样，暗示一个人为上帝所选中，而是体现出他/她的道德品质。第三章将对审慎这一观念做进一步的展开阐述。从挣钱者、财产继承人到在家待业的家长，该观念符合各类富人关于合理消费的叙事模式。

第三章

"非常昂贵的平凡生活"

充满矛盾的消费

加里心系下层,他继承的财产超过1000万美元。他做学术研究,妻子则经营一家小公司。他们的孩子在一所名列前茅的公立学校念书。他和妻子已经先后买下并重新装修了布鲁克林的一栋褐石别墅,以及纽约州北部[1]的第二个家。加里向我谈起他和装修负责人的一段小插曲;这个负责人自作主张给加里订制了一个"极为奢华的大灶台":

所以我们告诉她:"不,我们只需要放个一般的灶台就好了。我不知道,就是那种带花纹、陶瓷制的,随便怎样都行。"我们这样要求的部分原因是不想在这个上面花很多钱。但另一个很重要的因素是,我们不希望这个厨房最终显得很奢华。其实和我们的朋友、同事相比,我们的厨房面积很大。而且它朝着院子,本身就已经很不错了。它已经是一个很好很好的厨房了。

但我们不希望它变成一个很高级很高级的厨房，用的都是最顶尖的设备。伴随我长大的是一个普通的灶台，它能加热锅子，如今依然好用。

加里接着说道："我几乎能听到我的祖母在我耳边说这番话。她对我的影响很大。她时常提到石油大王洛克菲勒，他说不管自己有多富有，每天都要按时起床，穿上裤子（开始干活）。"加里回忆，他祖母接地气的性格一直影响着他，令他聚焦于当下，过得务实，而不是把精力浪费在一些无关紧要的细枝末节上。

加里还告诉我，他和妻子还有孩子们"过着我们所知最昂贵的平凡生活"。他接着说道："感觉我们希望自己看上去过得很普通。但我知道，我们的生活开销要比一般人多十倍以上。"他在随后的访谈中提到了他们的一些生活开销，包括他的岳母每年超过20万美元的养老院住院费，还有孩子们参加夏令营的2万多美元。我问他怎么理解"过得普通"，加里的回答是："普通的意思是，我们不开车……我们要求孩子自己洗碗，我们不会一有机会就去维尔[2]滑雪。可能更为重要的是对社区的热忱奉献。我的妻子经常在孩子的学校里义务充当班级家长。我也在董事会做非营利的工作。你可能说这些都是因为我们的特权。或者，你也可以说这是对社区的贡献。或者两者都是吧。"

加里对于他的特权和他家的消费情况都特别有反思，也很直言不讳。尽管其他受访者不像加里那样坦率地承认自己生活方式的"昂贵"，但大多数人都提到希望他们的生活"看上去过得普通"——也就是把生活的重心放在孩子、家庭和家庭时间上。[3] 不管他们按照我在第一章的分类是属于一心向上还是心系下层,这些富有的受访者都追求合理的消费,不想成为浮夸或纸醉金迷的土豪。他们表示自己恪守审慎消费的准则,这和前面一章所论述的努力工作的生活态度遥相呼应。他们声称自己多数时候是为了家庭和孩子的需求而花钱——他们把这类需求描述为全社会不同阶层都共享的基本需求。同时,他们对于展示财富表达了不适。所有的受访者都批评了炫富的做法,坚称自己绝不是这样的有钱人。这份坚决堪比他们对谈论财富的排斥。

因此,我的访谈对象们在塑造自身的道德形象时,强调的不光是他们的踏实肯干,还有他们的消费选择。他们将消费"质量"和一个人的道德"品质"挂钩起来。[4] 在话语和符号层面,这些受访者将自我描述为占据美国道德高地的中产阶级。此处的"向往中产"并非我在第一章谈到的经济层面——也就是他们如何认识自己在社会财富分配当中的位置——而是中产阶级的情感层面,即中产的习惯和追求。许多人对于怎样消费才算合理都感到困惑;而且几乎所有人都谈到,随着时间的推移,他们花钱时越来越放得开。然而不管实际的生活方式到底如何,他们都试图维持"普通"消费者的自我定义。

合理消费和基本需求

受访者们维持这份平常感的方式之一是把他们的消费和家庭生活、孩子、以及"正常"生活的基本需求联系起来。正如奥利维亚所说:"我觉得我们是普通人。我们买的都是平常的东西,我们做的都是正常的事。"全职妈妈塔莉娅,我们在之前已经看到,她的丈夫每年从金融行业挣得大约 50 万美元的收入。她告诉我:"我们的存在相当平常。"我问她这句话的意思,她回答道:"嗯,就像是……我不知道。就比如我们全家绝大多数时候都在家里一起吃饭。孩子吃我们做的东西,我们给他们洗澡,给他们讲故事。我们不会去巴萨泽餐厅[5]这样的地方吃饭……我们夏天去其他地方租房子度假时,孩子的生活方式也和其他郊区的孩子没什么两样。而且,(在市区里)我们每天早上都步行去学校。我们很享受走路,它让我们感觉自己真切地生活在这片社区里。"塔莉娅强调她在家做饭和步行送孩子上学的习惯,对比那些去（高档）巴萨泽用餐的富人，由此她暗示她家和大多数家庭一样普通。生活"普通"于是等同于和大多数（中产）人群有着类似的生活重心，而不是购买奢侈品或享受高档体验。

娜丁和丈夫主要靠她的家族财富生活。他们在经济危机中蒙受了损失，而家庭装修的花费也高出了他们的预算。于是，他们决定重新评估日常花销，把原来的19000美元降到16000美元。我问他们在哪些地方省下了钱，娜丁说："就是那些额外的部分。其实，本来也没有多少额外的开销。这听起来有点匪夷所思是吧，因为16000美元已经很多了。但是，我们大多数的钱都花在了房子、学校、照顾孩子，以及水电煤等账单上。这些花费基本都是固定的。"娜丁使用了"匪夷所思"一词来体现她意识到16000美元是很大的一笔钱。但她又立刻为这笔"固定"开销辩解，把这些开销归为家庭生活的基本需求——一种非常昂贵的平凡生活。

类似地，说起买房和装修时的特定选择时，受访者们往往会把他们对采光、空间和房间的要求联系到各种家庭因素上，比如孩子成长的需要、父母来访时的住宿需求，或者适合他们家庭习惯的空间布置等。把自己的家务活称为"工作"的全职太太玛雅这样描述她找房时的考虑："视野不重要。采光重要，空间重要，靠近公园也很重要。"她也想要一个过暑假的乡间别墅："因为我们在市区里的房子没有后院。"企业律师查兹告诉我，他和妻子决定买下一套300万美元的公寓，因为它的卧室相当安静，可以保障孩子的睡眠；并且，它靠近一个可供孩子玩耍的公园，公寓楼还有门卫来确保安全。乌苏拉的装修工程打通了三套战前修建的老公寓套间。她解释说这是出于家庭生活的需要，因为纽约市那些老的公寓房都"不是为了一家子的居住而建造的"。

当我问一个家庭年收入约为 200 万美元的受访者，她是否在装修时做过什么奢侈的决定时，她回答道："我的回答可能显得很可悲。我们的新家有两套洗衣加烘干机，这是唯一疯狂的决定。当然，我们其实不需要两套那么多。"当她带我参观她的第二间洗衣房时，她说道："这就是我的奢侈之处。"我不甚确定，她说自己的决定显得"可悲"是因为这体现了她的生活重心只是家务劳动，还是因为两套洗衣设备没有夸张到可以称为"奢侈"的程度。但不管她的本意到底如何，她的回答否定了过度、不合理消费的可能，因为洗衣服是如此平常的需求。

同理，许多受访者坚称，哪怕物质条件差一些，他们一样可以过得很好。塔莉娅家的装修工程打通了位于曼哈顿的两套公寓。她说："我没有什么过高的要求——我只希望每天饭桌上有足够食物给孩子们。"艾丽克西斯说："如果我的丈夫对我说：'听着，我们再也负担不起两套房子了，我们的生活必须做出调整。'那我就接受这个现实。我不想看到他心力交瘁的样子。"娜丁的女朋友凯特对我说："如果我们拥有的所有这一切明天突然蒸发，我觉得我不会——也许我说得不对，如果真的发生了什么，你再来回访我——但我认为我不会被完全击垮。我的想法会是：'哦，好吧，我们需要做出许多改变，把吞拿鱼炖菜[6]的菜谱找出来，然后咬紧牙关走下去。'"

这些已经过得相当富足的受访者声称自己并不"真的"需

要过得那么舒适，他们的生活方式由此显得更具有正当性。这是具有特权之人将其特权合理化的另一个方面：如果特权被描述为可有可无的东西，它就显得更容易被接受。同时，正如我在之前已经论述过的，这些受访者力图避免给人一种盛气凌人的印象，好像他们理所应当拥有现在的特权。它也呼应我在第二节提到的一点，即有些人强调，如果需要，他们依然有能力去工作。他们用话语阐释出一个"真正"的自我，它可以脱离现有的富足生活。

节制与审慎

我们已经看到，一些受访者援引纽约市巨富人群的财产级别，由此把自己定位于"中产"，声称"在纽约市，我们算不上有钱"。类似的，许多人把他们显得"匪夷所思"的巨额消费归咎于城市高昂的生活成本。他们感叹住在其他城市或郊区的家人并不理解纽约人的生活，把他们的生活看得过为优越和奢侈。摄影师妮可尔属于我在第一章说的一心向上之人，她家的年收入约为 40 万美元，总资产在 250 万美元左右。她告诉我："我对丈夫说：'你不可能向你的家人说清楚我们的消费情况，因为他们不是纽约人，他们不会明白。'他们只会觉得我们属于世界上最不可理喻的一群人。但我们不是，我们完全正常。但他们认为花那么多钱去满足正常的需求，这本身是有问题的。你知道吗？还是别费那口舌了。"妮可对她丈夫的父母颇有微词，因为生活简朴的他们看不惯她的"消费者"（这个词语在此显然带有贬义）做派。妮可觉得自己的正当消费被岳父母误解为"败家"。这些正常花销包括偿还贷款、房屋管理费以及孩子的私教费用。

我的受访者们也强调了极简主义的消费方式和节约的生活态度。娜丁说："我不购物。我每天穿的衣服都基本一样，鞋子也是同一双。"有些女性提到她们买衣服的地点都是便宜的大商场或者奥特莱斯折扣店。还有人兴致勃勃地讲述她们淘便宜货的经历。企业律师温蒂说她花 100 美元买到了一个原价 1000 美元的婴儿车，这让她"感觉好极了"；一家非营利机构的执行官碧翠丝说她刚用 6000 美元买到了一张原价 20000 美元的桌子。他们还告诉我自己开的是二手车或者多年来开的都是同一辆车。史蒂芬妮向我强调，她的衣服都是 Zara 和 H&M 等经销店买来的；她还向我娓娓道来她家装修时省钱的各种细节。室内设计师大卫的客户和我的受访者属于同一阶层，他向我透露："在每一个装修项目里，我都会塞入一堆宜家和特力家居的东西，他们就好这一口，这让他们感觉良好。"我问："是因为这些牌子的东西让他们感到自己过得很节约？"他回答："是的。"受访者津津乐道他们淘便宜货的经历，但没有一个人愿意提及自己高价买下的物品。

与这些特定的消费选择相关的，是我的受访者们把自己视为经济审慎的人群，这一点我在第二章已经有所涉及。妮可说："我们不会去很贵的地方度假。我们几乎对所有事情都锱铢必较。我们很少买东西。"保罗说他的妻子是个"每样东西都要货比三家的女人，比如一样东西在 Target 和 Costco[7] 的售价各是多少，她真会去比较。所以，她尽管不缺钱，也喜欢好东西，但她对自己怎么花钱非常审慎"。企业律师查兹说起他和妻子最近完成的家庭装修："我确信，有些人会想在天花板上镶嵌金色的镀层，但他们不可能在卖掉公寓的时候收回这笔投入。我的意思是，我们想要做任何我们觉得在理智范围里可以做的事情。我们的预算绝对不是无限的。有许多我们想做的事情，但最终决定'还是忘了它吧'。"那些在装修厨房时购置了高端灶台、烤箱和冰箱的受访者往往以这些家具用品的二次售卖价值来解释购买它们的必要性，哪怕他们还没有任何卖房的计划。

薇拉既继承了财产，她家的年收入也在 200 万美元左右。她自豪地告诉我，她的建筑师说薇拉是他遇到过极个别的"严格遵守预算"的客户。她接着说道："我觉得我们的处境非常舒适，想做什么就能做什么。但我们不会活得很奢侈——更不会超出自己的承受能力去乱花钱……特别是我丈夫的工作现在不是很稳定。所以我们储备了许多东西，而且不再去度假，不再花大钱。"但她随后也承认这些做法最主要的作用是强化审慎的心态，不会对他们的财政状况产生什么实质的影响。"不过事实上，我们花的钱只会占据我们财产总额很小的一个部分。但这更多的是一种主观感受，就是我们感觉目前不是出去度假的时候。"

和努力工作的心态一样，审慎的心态对消费施加了限制，从而代表一种被规训的自我。一些挣钱的富人对那些无法控制自己消费和缺乏自制力的人嗤之以鼻。比如，金融企业家贾斯汀说他把自己的经济状况"安排得井井有条"，这和他"败家"

的妹妹形成鲜明的对比，贾斯汀称他经常借钱给妹妹花。他说："我感觉如果我写一张100万美元的支票给她，她一会儿就能花光，然后问我要150万。她从不——她是贪得无厌之人。很多人都是如此。"与此相反，他说"我是个懂得节制的人"。

对于女性受访者而言，把钱花在自己身上——特别是衣服、首饰和美体——其正当性是可疑的。她们往往标榜自己做的美甲和发型，或强调是花自己的钱去祛除静脉曲张、注射肉毒杆菌，或是做牙齿矫正，而不是动用家庭资金。有时，她们会向丈夫隐瞒这些开销，为自己花钱于是更加显得见不得人似的。比如，米丽安说她不想让丈夫知道自己在剪发和染发上花了多少钱，虽然他试图找出答案："如果他知道这个数字，他会很震惊。我不该花掉那么多钱。"我将在第五章展示，这类需求的合理性有时会成为不工作的全职太太和丈夫之间争吵的一个来源。

而在孩子身上花钱是与省钱原则相违背的唯一例外，而且具有无可辩驳的正当性。与他们对家庭生活的强调一致，几乎所有受访者都说他们舍得为孩子的需求花钱。平日里密切关注自己消费情况的温蒂在回归工作后，雇了一个全职保姆来照看她的女儿。她说日托班"是个更加省钱的选择，但我们都强烈认为找一个保姆对她更好。这样更安全，我们也会更放心……当她还是个很小的婴儿时，我很难想象就把她放在那里，不给她一对一的看护。在她还很小的时候，我要求始终有人守在她的身边，随时可以把她抱起来哄她。当然，那些没有接受一对一照顾的婴儿可能也长得很好，但我真的不想让我的孩子冒这样的风险。毕竟，我们有条件请人来，做到24小时看护。"许多妈妈觉得给孩子买有机食物是天经地义的事,尽管她们大都觉得价格"贵得离谱"。比如,佐伊每周要花300到600美元购买食材。有了孩子作为理由,她们才敢于承认这些原本羞于花在自己身上的高昂消费。

在我的受访者当中,很少有人像理查德那样,承认自己对家庭需求的强调其实是一种借口。他说他和丈夫当初装修房子的原因是他们将会迎来一个孩子,但他立刻改口称这只是一个"故事"。我问他为什么,他回答道:

> 如果这个装修只是为了我们两个人,我感觉有些说不过去。我总觉得需要理由来解释,这也许是我的性格所致吧……但考虑到装修所需的花费、精力,还有压力,我觉得我们应该有一个充分的理由,给我们自己,也给这个世界,一个好的解释。当然,我们也可以说做这一切就是为了我(和他),可转念一想,"我们又不是真的非得做件事"。于是,我觉得孩子提供了必要性,提供了解释,于是就有了一个故事——我们做这些都是为了你,我们的孩子。

理查德谈到需要给他自己和丈夫还有"这个世界"一个"充分的理由",这彰显了为大笔消费寻求合理解释的内心渴求。理查德认为这和他的个性有关,但实际上,许多受访者都有着类似的渴求,哪怕他们没有明说,而是以家庭为说辞来缓和这一心理矛盾。

无论是关于女性为自己花钱的一系列争议,还是孩子的需求所具有的天然正当性，两者都是"专款专用"（earmarking）的典型例子，也就是把某些钱拨给具有一定道德意味的消费类别。[8] 我的受访者们创造的另一个类别是"奖赏"或者叫额外的花销——这往往和旅行相关。奥利维亚说她为期三周的蜜月过得"非常奢侈"："那感觉真的是——我的天！但你知道的，那可是我们的蜜月。某种程度上说，我们应该享有这份奢侈。或者，我不会说我们就应该这样，但是心理上感觉过得去。我想我们可以为奢侈一把找到理由。"贾斯汀说他旅游时很不在意具体的花销："我想在最美丽的小岛上住最好的酒店。我不会一直这么做，但当我去度假时，我想要去最顶尖的地方。"他透露自己可能会花 500 到 1000 美元支付一晚上的酒店住宿。"我很少有假期。所以，如果我真的休假了，我就要享受票房级的服务。但我不会在衣服和手表上花许多钱。比如这块表（他向我示意自己戴的手表），才 30 美元。"乌苏拉称她的丈夫在度假时花钱如流水，那些消费数额有时令她都感到瞠目结舌。但他对她说："你知道吗，我不想去考虑钱的问题。我在脑海里给自己定了一个数字，然后我的花费不会低于它。"奢侈消费被划归为一种例外，这些富人不需要去"考虑它"，或者把它纳入平常的节制消费当中；它位于审慎的自我理解之外。

物质主义、炫耀和露富

当受访者们把自己的日常花费描述为"合理"时,他们当然也在暗示,某些消费是"不合理"的。先前的例子表明,他们对不合理消费的定义包括不知节制、自我放纵、物质主义和可有可无。娜丁对我说:"在我成长的过程中,看到过许多丈夫买新的珠宝首饰、新车等来奖励妻子。我总觉得这种做法真是可怕。你为什么要花1万美金去买一件首饰,花8万美金去买一部新车?我一直以来都这么想。"

令许多受访者不屑一顾的是根据商品(以及服务)的经济价值消费,而不是某些商品不可多得的体验价值。财产继承人尼古拉斯讲述了他的妻子某次向他推荐一家酒店之后他做出的反应:

那家酒店好像要1500美元一晚。然后,他们会在你睡前给你做脚趾按摩等,就是那套东西。我脱口而出的回答是"你他妈的必须是个混蛋才能去住那样的酒店"。只有傻叉才会花那么多钱，并且觉得这样的服务有价值——对我而言，这样浪费钱完全没有意义。除非你对生活毫无想象力，或者你追求一种归属感——你属于那些享受得起这类服务的人。

丹妮艾尔为自己精打细算地规划行程感到自豪。她说："我会看不惯那些享受奢华游的人……感觉他们根本不花心思，没什么想象力，直接用钱解决所有问题。"这些受访者十分看重个性化定制和独特的个人体验，他们泾渭分明地把自己和那些度假时挥霍无度、只知道花钱享乐的富人区分开来。

相比丹妮艾尔和尼古拉斯，玛雅更偏"一心向上"的那种富人，她也不那么看重个人的独特体验。不过，她对于物质主义也持批评态度。谈到给女儿选择学校，她甚至直接使用了"价值观"这个词："我会考虑经济条件的多样性，或者说我考虑的更多是大家的（生活）方式——是价值观。我们不想把孩子送到一个所有家长都开私家车接送的学校，也不希望所有孩子都穿着亚卡迪，所有孩子的妈都拎着香奈儿包。我们想把孩子送到一个所有这些狗屁都不值一提的地方去。"玛雅在此处先是提到了"经济条件的多样"——可以推断，她指的应该是人们有着不同的经济资源；但她很快换了种说法，开始谈论人们的消费选择。她在给女儿择校时最在乎的并不是接触不同社会背景的人，而是寻找到某种在她看来正确的享有特权的方式。她对于物质主义的指控也是一种道德指控，但它指向的是某些消费方式，而不是拥有财富本身。

与物质主义紧密相关的是炫富，也就是使财富显而易见——玛雅举的那些反例正是关于这点。许多受访者对此都表达了强烈的反感。佩妮对我说道："我们不住到市郊的原因之一是那里有许多人在炫富。我主观上很排斥这种行为。"我采访到的最富有的一位女性住在市郊一栋价值超过 1200 万美元的别墅里。她表示邻居家的"麦豪宅"（McMansion）[9]风格让她震惊。她压低声音对我说，当她第一次来这里看房时，"邻居家的大门敞开着，我看到一个巨大的秋千！我们家没有秋千，而他们的秋千，我不跟你开玩笑，大概比这个房间还要大。这是你从来不曾见过的，它甚至比一些学校供孩子玩耍的后院还要大。"接着，她强调自己的喜好与邻居截然不同："所以，有些东西就只是为了铺张而铺张，为了亮眼而亮眼。相比之下，我更钟情于那些小而精致、有个性的东西，我觉得它们更漂亮。或者说更有趣——嗯，也许说有趣更恰当。"

爱丽丝是一名全职太太，她的丈夫是企业律师。嫁人后，她立刻和丈夫共同拥有了价值至少 800 万美元的房产，包括他们的主要住宅和一个乡间别墅。她说："每当我细想我们目前的房产——我的意思是，如果你把它们的价值相加，的确有很多。但有人会去买汉普顿 2000 万美金的房子，我对此真的很难理解。我不懂这些巨型房子有什么好。我无法想见自己有一天会住进那样的房子里。"对于爱丽丝而言，问题不是"房产的巨额价值"，而是"巨型的房子"，因为它们既不实用，又很浮夸。

这些受访者将自己和炫富，以及为花钱而花钱的做法划清界限，由此强调自己不属于挥金如土的"坏富人"。他们诉诸品味上的区隔，彰显自身的文化品味和对小而"有趣"事物的鉴赏力；而与此相对，综合性的奢华游是无趣的，"亮眼"的物品是粗俗的。[10]同时，把自己和品味糟糕的土豪区分开来也有助于将自我定位为中产阶级。比如，投资银行家米丽安在布鲁克林的住处价值为230万美元，她和丈夫买房后又花了60万美元用于装修。她说："显然，哪怕是按照纽约市的种种标准，我们的寓所也算很大了。但你知道的，它并没有廊柱和蜿蜒的车道。"在纽约市，"廊柱和蜿蜒的车道"非常罕见。但它们是关于豪宅的社会想象中的重要意象，就像我在第一章谈到的拖车公园，那是贫穷的象征。通过动用这些意象来和想象中的富人或实际生活中住"麦豪宅"的邻居做对比，我的受访者们把自己置于符号层面的中间位置，一个代表理智和正当性的空间。

在做这些对比时，我的受访者凸显了**展示**，弱化了**拥有**。也就是说，拥有财富是可接受的，只要你不用某些方式去展示（或者说炫耀）它。然而，在不那么富有的人——包括亲朋好友、同事和家政服务人员——看来，他们有时依然显得在炫富。哪怕他们不觉得自己的消费选择很浮夸，别人可能还是会这样觉得。而且，那些表露财富的蛛丝马迹，哪怕它们一点都不"亮眼"，依然可能在这些富人和朋友、同侪和家人之间造成距离感。于是，他们想方设法降低自己消费的可见度，藏着掖着，尤其是他们家里的情况。我们在绪论章节已经看到，斯科特和奥利维亚对于邀请他人来他们的豪宅做客满心矛盾（斯科特说"我不想听到那一声'哇'"）。住褐石别墅的财产继承人伊莲娜对我说，当她儿子带朋友来家里玩时，她有时会感到很不安，特别是其中一个孩子"住廉租房"。

米兰达和他的老公以及两个孩子住在一栋五层楼的褐石建筑内。在把房子彻底翻新时，他们在家里装了一部电梯。她对此举的解释是，这样一来，家里年长的亲戚来探望他们时可以住得更高更舒适些（一个"基本"需求）。她还说装电梯也"不是那么贵"，因为他们已经把整个房子的内部都推倒重修了。我感觉她可能对这样做感到尴尬，于是问道："是不是有人会惊呼：'我的天，你家里竟然有电梯？'"她回答："是的，这个说起来是有点——是，所以我会在心里嘀咕：'知道吗，如果你的工程那么大，一部电梯真的不算贵。'"否认电梯的昂贵使米兰达和她的丈夫可以把奢侈消费的罪恶感降到最低（不过"昂贵"的概念是相对的）。她也笑说："我不会经常向别人提起，我有一部电梯。"我问她原因，她说："这个房子本身已经够大了，而且是一整栋褐石建筑。我清楚，这在纽约是非常奢侈的。所以我不用再加一句（炫耀的口吻）：'我还有电梯。'"此处值得注意的不仅是米兰达的辩解之词，还有她意识到自己的某些措辞是为了自我安慰，就像理查德承认他讲述了一个关于孩子的"故事"，以此作为他们要做装修的借口。心系下层的富人对于露富表现出特别明显的挣扎。正如我在第一章指出的，使得贫富差距变得可见的消费差异会给富人带来不安，而这种不安又会促使他们寻求更加同质化的生活环境和社交圈子。

碧翠丝则提到了另一个与富人有生活交集的群体——家政服务人员。她描述自己平时如何向孩子的保姆隐瞒她的消费情况："如果让她知道我花了多少钱买了什么东西，我会感到不安……如果我在商店里买了，比如衣服，我会把标签撕掉。我指的不是貂皮大衣之类的东西——我的意思是，我把标价从我李维斯牛仔裤上撕下来……我会扯掉我们买的 6 美元面包的价格……对我而言，这事关我的消费选择，而我的选择是不光彩的。6 美元一个的面包是不光彩的。"室内装潢设计师大卫向我证实，撕标价的做法在他的客户中很普遍。他说："装修时，很多运来的家具贴着大大的标价，它们都要被撕掉，或者用马克笔涂抹掉，为的就是不让管家和装修人员看到价格。"大卫把这种做法归咎于小部分富人对他们"不义之财"的愧疚。这类掩饰的有趣之处在于，家政工当然知道他们的雇主很有钱，即便他们不清楚雇主的面包到底有多贵。所以撕标价更多的作用是缓解富人的不安，而不是向他们的雇员隐瞒任何实质性的信息。

碧翠丝告诉我，如果有朋友来她家做客，她不会特意去撕面包的标价，哪怕这个朋友并没有她那么富有。她解释说，"这和贫富差距的多少有关。我知道她（保姆）过得很艰难。"虽然她对保姆与自己的天壤之别心有不安，但她对管家伊莲娜就没有什么复杂的情绪，因为伊莲娜曾经的雇主比她更有钱。碧翠丝说："我对钱的感受取决于我把自己和谁联系起来。伊莲娜曾经给这个世界上最有钱的女人工作过，所以我就会感觉，我们所拥有的任何东西和 X 女士相比，都是小巫见大巫。所以我不是很在乎伊莲娜怎么想。"又一次，我们看到碧翠丝寻求占据中间位置，把自己和管家以及 X 女士同时做比较。同时，她在描述自己的罪恶感时也不忘暗示她的消费是合理的（"不是貂皮大衣之类的东西"）。

定义合理需求

几乎所有的受访者都希望做一个"普通的"、不露富的消费者。然而许多人，尤其是那些最有钱的人，表示自己即便苦思冥想也搞不清到底什么样的消费算得上合理。比如，第二章提到过的那个拒绝做"游手好闲之人"的萨拉，她继承了超过1000万美元；她的丈夫在银行业工作。他们就迟迟无法找到让自己心安的消费方式。萨拉说：

所以问题的关键是，我们的上限在哪里？我们已经在做长远的规划。比如，如果我们今年花了总资产的百分之多少，那么10年、20年、30年后，我们还会有多少钱？如果我们保持现有的财政状况是否可以？所以是的，我们面对的就是这些个问题，也就是什么是上限——因为那个上限某种程度上是随意定的。我的意思是，它不是随便说说的，它有决定性作用。当我退休时,我是想留下 1500 万美元还是 2300 万美元来花,取决于我现在怎么消费。你懂吗,我想的是,当我 65 岁时,我能拿着 1500 万做什么,又能拿 2300 万做什么?

除了关于花多少钱、存多少钱这样纵览全局的大问题,受访者也为每日的消费选择而伤神。我们在绪论部分就看到了,斯科特和奥利维亚一直纠结"什么钱该花,什么钱不该花"。奥利维亚向我描述她在购买新的迷你货车时,犹豫是否要选一个有车载吸尘器的型号(她把这个功能称为"每个妈妈的梦想")。但该型号要贵 1 万多美元,而且她其实并不想要它自带的其他任何新功能("它还有个巨大的 DVD 播放器。我们从来不会在车里放 DVD,我们从本质上反感在车里看电视。")她说:

> 所以,我在心里一边对自己说:"我真的很想要那个吸尘器的功能,而且我们也不缺 1 万"——我的意思是,这话听上去可怕,但那是事实。我们不会缺这 1 万美元。买了这辆车之后,我们也会用上个 10 年。我们不是每过 3 年 5 年就换辆车的人。所以,吸尘器真的会让我开心。10 万美元,用几年分期还款。可是最终,我对自己说,还是算了吧。好吧,我们接着过没有吸尘器的日子。

最终,奥利维亚说,他们夫妻两人都感到为了一个有车载吸尘器的新车花 10 万美元说不过去——哪怕,正如她自己提到的,他们可以轻易地腾出这笔钱。值得注意的是,奥利维亚觉得脱口而出说他们不差10万美元"听上去可怕"——这种对于财富不加掩饰的承认违反了富人的道德守则。

　　排斥酒店提供足底按摩服务的尼古拉斯告诉我,他没有物质上的限制。但他会让自己在平时生活中吃点小苦头,省点钱,比如去海滩度假时他不会住海边的酒店。而他妻子并不是这样,她花钱更加随心所欲一些。尼古拉斯把他和妻子的区别概括为:"她想的一直都是'我们付得起吗?'而我想的是'这不是我们付得起付不起的问题,而是,我们真的需要花这笔钱吗?'"他又接着说道:"我担心的是,我们会越来越不知满足,需要越来多的东西来获得愉悦。我无法容忍这样的危险趋势。"他说起他们家最近的装修:"你会选择买一把800美元还是2000美元还是3000美元的椅子呢?如果我买了3000美元而不是2000美元的椅子,我会由此多获得1000美元的舒适和美感吗?"

　　我们往往以为,人有着较为清楚的欲求,只是受到经济条件的制约。但这些富有消费者的描述体现的是,他们有时恰恰需要某些限制来定义自己的欲望。

　　显然,这些关于需求和欲望的问题也与道德品质相关;消费又一次和"价值观"产生了联系。露西告诉我,她和丈夫商定,等装修完成后,他们各有"一次否决权"——也就是依据喜好,去掉或者改变一样东西。在此之前,他们和一个他俩都很讨厌的沙发一起生活了10年,所以就制定了这样一个政策。他们觉得扔掉那个沙发会很"浪费",但露西说这个决定是"基于原则",而非"出于经济上的考虑"。"浪费"在此不是一个经济问题,而是一个道德问题。露西说如果她给家里买一些并不实用的东西，会感到那是在放纵自我。她设问："我真的需要另一个沙发吗，就因为我嫌它丑？"她和丈夫关于否决权的约定实际上让他们可以无需理由地更换某些东西，而不用为此感到内疚。然而，他俩各只有一次否决权，这意味着他们不允许自己时常变动房子的摆设。她说："我现在说的这些问题，让我感到自己真的很虚伪，因为我——我有这栋房子，有着有那，却还在抱怨，真的很虚伪。但同时，我也尽量注意控制自己。我会买好东西，但我不想只是为了求新求变而去更换它们……但愿，我买的这些东西，我是用心去挑选的，因为我希望能和它们相处很长一段时间。或许，我还可能把它们传给下一代。"

在谈论这些道德窘境时，一些受访者较为直接地点出了贫富不均的社会大环境，以及让他们深感犹豫的某些消费选择对于多数人而言其实遥不可及。比如，娜丁先是说相对于她的财产，她的消费是合理的："我们从 5 年前开始有了所有这些钱。我们卖了一些房产，我们每个月可以从家里继承 14000 美元。于是，我把所有钱都做了投资。大概有 100 万美元吧。然后，我对自己说：'也许我可以花 500 美元买一件皮衣了，我真的很喜欢那件衣服。'"我问："那是什么使你觉得：'即便如此，我也不应该买？'"她回答："我不是很确定是不是有些人应该有那么多钱，而另外的人不应该有钱。"如果娜丁把自己的消费欲和她巨额的财产联系起来，那么她的消费似乎是合理的；但要是和大多数物质条件普通的人做比较，那她的消费就显得太奢侈了。而她就夹在这两个参照体系之间，不买衣服似乎也不会让她显得更有道德感，但她仍旧对此犹豫不决。

娜丁上述的这番话体现了，可以依据不同的比较对象用不同的方式看待自己的消费选择。许多受访者在定位自己的消费选择时都进行了这些比较。富有而又立场进步的金融咨询师爱伦说[11]，她逐渐接受了"成为一个改变世界的社会行动者和享受舒适生活这两者无法兼得"。她补充道："我问自己，你真的可以像出家人一样接受清贫的生活，然后每天睡前宽慰自己'我正在改变我周围的世界'吗？"值得注意的是，爱伦想象自己如果去参与社会运动，就只能以最基本的物质条件存在，并把这种存在和宗教的禁欲主义联系在一起。而在当代社会，这种禁欲的生活方式往往被视为不必要的自我牺牲和极端的自我剥夺。即便爱伦直截了当地提及了自己如果想要"改变世界"该怎样生活的困惑，她关于苦修的比喻依然将她的消费置于一个中间位置，即介于绝对的自我剥夺和过多的奢侈之间。

甚至那些（相对而言）没那么富有的受访者也为这类自我限制而伤神，并从道德的高度谈论它们。比如，我们之前已经看到过的基思和凯伦夫妇，他们在我的访谈样本当中不算富有。他们有财富焦虑，因为他们孩子的教育花销，还有正在进行中的房屋装修。基思说："这是一个经典的辩题。晚上 10 点，孩子终于睡了，我们这一天过得糟糕，此刻身心俱疲。我只想点一个 8 美元的墨西哥卷饼。如果点了，我是不是就是个很糟糕的人呢？要知道，我们每年挣 30 万美元，然而我都不能点一个 8 美元的卷饼吃吗？我又不是去 Momofuku 这样的高档餐厅。"妮可对我说："我会为一些消费行为感到内疚，比如我觉得自己打车太频繁了。坐在出租车里时，我有时会想：'哦，我的丈夫要看见我打车了。'但他不是我自责的主要来源,我自己本身就会有内疚感。因为我知道打车是个愚蠢的主意,我应该去坐地铁。是因为我懒,我才会打车。但坐出租车就是我生活中奢侈的那部分。"两名受访者都对于生活中一些细小的消费怀有道德不安。但他们一边承认这类内心挣扎,一边通过做比较来体现自己的节俭。基思直接把外卖卷饼和去高级餐厅吃大餐进行对比。而打车和之前提到的"第二个洗衣烘干机"一样都只是"小奢侈",它们间接地区别于那些**真正**奢侈的消费。

少数情况下,受访者们会谈到他们觊觎某些奢侈品,但又往往把这类欲望称为"荒唐"的贪欲。比如,薇拉解释她为什么总是想购买和装修新的房子:"我想要买一个有着更大客厅的连栋别墅,为了能开更大的派对。我的意思是,这是如此愚蠢的想法。因为,事实上,我应该听从自己内心的声音。因为……我为什么要买别墅或是公寓——只是为了一年三次组织巨大的家庭派对?在这样一个家里,如果我们没法开大型派对,这是最糟糕的事情吗?不是。让孩子拥有他们自己的房间和洗手间,这个重要吗?是的。所以,我们其实还好,还好。"薇拉认为自己想要获得更多空间的愿望是不合理的,并且她试图就这一点说服自己。她提到了孩子们的基本需求,但她没法真的"听从自己"。[12] 妮可的房屋装修工程已经打通了两套公寓,但她告诉我:"我未来还想买下第三套,然后都合并在一起。当然,这很荒唐。那样的话,空间实在太大了。"我问她为什么想要更大的面积,她说这样的话,孩子们的活动空间可以和成年人的社交区域分开。尽管这算是"合理"的空间利用,但她对这一未来梦想的自我否定展现了更深层次的内心矛盾，即什么是她想要的，和什么是她认为自己应该想要的。

房产企业家詹姆斯的资产价值超过 300 万美元，他向我说起他参观了一个同事的豪宅后产生的矛盾心理："看着那样大的房子，我的第一反应是，哇我的家也太小了。但我又转念一想：'你刚才对自己说的话太荒唐了，你这是怎么了？'"我问道："'我应该有个更大的房子'，这样的想法让你感到不安？"他回答："我察觉到自己下意识的反应，而后做了反思。我转念一想，对自己说：'这很疯狂，这样想没有好处。这样的心态只会让你迷失自我。'你必须要有意识地反思自己的想法，因为钱会对你或者说对我自己产生这样那样的影响。"詹姆斯暗示欲望和羡慕他人会导致心态失衡，也会削弱他对于自身成就的满足感。

我们已在上文看到，全职太太艾丽克西斯所在的家庭拥有大约 50 万美元的年收入，总资产超过 500 万美元。她是少数几个谈到"典型"上层女性的欲望——如奢侈品包和鞋——的女性受访者。艾丽克西斯向我讲述了她最近一次的买包经历，以及她如何与丈夫协商，同时也向自己合理化这次购物：

> 我最近刚买了一个非常昂贵的手提包，我对此心有愧疚。但想到这个包，我又会情不自禁笑起来，因为我真的很喜欢它。我知道自己其实并不需要它。我们起初说起这事时，他（她的丈夫）的反应是"得了吧，你不需要它"。而我的想法也是"你是对的，你是对的。这很蠢，很蠢，很蠢"。然后，过了一个

月——到了母亲节,我丈夫又说:"你要不就去把它买下来吧。"我的第一反应是:"不不,我不需要它。"但我转念又想:"嗨,等等!"(她笑起来)当然,到头来我还是买下了这个包。但我的确有点——你知道的,我的确有点罪恶感。

在这一个案以及其他诸多案例中,艾丽克西斯的丈夫试图约束妻子的欲望,起初劝她放弃这个2000美元的包。但以母亲节礼物为借口,他们随后把买包归入了"奖赏"的类别,买包由此变成了可接受的例外。艾丽克西斯也再三强调,她非常喜欢这个包,她和手提包之间产生了特殊的纽带,因此这一购买行为并非一时的冲动消费。

对于什么能带给自己快乐,嫁给企业律师的全职太太玛雅表现出更深的内心矛盾。一方面,我们在前文已经看到,她不希望自己的孩子在一个满是香奈儿包和高级服饰的环境里接受教育。她还说起一个可以肆意购买任何东西的朋友:"我不禁想要指责她,这样花钱实在太疯狂了。"但另一方面,她其实也想要获得这些奢侈品;她希望自己年收入约为200万美元的丈夫可以允许她更加大手大脚地花钱。玛雅告诉我,她丈夫比她朋友的丈夫们都要"恪守底线"。她说:"我的生日到了,你就帮我买那个手提包呗!这没什么大不了的,是吧。可是他会说:'不,那包太贵了,我不买。'"值得注意的是,她在这里把手提包作为生日潜在的"奖赏"(我们会在第五章看到,其他全职太太的丈夫也试图控制他们妻子的花销)。面对丈夫的否决,玛雅努力克制她的欲望,提醒自己她的基本需求已经得到了满足,所以

应该因此而知足:

> 有时我会想,为什么我的丈夫就是不愿意让我们稍微多花一点钱(比如买一个奢侈品包)。但我终究,我承认我过着非常舒适的生活。我不需要什么特别的东西,我感恩现在的拥有。也许我没有一个香奈儿包,没有一件普拉达的裙子,或者我们没有买下汉普顿的乡间别墅。但我有现在这个家,我有两个健康的孩子,我有一段很棒的婚姻,所以我非常感激。我的意思是,我有时候会想入非非,是的,那只是想入非非。它们不会给我带来很大的困扰。

玛雅试图说服自己,她不仅应该为现在所拥有的感到满足,还应该怀有感恩之心,即便她的内心仍然感到丝丝缺憾。我将在第四章阐述,这种感恩之心是富人体现自身道德品质的另外一个面向。

玛雅在调整自己的内心渴望时,把她现在拥有的——一个家、健康的孩子和爱情——描述为不可或缺的生活要素,而把她无法拥有的——普拉达、香奈儿和汉普顿别墅——视为身外之物。这种反物质主义的论调当然讲得通,而且我认为这并非她应付访谈有意采取的策略。不过,她声称自己"不需要什么特别的东西",这恰恰抹去了她的"基本"生活和大多数人之间的天壤之别。在话语层面上,她的目光所投向的是更高处,这帮助她将自己定位为"中产"。

第四章

"回馈社会"、自我觉察和身份认同

我们在前文看到，全职妈妈弗朗西斯有三个孩子，她家的总资产超过千万美元。当我问她觉得自己是否配得上现在的生活时，她回答道："我不敢说我配得上，不……我不确定任何人敢这么说。我的意思是，一旦你的财富累积到了一定的数目，你开始用它来做投资，接踵而来的是越来越多的回报。这就是贫富差距的来源。想想美国的那些首席运营官赚多少钱——他们真的配得上这么高的收入吗？当然配不上。但那是市场规则的结果吗？是的。我是否同意政府应该对他们征税呢？嗯……我不同意他们征税的标准——我的意思是，我理解我们应该稍微多缴纳一点税。但税率是否应该高达75%，而一般人则只有5%？我不同意这么做，因为我相信市场经济。但我绝对意识到我们比别人多——我的意思是，我们从来不会做什么预算，从来不想——我承认这是巨大的特权，大多数人都不可企及的生活。所以，我不知道，我希望通过回馈社会和做志愿服务工作，我们可以把自己得到的传递回去。"

娜丁一家（包括两个孩子）都主要靠娜丁的家族财富生活。她向我透露："我依然会因为自己有钱而感到内疚。相比过去，这种内疚感已经减轻了些，因为我觉得光内疚没有任何实际作用。你懂我的意思吗?"她接着说道:"我那么有钱是很幸运的一件事,我应该为此感到满足。我应该试着利用这一点去做些事,我应该尝试用我能够做到的任何一种方式去回馈社会。我觉得我们已经做了一些事情,比如在过去十年我们坚持上班,我俩都是。我们还设立了一个礼品基金,尽量做慷慨的人……我觉得愧疚和觉察到自己的特权并且有良心地活着还是有区别的。"

弗朗西斯和娜丁在很多方面都有差异。弗朗西斯的政治立场保守,主要靠她丈夫工作所积累的财富生活。对"市场经济"的信任使她可以接受企业首席运营官们的高收入,以及相应地,她的家庭收入,哪怕她觉得谁都谈不上真的配得上自己的财富。她反对政府向富人征收高昂的税款。而娜丁是个立场进步的财产继承人,她对于自己的财富和社会不平等有更多的矛盾情绪,而且表示自己愿意支付更高的税额。但她俩都明确表达了怎样做才更对得起自己的财富,那就是"回馈社会"。

事实上,几乎所有的受访者都在描述自我的道德品质时,直接或间接地提到了回馈的想法。[1] 这一义务构成了自我道德与财富相匹配的第三个维度,前两个是努力工作和审慎消费。但与前两者不同,回馈可能意味着对财富更加直接的承认,毕竟回馈的前提是一个人已经有所获取。于是,把自己置于中间地位的说法变得很难成立。本章呈现的是我的受访对象们如何回馈社会,以及他们对回馈社会的理解和实际做法在多大程度上包含了对其财富的承认。

在美国,"回馈社会"是个相当广泛和笼统的文化价值观,而且不仅限于富人。对我的受访者而言，这个概念有各种各样的意思。一些人觉得它代表了广义上的做贡献（和我在第二章谈到的社会贡献类似）。比如，贾斯汀说："我觉得自己对社会有种责任感，而不是一味地索取。"也有家长谈到希望把孩子培养成为对社会有贡献的人。

这样的描述并没有把回馈社会和拥有特权联系起来，但另一些受访者却建立了这样的联系。凯洛琳在一个富有的家庭长大，而且继承了数十万美元。她说："我觉得有钱也就意味着责任！我们拥有其他人没有的机会，这很棒！应该好好利用它！"我问："责任到底意味着什么？"她答道："要对社会有所贡献，每个人都必须找到他们各自的方式，不是吗？你擅长什么，你对什么特别有热情……总的来说，参与解决问题，而不是制造问题。"凯洛琳对于回馈的理解和她开始支持一家非营利组织的行为相呼应，该组织的主要使命是发展社区。其他人，比如娜丁，也会把上班视为一种社会责任，一种补偿其特权的"回馈社会"的方式。

除了工作和培养下一代，我的受访者还谈到了关于回馈社会的两个主要方面：一、传统意义上的慈善和志愿主义精神；二、对于特权的"觉察"。我问财产继承人萨拉什么叫"回馈社会"，她说："对我而言，它在不同层面意味着不同的东西。我的意思是，在基本层面上，它意味着做个好人——从经济上回馈社会，贡献你的时间。非常传统、基本的方式，比如做志愿者等。"她犹豫了一番，接着说道："在更广泛的意义上，我觉得它意味着对阶级问题、财富和金钱有所意识……有所认知。"这两个方面也都出现在了弗朗西斯和娜丁的回答中。

我将会在下文展现，我们可以将这些富人有关自我觉察和慈善心的行为和情感看作一个连续体，一个在不同程度上承认其特权的连续体。意识到自己的特权意味着非常直接地承认特权，但这是内心的活动，因而在本质上是私人化的。而在与他人交往的过程当中，有这一"意识"则意味着避免让他人因为不那么有钱而感觉糟糕，或者区别对待境遇一般的人。这一行为规范是"金色准则"（the Golden Rule）的一个变体，也就是己所不欲勿施于人，这是美国社会（和其他地方）的一个重要行为规范。因此，从个体对自身特权的察觉到公开场合平等对待所有人，这一变化实则将贫富差距掩盖而非揭示出来。虽然强调平等和互相尊重的社会规范有助于避免让不那么有钱的人感到羞愧，但它遮蔽贫富差别的功能也能减轻有钱人内心的不安。[2]

不过，传统意义上的慈善和志愿行为更有可能指向对特权的公开承认。许多受访者都在这两个方面投入了大量的金钱和时间，并且把慈善和志愿服务视为自己身份认同的重要组成部分。但在这一点上，他们依然对于特权有着不同的承认方式。"一心向上"的、并且来自挣钱致富家庭的受访者，特别是全职太太，更倾向于公开谈论她们的慈善和志愿经历，因为这些都是她们圈子习以为常的惯例。与此同时，这些受访者不太愿意多谈他们的社会位置。与此相反，财产继承人，特别是那些"心系下层"者则极为慷慨和富有慈善心，但他们表示接受自己富人的身份并非易事。然而，只有接受了这一身份才能去做慈善事业。即便他们在与我交谈的过程中更加直接地承认了自己的特权，他们对其特权的自我觉察也致使他们在公开做慈善时感到更为挣扎。这类受访者中很少有人会像那些全职太太一样去从事传统的志愿服务。最后，还有相当一部分受访者与此二者皆有不同。他们只会捐赠自己很小的一部分财富，且不把做慈善视为定义自我的重要组成部分。不过他们未来是否会变得更有慈善心也未可知。

在本章中，我也会站在受访者的角度来反思通过回馈来挑战社会的结构性安排是否可能，或是否合适，毕竟这些受访者正是社会制度既有的受益者。社会学家倾向于怀疑做慈善和志愿服务的动机和功能。在他们看来，这些行为所仰仗的正是富人的阶级特权，同时又起到了合理化特权的效果；从本质上说，慈善巩固了阶级差异。[3] 我采访到的那些更为传统的富人群体的确应验了社会学家们的看法，因为他们要么将捐赠和志愿服务集中于自己所在的社群，尤其是孩子上学的学校，要么去帮助赤贫人群（他们借此缓和了资本主义不平等所带来的最糟糕的后果，却并没有改变这一不平等的制度）。然而，那些在政治立场上更为批判的捐赠者则向我传递出一种无力改变现实和其特权根源的沮丧情绪。他们意识到自己的能力有限，无法带来有意义的社会变革，同时也为自己的有心无力感到沮丧。

自我觉察和感恩之心

首先,受访者们常常把自我觉察描述为一种对其特权的责任。这个概念的首要涵义是不把自己的优势地位视为理所当然的事。比如,当我问弗朗西斯:"你能接受现有的生活比小时候要富有吗?"她说:"我希望自己永远都不会习惯于这种优越的生活,我不会把任何东西视为理所应得。"佩妮告诉我,关于是否应该购买第二处房产,她和丈夫有分歧。他们每年夏天度假都会租用一栋别墅,如今在考虑是否干脆买下它。他们特别心仪的房子的售价为 500 万美元,这个价格让他们感到"荒唐";他们对另一处房产也颇为动心,但不确定它是否在售。佩妮说:"这些都是很棒的生活问题。我可不想失去对这类问题的觉察。"他们所说的"习惯于"或者"失去(对特权的)觉察"在一定程度上意味着浸淫于特权当中而不自知,或许这也意味着过分认同和接受自己富人的身份。

第四章 "回馈社会"、自我觉察和身份认同

自我觉察不仅包括从理智上意识到自己的特权，还有深感幸运和心存感激的情感状态。加里告诉我，他和妻子共享着"基本的价值观"，包括"永远都不该忘记你所拥有的特权，要时刻保持清醒，并且心存感激"。妮可向我透露，她有时会和表妹谈论她们家族优越的经济条件："我们都是无比幸运的人，能去她那样好的大学念书而不用拼命地打工挣钱。这是巨大的幸事。我读大学时就意识到了这一点，如今也依然谨记。我认识许多人，他们为了去一流的大学而拼了命地打工，或者欠下一屁股的学生贷款，这些都是巨大的学习代价。而我们是如此幸运。"

尼古拉斯十分详细地阐述了他对于感恩的道德义务感。他如是说起自己在曼哈顿拥有的联排别墅："我会一个人坐在那里，静静地去感激命运。我会想：'我何德何能，配得上这美妙的处境。没人生来就拥有这一切，没人可以把这份奢侈作为理所应得的东西。'我的意思不是说我一文不值，所以不该拥有它；而是说总体而言，怎么有人能够拥有这样美妙的空间和采光？……我感到超级、超级幸运。"他又说："那些感觉自己理所应当拥有这些东西不知感恩的人，我诅咒他们脸上起水痘。"尽管尼古拉斯认为任何人都配不上他这般富有的生活，但他明确表示那些不懂得感恩而自觉理所应得的人尤其配不上。佩妮对我说："我认为财富不曾改变我们，在我们的内心深处，没有什么巨大的变化。我们依然会感叹：'哦天哪，这也太疯狂了。'我们没有一丁点理所应得的傲慢。"让内心和特权保持一定的距离似乎就能在某种程度上控制危险的理所应得感。这样的情感和

立场也呼应我在第三章谈到的、受访者们对于他们"无需"这份奢侈生活的强调。

我的受访对象也把他们自己和那些对自身特权毫无觉察的富人予以区别。正如我在第一章所谈到的，贝特西和她的朋友们戏称自己是"工人阶级"，因为他们依然需要挣钱和努力工作。她如是描述自己的朋友们："我觉得他们这些人更接地气，意识到我们这群人的处境其实很特殊。这个世界上的绝大多数人都不是这样生活的。"我们已经看到，"接地气"这个概念意味着和普通大众的符号连接。

受访者们也把对特权的自我觉察和我在第三章谈到的审慎和具有自省精神的消费心态联系起来。比如，娜丁说："如果你很有钱，就很容易打消花钱的顾虑。你会想：'既然老子现在有几百万美元，我不用再犹豫是否要买下这个漂亮的包，我为什么还要犹豫呢？'"但她话锋一转，随后说道："我仍旧觉得这种自省精神很有必要，特别在做出那些昂贵的购物决定时。比如，它是否真的值这个价？"沃伦告诉我，他在财政上的谨慎态度部分来源于他工人阶级的成长背景。他补充说："但我也认为，不浪费钱非常重要。因为我们有很多钱，而大多数人并没有那么多钱，那你就得在某种程度上对钱怀有尊重和负责任的态度。"用尊重的态度对待财富似乎意味着谨慎地花钱，以及觉察到那些没那么有钱的人，这也因此构成了富人道德感的一部分。

企业律师温蒂也把自我觉察和她的消费决定联系起来。她说自己和丈夫"始终在挣扎到底应该去效仿哪一类消费人群，并且一直试图去反思这样的消费决定，也就是更加谨慎、接地气以及追求正确的价值观——意识到我们有多幸运——但同时又不希望我们像苦行僧那样生活。"在此,对自身财富的"觉察"包含了"谨慎"、"接地气"和"正确的价值观"等多重含义。同时,温蒂一方面强调她意识到"我们有多幸运",另一方面又表示不想刻意去过"苦行僧的生活"。换言之,对于自身财富与特权的觉察更像是一个妥协的折中点,既有别于毫无自我觉察,又不同于以实际行动放弃特权,从而感受到真正的不适。

　　某些情况下,这种自我觉察会上升为内心挣扎。用娜丁的话说,有些受访者近乎"折磨"着自己。但可能与直觉相反,体验这样的内心挣扎有时似乎能帮助他们更好地接受自己的特权。我们在前文看到,继承了家庭财产的贝特西犹豫是否要买第二处房产,是否要把她的孩子送去私立学校。她和丈夫有条件做到这些,不过那意味着他们需动用她的继承所得,而不是仅仅依靠他俩大约25万美元的共同收入。贝特西声称自己在成长过程中遇到了太多眼里只有钱的人,她对此十分厌恶。她说靠自己的收入过日子很重要,因为"我感到那是对我们生活选择的一项付出"。她所说的"生活选择"主要是指决定在一家非营利组织工作,她把这一决定描述为"拒绝只为挣钱而活"。

　　贝特西又补充道:"我觉得那是一种道德上的付出,去选择我所选择的那条职业道路。然而,如果我突然毫无顾忌地做出那些决定(即把孩子送去私校和买第二套房子),如果我的内心毫无挣扎,那我会觉得这是对我的道德感的一种背叛。"我问她:"如果你选择做一个投资银行家,那么你可能更容易觉得花这些钱没什么大不了……"她打断了我的话说道:"没错,你知道为什么吗，因为我会变成一个混蛋。"我回答："你的意思是，如果没有内心挣扎地去花你拥有的财富是很混蛋的行为？"在停顿了很长一会儿后，她说："是的，我觉得的确是这样，这就是我的顾虑所在。"我于是又问："你是顾虑别人会这么想你，还是你自己会这么想你自己？"她说："不，多数时候是我自己这么想。"贝特西的内心感受似乎可以这样来形容，如果她对于那些奢侈的消费决定有所挣扎（想象其他的可能性），也就是说她没有对自己的财富和特权想当然，那么她就能够更好地接受自己最终的花钱方式。对她而言，这一内心挣扎本身是一种道德义务，但到头来，她和丈夫还是把孩子送去了私校，还是买下了第二个家。

伊莲娜也希望把自己和其他的富人区分开来。令她感到高兴的是，在她的社交和职业圈子当中，许多人都没有把她视为有钱人。她将自己的心态解释为："我也有阶级仇视……我认为有很多十足的操蛋事儿，那些人真的是彻头彻尾的混蛋……所以我无法完全和富人站在一边，因为我有那种对立的情绪。"伊莲娜说她在把女儿送到私立学校后，"曾经历了一年的心理煎熬"。谈起当初所做的决定，她说："我内心挣扎的部分原因是，我从此之后将陷入长久的自我厌恶当中，因为我每天都要去学校接她，每天都要和其他白人妈妈一样站在校门口，我恨自己无差别地和她们在一起。那感觉就好像击碎了我自欺欺人所追求的那份独特，那种特殊的富人生活，或者随便什么。"我问她，那"至少我内心是有所挣扎"的心态是否会让她"在某种程度上好过些"？"是的！是的，的确会让我感到好些"，她把这种内心挣扎描述为一种"道德上的自我抚慰"。

她告诉我,最终"我做出了决定:我将要去接受这些深层次的矛盾。我感觉自己在很多方面,一直都是个十足虚伪的人,而我必须去接受这一点。我觉得这看似无解的思考过程本身却是有突破的"。这种"无解的思考"部分程度上缓解了伊莲娜所描述的那种虚伪感,尽管她试图去接受这些矛盾(我会在本章的最后再回来谈这个问题)。

让人颇为惊讶的还有伊莲娜其实意识到了自己是在"自欺欺人地追求某种独特,或者特殊的富人生活"。这种自我认识体现出,她对特权的自我辩解和心理安慰是怎样深刻建立在她与那些富豪"混蛋"不同的生活选择上的,尽管她和那些"混蛋"在经济层面可能完全一样。而且,哪怕这些富太太最终和"富豪混蛋"们做出了同样的选择——送孩子去私校,购买第二套房产,但她们在做决定过程中所经历的内心挣扎本身就使她们显得与众不同,特别是有别于那些**在她们看来**对其特权毫无反思的富人。

互相尊重、平等和抹除差异

我的受访者们把这种自我觉察和意识转化到了日常交往中。具有讽刺意味的是,对于贫富差异的觉察却意味着对其视而不见。也就是说,这些受访者在与他人交往时,秉持文明礼让的行为规范,而这种礼让实则抹去了阶级的差异。首先,缄默的准则十分常见,这一点我在之前已经提及。许多人告诉我,他们在和不如自己有钱的人交谈时,会避免某些话题,比如家庭装修遇到的烦心事和花销等。塔莉娅说:"你不会想要'夸耀'你的特权,别人也不会想'受这份罪。'"玛雅则说,如果她和老友周末上街血拼了一番,她会很注意收敛自己,尽量不在经济条件一般的人面前谈论她购买了哪些品牌的衣服。

其次,受访者们强调与人为善的重要性,也就是要以善意、尊重和感恩之心对待别人。我们将在第六章看到,家长不断向孩子强调这一价值观有多么重要。"己所不欲勿施于人"的金科玉律规定了这一互惠性的原则。这一原则对于任何阶级地位的人都适用，比如不谈钱、"体现善意"（being nice），以平等对待每个人的方式抹去阶级的差异。它预设了对等和公平。而且，与人为善也是不"恃财傲物"的一种表现。艾丽克西斯在谈到餐馆的服务生时明确地建立了这一联系："我总是会很感激他们，我不会觉得，我就应该享受他们的服务。"感激别人的工作也就是要担负起觉察自身特权的责任，以及展现合适的谦逊态度。

再一次，我的受访者把自己和那些违反这类原则、粗鲁、不懂感恩的有钱人区别开来，并称赞那些与人为善的富人。比如，斯蒂芬妮告诉我："有一年夏天，我们在汉普顿度假，我感觉受不了——我们甚至都不出门，不去餐厅吃晚饭，我们只选择去沙滩。因为有些人的嘴脸真的很恶心，你知道吗，他们太有钱，都被宠坏了。他们看不起当地人，他们粗暴对待餐厅的工作人员，就因为这些人是当地人。"琳达在谈到一个有钱的朋友时，也强调了做一个友善的人对于正当享有财富的重要性："他是个很好的家伙，他也真的非常非常有钱。我有时也会存疑，这个社会怎么可以让他变得那么富有，而其他人都和他相差甚远，这种价值体系是否合理呢？但不管怎样，他是个好人，他的孩子们也都很棒。"就因为他们遵守了另外一套价值观和行为准则，在某种程度上成了好人，琳达的巨富朋友以及琳达本人（当然她没有那么有钱）因此得以置身于整个社会的价值评价体系之外。[4]

类似地，我采访的服务行业人员也会根据行为举止、互相尊重和友好度，对富人予以区分。当我询问他们为有钱人工作是怎样一种体验时，许多服务业从业者都会向我分享他们的客户是多么"友好"。他们坚称自己不愿给不尊重他们的人干活。私人礼宾服务人员安妮告诉我："如果他们不好好待我，那我就走人，走得远远的。仅仅因为你花钱雇了我来做这份工作，你就有权对我态度糟糕吗，这种事情不存在的。"家装设计师的回答简洁明了："我不会和混蛋合作。"资深家装设计师雷吉纳根据人性对富人进行了划分："我不会为糟糕的人工作。有一大批富人，他们真是——他们的人性真是糟透了，他们是那么贪婪。看看我们国家经济危机的由来你就知道了。我不会帮那些人做装修。我只和真的非常友善、亲切的人合作，这些人真的懂得体恤别人。"通过指出这些区别，这些受访者设立了一系列对其客户作为"好人"的要求，只有客户满足了这些要求，他们才愿意为其效劳。懂得照顾别人的感受、与人为善，这些是正当占有财富的基础。[5]

有些服务提供者相信，他们的客户试图通过显得友善来缓和他们对于贫富差距的不适感。比如房产中介人员罗伯特对我说，他的许多客户都对自己的财富怀有矛盾心理。我问他何以见得，他的回答反复提到了互相尊重这一点："就是一些很基本的事情。他们会不会按时赴约？他们会不会道歉？他们会怎么样对待保安？"作为非洲裔美国人，罗伯特也提到了他所观察到的黑人客户在和服务业从业者打交道时的矛盾心理："如果你是黑人，而你又在视察一套300万美元的公寓。你看到一些黑人家伙在那里干活，你上去主动打招呼说'嗨'。你此时的招呼里也包含着一种不安。'我真是个混蛋啊，我竟然在看一套300万美元的公寓。'于是你会想要去弥补这种地位的悬殊。"

互相尊重的原则意味着每个人都有权受同样的待遇("我对所有人都一视同仁"),不管他/她的经济状况如何。这样一来,贫富差距也就变得不那么有意义了。莫妮卡明确地把道德品质和有钱与否区分开来,她说:"我不知道我的朋友一年挣多少钱,我也一点不在乎他们挣多少,我不需要知道。我只需要知道他们是好人,他们对我很友善,以及他们的孩子很好。"通过否认金钱的重要性,她把有关贫富差异的话题隐匿起来,取而代之的是对"友善"和良好个人品质的强调。总体而言,自我觉察和平等待人相辅相成——私下里意识到差异,而在公开场合则坚持一视同仁。

与此同时,许多受访者提到他们会慷慨帮助和自己的日常生活有交集的人——这一举动实则承认了他们相比别人占有社会优势。许多人定期打钱给他们的家庭成员,特别是父母,有时也包括兄弟姐妹和其他亲戚。他们也谈到在日常生活中的慷慨大方。爱丽丝在谈到不如她有钱的亲戚和老友时说道:"对他们,我总想着:'我能做什么?我能请他们去哪里吃饭?我能带他们去哪里玩?'因为在我生活圈子里的大多数亲戚或者朋友都没法做到去买所有他们想买的东西,去做所有他们想做的事。"加里说:"我们的生活理念就是尽可能地去分享,所以我们会招待别人来住我们的别墅,我们会为孩子的班级聚会提供场地。"其他受访者也都谈到了各种各样与别人共享他们大别墅的方式。

平等待人能起到遮蔽阶级差异的作用,但对人慷慨大方有时却可能带来矛盾,因为这一举动恰恰暴露出受访者们与朋友、甚至是家人之间的贫富差距。比如，斯科特谈到奥利维亚和她家人之间存在一重隔阂，这一隔阂恰恰是因为她每次回去都会给工人阶级出身的家人买这买那，就像随身带了一本"无限的支票簿"。这种互动方式也打破了避讳谈论甚至是承认财富差异的禁忌。娜丁说："你真的得反思你到底居于何种位置，你是谁。你懂我的意思吗，就是说你会想着要去喂饱别人，比如埃塞俄比亚的难民。但如果你平常特别吝啬，那就有问题了。"娜丁平日的处事原则是'尽量请人吃饭，除非那人不乐意'。因为阶级是个绕不过去的大问题，我完全理解，有些人会对蹭饭很敏感。"她向我讲述了最近和一个朋友出去吃饭的经历：她本来打算请那个朋友吃饭，但他不愿意让娜丁请客，又付不起自己的那份钱，于是两人最终只是去喝了点东西。其他受访者也谈到了类似的尴尬经历，一些人抱怨甚至连他们的父母或兄弟姐妹也会婉拒他们的善意。

　　有几个人也讲到，他们试图做公平的家庭雇主。萨拉说："对我而言，雇用保姆来照看孩子最具有挑战性的部分是怎样做一个好的雇主。"她强调会比朋友付更多的工资，同时对保姆提较少的要求。雅尼斯说她给保姆每小时的工资是 20 美元，高于纽约的平均水平 15 美元："对我而言这是具有政治意味的举动，事关社会正义……不管是谁，只要干得好，我都会给很高的报酬。"一个受访者在她的前任保姆回老家后，依然给她打了一年的钱；另一个则在她保姆的家人遭遇健康问题后，向她伸出了援助之手。我之前提到，佐伊想要善待她的家政工。她说："如果我不把自己的衣服和其他东西捐给教堂，我就会送给他们。他们也对自己的收入很满意。我还会时不时给他们放假，我希望看到他们开心。"通过慷慨对待她的保姆和管家，佐伊有意识地将自己的社会优势补偿给这些家政服务人员，好让他们在一定程度上共享她的生活方式。这些选择也暴露了雇主和家政工之间的阶级不对称，但由此引起的关系紧张问题倒不如与亲朋好友之间的那样明显。这可能是因为雇主和家政工之间的阶级差异显得更加合乎情理。

谈到给她公寓做装修的工人时，贝特西说她对他们不如自己有钱这一点感到不适。我问："那对此你是怎么处理的呢？"她的回答带着相当的犹豫和不同寻常的含糊其辞，也许因为我的问题隐含着她应该在感到不适之外再"做"些什么的意思。她说："嗯，我——我的意思是，我处理这一点的方式是，是我——我会和他们交流，我会想要知道，比如——如果他们愿意和我交流的话，我会像对待任何人一样对待他们。但是我清楚，我知道一点，就是，嗯……就是……就是——他们一周的工资非常低，而他们的工作真的很辛苦。"我问："你觉得对此你有什么可以做的吗"她回答："我给他们所有人小费，我不知道这是不是符合常规的做法。但说回来，我觉得自己做不了什么。我准备给他们所有人写张表示感谢的卡片，给他们小费。他们可以用这些钱去做他们想做的事，算是一笔额外的收入吧，如果这能让他们感到开心，我非常愿意去做，而且他们也配得上这个。"我又问道："那除此之外呢？我的意思是，就贫富差距总体而言，你觉得你能做些什么吗？"她说："我个人吗？不，不……不是现……不是……不是现在。对我而言，不是现在。

但我对此感到很糟糕,我意识到了这个问题……我只是……我只是意识到了这一点,然后试图不让人们感到更糟心,或者对此不会有什么不舒服的感觉。"在这段对话当中,贝特西不仅谈到了她的自我觉察,还谈到两种和装修工打交道的方式,然而这两种矛盾之间存在着张力:她一边想和他们平等相待(抹除差异),另一边又给他们小费(承认差异)。但她把这些互为矛盾的做法描述为解决结构性问题的权宜之计,我会在后文展开讨论这一点。

贡献金钱和时间

"回馈"社会的传统方式当然包括做慈善和志愿服务。几乎所有的受访者都提到了这些举动，也都曾捐过钱。然而，并不是所有人都认同这些慈善行为，由此积极投身其中。他们捐赠的数目也存在巨大差异，从每年几千美元到超过 50 万美元不等，不过只有极少数人会捐出其总收入的百分之五以上。[6] 他们的捐赠对象也是五花八门，不过他们的母校和孩子上学的学校是受访者们最经常提及的组织机构。[7] 绝大多数人也向体现他们或他们孩子志趣的事业做捐赠。比如，律师给法律援助中心捐钱；艺术家帮助艺术机构；家长给孩子所在的社团提供资金支持；家人患有精神疾病的受访者则会资助致力于治愈这些疾病的机构。黑人受访者会给种族平权团体捐钱，或者做"美利坚杰克和吉尔"（Jack and Jill，一个主要成员成为美国中上层黑人的非营利组织）和其他黑人社区的志愿者。[8] 有色人种的女性受访者会去她们孩子学校的多元委员会做志愿服务工作。一些女性还会向妇女和女生权益组织捐款；同性恋受访者资助同志权益组织。他们也会参与自己社区的活动，为公寓或者合作社服务。

那些在生活当中花相当精力和金钱做慈善的受访者大致可以分为两类。第一类遵循相当传统的模式来做慈善和志愿者，他们对于自己慈善家的公共角色能相对坦然地接受。在可以被归入这一类型的受访者当中，部分人有强烈的社区慈善家或志愿者的身份认同。另一类人也扮演着类似的角色，但并没有那么认同这个身份。部分原因是他们的孩子还都比较年幼，而且他们也不太接受自己富人的定位。第二类人主要由自由主义者和进步的财产继承者构成，他们往往一掷千金，但对公开发展慈善事业有着很强的心理负担。这类人更多全职上班，因此不太可能花大量时间做志愿者，不过很多人至少是一个委员会的成员。样本中剩下的受访者不太参与慈善，但大多数都表示他们迟早会把这件事放在更重要的位置。

传统的公开慈善和志愿服务

许多来自男主外女主内家庭结构的受访者都把捐赠和志愿服务视为自己的重要身份。我主要采访的都是这些家庭里的全职太太，这让我想到了苏珊·奥斯特兰德等学者对于富太太的研究；捐钱和志愿服务是她们生活方式的一部分和社会责任感的体现。[9]一些人谈到自己从小成长的家庭环境就有慈善和志愿服务的传统。一个女性受访者告诉我："我的父亲一直是个热心的志愿者，他非常强调要回馈社会，这一理念也深深地刻在我们的脑海中。""达则兼济天下"（noblesse oblige）的理念往往化作不加掩饰的公开慈善秀，这些受访者对此没有表现出任何的矛盾心理。他们往往会在慈善晚会和午宴上成为镜头的焦点，而且至少有相当一部分人得到了社区对其慈善或志愿付出的肯定。

一些特别富有的女性受访者是惹人注目的社区志愿者；在特别繁忙的时段，她们每天会投入数小时时间。她们和自己的丈夫往往至少是一个组织机构的董事会成员。我还认识一些女性，她们担任为组织筹措资金的重要职务。她们的家庭每年会捐出成千上万美元，有些家庭还设立了家庭基金。以慈善家和志愿者的身份抛头露面对这些女性而言是十分自然的事，她们不曾表现出任何的内心矛盾。实际上，公开做慈善是她们生活圈子里的一项行为准则。这类受访者往往把自己和同一经济水平或更富有的人进行比较，除了那些最富有的人，她们因为几乎没有可以仰慕的对象而"心系下层"。

除了她们自己的母校和孩子所在的学校，这些女性还对某些特定的组织有持续的贡献，比如当地的医院，或者宗教和民间团体。几个住在乡间的受访者还是女青年会[10]的成员。她们也向那些帮助赤贫人群的项目捐款，如为孤儿寻找合适的领养家庭，为无家可归者提供食物和住处等。一个在她孩子的学校里特别活跃的母亲，同时也在一个反饥饿组织做志愿者；她说她和丈夫一直在捐钱，因为"我们意识到自己有多幸运"，同时她也想在过世之前把所有的钱捐出去（"我情愿这么做，这样我能活着看到别人享受那些钱"）。她在以下这番话里提到了两个自己主要关切的对象，一个是她自己所在的社群，另一个是"不那么幸运的人群"："我觉得我们帮助别人是想在一定程度上提高别人的生活质量，无论是不如我们幸运的人群，还是我们的孩子。"这样说来，这类富人的捐赠行为符合一些学者的观点，即他们的捐赠方式一是有利于帮助和巩固其自身的社群和社区机构，二是走出自己的圈子去缓和资本主义最为恶性的结果，从而抑制更激进的社会变革。[11]

有些女性说志愿服务可以给她们带来和有酬工作一样的成就感，所以她们没有要回归工作岗位的意思。我问弗朗西斯她是否准备在孩子长大后再去找挣钱的工作，她回答："不，因为我不需要钱。而且至少目前看来，我可以通过做志愿者认识许多聪明又上进的人，所以我感觉目前所处的环境在一定程度上相当于全职上班。"和其他一些女性受访者相似，弗朗西斯似乎已经初步建立起了她的慈善职业生涯，当然她（和大多数人一样）可能不会承认这一点。[12]

在我看来，那些孩子还嗷嗷待哺的全职妈妈对做慈善的投入普遍要少得多，她们也很少将这一行为视作自我身份的重要组成部分。她们的丈夫大多是艺术机构或者扶贫组织的董事会成员。令我有些意外的是，这些精英男性的职业背景要求他们去做这样的慈善工作。但他们的太太却很少强调自己的慈善志趣，可能因为她们不认为丈夫的钱属于自己（详见第五章）。她们主要捐助的是和自己有关的教育机构和朋友支持的事业。尽管许多人都在她们孩子的学校做志愿服务,但她们没有兴趣为其他组织做贡献。一些受访者的志愿服务经历听上去颇为敷衍。[13]

这些女性往往更多强调她们个人家庭自身的需求,而不是改善其社群的总体状况。比如,佩妮在她孩子们的学校里积极地募集资金,但她说:"关于其他的慈善事务,我没有任何的参与。如果有人来向我求助,或者我主动关注到了一些问题,我会觉得那是我下一件要去做的事,但在当下,我没有时间。或者,也没有兴趣。我有时会庆幸,还好家里没有人得重病。我也没有去做和癌症有关的志愿服务,诸如此类。"佩妮的话似乎暗示,促使她去更积极投身慈善事业的条件是某些问题事关她自己或者家人。

在我看来,这些女性之所以没有把慈善和社区工作视为自己身份的重要组成部分,是因为她们并不具有奥斯特兰德所讲到的富太太救济天下和建设社区的使命感。和那些住在乡间、拥有明确社群概念的富太太不同,城市女性受访者不太会把自己视为某一泾渭分明的社区中的一员。这个趋势可能是我采访的这类人群的特点使然,包括他们不愿把自己视为富人。[14]但它也体现出纽约市和周边的富人中多样的微观文化。

这些女性和慈善事业的疏离似乎也是因为她们尚处于把主要精力放在家庭生活上的人生阶段。几个受访者表示她们会在孩子年纪稍大一些后去做更多的志愿服务。比如,玛雅说因为她的孩子年纪还非常小,"我现在没有办法腾出足够多的自己可以支配的时间。"她坚称"我的长期目标是做更多慈善工作",

而不是回归挣钱的工作岗位。这样的人生展望暗示着，这些女性可能会在未来向那些积极做慈善并有着很强自我认同感的富太太靠拢。

模糊的认同感

另外一组严肃做慈善的受访者是心系底层的自由主义者和进步人士，他们大都（但不是所有）继承了财产，并且在工作挣钱。有些人捐出了成千上万美元，另一些人捐得少些，但所有人都以做慈善为己任。和上文提到的传统捐助者类似，一些人表示他们成长于强调慈善心的家庭。比如艾莲娜说她从小就被告诫要献爱心。她说："我父母让我们读《罗宾汉是对的》（*Robin Hood Was Right*，一本介绍慈善业的书），那是我们读的第一本书。他们会问：'这里有200美元，你们会怎么做？'所以他们给我不断灌输的印象是，做慈善不是什么可做可不做的事……它就像是摩西的第十一条戒律。"但不同于那些认为做慈善和做志愿者是理所当然的人，这些捐赠者对于公开宣扬慈善行为满是矛盾之情。与此相对应的还有他们另一些不同的捐赠习惯。

首先，他们花在志愿服务上的时间要比传统的捐赠者少。有些受访者是非营利组织的董事会成员，有的也参加他们家族基金会举办的慈善活动。不过，他们很少谈到为孩子的学校或其他组织做志愿者。我认为一个很重要的原因在于，他们的日常工作让他们没有那么多的闲暇时间。许多人在非营利组织上班，所以他们有偿做着本来可能属于志愿服务的工作，有些人把这类有偿工作理解为他们的社会"贡献"。不过，他们绝大多数也并不属于那些有着悠久慈善传统的社群（比如全职太太）。

这些受访者的捐赠对象涵盖更广阔的范围。他们也会和传统捐助者一样资助他们自己的母校和孩子的学校。[15]然而，如果说传统捐助者更加青睐社区机构和政治立场偏中间的公共组织，那么这些受访者所支持的则往往是倡导生育权的组织、地方和国际人权组织，小型艺术机构，还有反饥饿组织。政治立场最为进步的捐赠者将他们的目光投向了对贫富差距和种族关系怀有批判的组织机构。

萨拉和她的丈夫都怀有进步的政治立场，他们在金融业工作，接触的大多是来自商界的政治保守人士。萨拉向我透露，她正试图为一个自己新近加入的妇女权益组织向朋友筹款："我在想怎么能够让他们理解这个组织为社会变革做出的贡献，以及女权主义对于社会公正的重要意义。恐怕很多人的反应都会是：'什么？他们真的会对社会有正面影响吗？'说实话，我感觉很多我的朋友都只会把钱捐给他们的母校。大多数情况下都是如此。"

这些捐赠者和传统慈善人士的区别还在于，他们对承认自己的富人身份有着更多的矛盾情绪，这也影响到了他们的捐赠习惯。加里说："很多年了，我可以说已经给几百个组织机构每一个都捐了500美元，我没有夸张，有几百个之多。"他这么做的原因是"要低调行事，不让别人注意到我捐了很多钱"。他也不希望自己被视作潜在的捐赠者。很多受访者都提到了这一点，因为那意味着需要应付更多的捐款请求。然而，捐钱这一行为也影响到了加里对其财富的矛盾情绪本身。但他在很大程度上已经克服了这一心理包袱，他说："我已经跨过了另一个心理障碍，如今做好了准备去做更大额的捐赠，那绝对会引起别人的注意。"

我也采访了几位和进步慈善人士打交道的专家。他们有着类似的观察，注意到一些富人对于其财富的矛盾心理会带来一个看似悖论的结果，就是他们反而没法轻易地做出捐钱的举动。作为许多富有的进步人士的金融顾问，戴安告诉我，那些对自己的财富怀有不安的有钱人着实让筹款人感到头疼，因为他们不会直接表示自己到底愿意捐多少钱以及捐给谁；而且他们也不善于拒绝别人的请求。她说："他们往往会给筹款人错误的提示。比方说：'你愿意捐钱吗？''嗯……我不确定，我需要查查……'他们没法说不，他们不愿意说：'我的捐赠方式是有选择性的。不好意思，我捐钱给妇女权益组织，但不捐动物保护组织，所以我不会给你们钱。'你懂我的意思吗？这些人在犹豫不决间浪费了许多的精力，他们总是分不清楚自己想要什么和自己'应该'做什么。如果他们能对自己有更清楚的认识，就能过得更轻松一些。筹款人的工作也会更容易一些。"戴安的言下之意是，这些富人应该更清楚自己想要做出怎样的捐赠，但要做到这一点，他们必须先对自己的富人身份有更清楚的定位。她接着说道："那些清楚这一点的富人活得心安，他们更容易打交道，过得也更自在一些。"具有讽刺意味的是，对财富的不安

第四章 "回馈社会"、自我觉察和身份认同

会阻碍有钱人的慈善"回馈"。

这些不安的一个重要来源在于以富人的身份在公开场合示人。我们在前文已经看到,奥利维亚想要尽可能慷慨地分享她的财富,因为她承认"这些钱不是我挣来的"。她想要用这些资源"帮助那些有需要的人,为社会公平出一份力"。她把钱分给自己的家族成员;同时,她和斯科特每过几年还向"捐赠咨询基金会"[16]贡献成千上万美元。但她始终不愿意承认自己是在做慈善,这很大程度上是因为她不想面对有钱人这一身份。她说自己只是想做一个"普通人":"这是我不愿意严肃做慈善的重要原因。"她认为自己的捐赠行为是"临时起意",帮助的也都是"最为直接的对象,比如我们孩子的学校"。她说自己也有想过让自己的捐赠变得更常规和持续。"我知道,如果没有有钱人的资助,这个世界上很多善举都不会发生。我知道这一点。但我就是对慈善家的身份感到不安。我就是很不舒服。所以我们绝大多数的捐赠都是匿名的。"

凯文曾对他男友的巨额财富还有他们家的大别墅心有不安,主要原因是他赞同关于贫富差距的政治批评,而且他自己站在"占领华尔街者"的一边。他也忌惮进步人士的道德审判,这一点体现在他广泛的社交圈子上。不过,在为一些社会运动者举办了一次活动后,他说自己逐渐适应了有钱人的身份:"在生命的某些时刻,我突然顿悟说:'是的,我们的确是坐拥大别墅的有钱人。但财富不仅让我们有条件去买精致的东西,也让我们可以为那些我们感觉重要的事业去创造空间。'所以我做出决定:'来吧,让我们打开家门,欢迎那些社会运动家。'要找到合适

的聚会空间并非易事,而在家里可以很舒服。我们也算做了一件有用的事。"在这个案例中,凯文克服了向其他进步人士展示自己优越生活的心理障碍,这使他得以做出本不太可能做出的贡献,他也由此和自己的富人身份有了更进一步的和解。

最少捐助者

其余的受访者——大约占样本总量的一半,不管他们的政治立场如何,都没有把做慈善或志愿服务视为其身份认同的重要组成部分。几乎所有人都说他们想要捐得更多,或者觉得自己"应该"捐得更多。他们当然认可"回馈社会"的重要性,但做慈善还没有成为他们生活的一大重心,他们也没有显示出对某些社会议题的特别关注。当我问贾斯汀是否会捐钱,他说:"捐给慈善组织吗?有时候会。我想我会捐得更多,不过,嗯……你知道的,各种各样的筹款人都会找上门来。比如有人会对你说,关注一下海地的地震吧,那我会捐一些钱给红十字会。"和贾斯汀一样,这类受访者每年大都捐个几千美元。他们往往接受朋友的邀请,友情赞助朋友的慈善事业。他们也会向其他慈善组织捐款,比如女性权益组织、艺术、教育和健康机构,还有人资助关注人权问题的国际组织。

在未来做慈善

展望未来,很多人表示他们会为慈善业奉献更多的力量。最为富有的受访者预想自己会进一步巩固自己的慈善家身份。比如,露西和他挣钱的丈夫每年捐赠 25 万美元,但他们觉得这还不够。她说:"我们捐款额占年收入的比例应该更高一些。我们可能应该捐上个百万美元。"露西也对他们现在的资助方式不甚满意。她感觉自己和丈夫老是把钱捐给他们做宠物救助的朋友,缺乏更有条理的捐赠计划。她对我如是说道:

目前说来,其实还挺可悲的。我感觉我们给母校捐的钱还算过得去,但这么做的原因只是因为我们没有足够精力去好好规划我们的捐款方式。如果有人来筹款,我们就会捐,而不是因为我们认同某些事业和价值观。我们将来要对某一领域做更深入和持续的捐助,而不是到处献爱心……但面临的挑战是怎样去找到我们感觉运营得不错的组织机构。为此,我们需要先投入时间和精力去筛选,才能决定某个组织是否值得我们去支持。然而我们到现在还没有腾出足够的时间和精力去做这件事,所以我们最终还是被动地做着捐赠。

类似地,尼古拉斯一直把他收入的 5% 存入一个捐赠咨询基金,但他不总能及时地把钱从基金里提取出来捐掉。他说:

"我很不善于决定捐款的去向,但与此同时,我每年都在往基金里存钱。于是,我把钱捐出去的速度一直跟不上我存钱的速度。这是一个问题。""资源生产"(Resource Generation)是一个由富有年轻人组成的组织,该组织的一名前工作人员对我说:"阶级特权的一大体现便是完美主义,也就是执意要制定出一个完美的计划,然后去执行。"[17]这些富人表现出做慈善的强烈愿望,但缺乏明确的资助目标,也没有一贯的立场和志趣。

我在前文谈到,一些潜在的捐赠者声称孩子是妨碍他们对慈善业和志愿服务投入更多精力的一个重要原因。比如查兹告诉我,他和妻子还没有向慈善事业做出"相当大"的贡献。他说道:"目前来看,它很难成为我们的一个生活重心。家里有三个小孩子,我们目前就是疲于应付。但在未来,我们两人都会花更多精力做慈善。"雅尼斯则说:"我很清楚,我目前正处于相当内卷的一个人生阶段,把很多时间都花在了孩子身上。我对于社会公正的政治参与度不如从前了,我试着资助他们,但我不像以前那么参与其中了。"

除了对精力的消耗,有了孩子也让受访者重新去思考拥有多少钱才算足够。凯伦说:"当我还是个青少年时,我总是觉得,只要我赚到的钱足够我基本的花销,我会把剩下的钱都捐掉。那时候我还会想,那么多人都吃不饱饭,你怎么还好意思去过那么奢侈的生活?我的这种想法部分源自我的母亲,因为她真的就是这样过的。但如今,我和丈夫有时会说起我们的价值观多年来发生了怎样的改变。我们现在有了孩子,你会想给他们积累些什么。"

第四章 "回馈社会"、自我觉察和身份认同 | 185

也有人提到他们会等自己积累了更多的财富后再考虑严肃地做慈善。多诺万的资产已经超过了1000万美元,他每年会捐献大约10万美元,还会为其家族基金会的捐款去向做决策。他对我说:"我的想法是……我觉得我是一个很好的投资者,所以我正在做更为长远的打算。这也是为什么我到目前为止还没有开始严肃地做慈善,因为这会降低我投资的灵活度。我会在年纪更大一点考虑这件事,可能是下一个十年吧。"[18] 几个现阶段捐钱甚少的受访者同时也最为注重财富积累,以抵御市场的不确定性;他们表示自己会在未来捐赠更多。

用纳税来回馈社会

说起慈善捐赠,还有一些受访者会立刻把它和纳税联系起来。[19] 比如詹姆斯每年大约会捐掉2000美元(这个数目连他1%的收入都不到,更别提他300万美元的总资产了)。未经我任何的提示,他主动提到了税款的问题:"是的,我们直接捐给别人的钱不多,但我每年付给联邦政府的税可他妈的高了,那简直无穷无尽。"对詹姆斯而言,纳税和慈善捐款似乎没有什么区别,但其他的受访者却把它们看作两码事。政治立场上趋于保守的人更多是按照谁控制钱的最终走向来区分纳税和慈善。比如本章开头部分提到的弗朗西斯,即便她承认贫富差距带来的命运不公,她也不认可自己有更多缴税的义务。不过,她觉得自己有义务在自觉自愿的前提下,把她的财富捐献给她认可的公益事业。爱丽丝说起她丈夫做慈善的情形时，也体现出类似的逻辑："他是个非常慷慨的人，非常有爱心。但他想要自主决定钱的去向，而不是交给政府来决定……他相信私人和市场能够更好地去处理某些事情。"

　　同理，高收入者也通常很抵触高税收，因为这看来就像是夺走了他们正当获得的财富。我们之前已经看到，保罗非常强调努力工作者理应占据巨额财富。他对高税收的理解是"他们正夺走更多我挣来的钱"。一个全职妈妈和她的丈夫（年收入约为 50 万美元）选择把票投给罗姆尼，部分原因在于她的丈夫"正是被当成靶子的一个富人。他一直遭指控'你没有缴纳足够多的税，你没有缴纳足够多的税。'就感觉他所有挣来的钱都拿去缴税了！这让他感到很不舒服，而且他也丧失了赚更多钱的动力，因为他赚得越多交出去的也越多"。甚至一些自由派或心系下层的受访者也越来越反感交税。佩妮告诉我，她每年大概能挣 300 万美元的丈夫"就是因为纳税的问题，才更多地支持共和党"。她笑说："所以他如果挣得更多，就得把其中一半交出去。他的内心感受是：'我的天，怎么能这样？我不懂，我工作那么努力，然后你要我把辛苦挣来的一半钱给拿走，岂有此理？'"

　　而全职太太对于纳税的态度有时会显得比较暧昧，这和她们与工作挣钱的距离感是一致的。露西的丈夫非常痛恨向高收入者提高税额的做法，但她对此事的看法则更加矛盾："不得不说，我的内心有些复杂。我相信任何一个人都不想被征更多的税，但我又觉得税款可以资助一些有益的项目和工程。所以，我想我的态度比他更矛盾一些，真的是这样。"尽管爱丽丝的丈夫不相信政府能充分利用好"他的"钱，但爱丽丝本人支持税收政策。她说"不是每个人都会"像她丈夫那样乐意去做捐赠。

相反，心系下层的富人往往把交税视为和做慈善类似的回馈行为，特别是那些财产继承者，他们对某人理应享有自己挣得的财富这一话语逻辑没有特别强烈的认同。娜丁反思道："我希望更多的富人意识到，回馈社会是他们的职责。感觉我认识的所有人都在抱怨：'向我们征那么多税真是可恶。'我知道，向最有钱的那些人征税的数额看上去很残忍。我的意思是，比如死税（遗产税）[20]，那税率超过三分之一对吧，哦，是40%。但对我而言，这是合理的。的确，每次交税的时候，都感觉很心疼。但你还想怎么样呢？你拥有得更多，理应贡献更多。我觉得这是常识，我不明白为什么那么多人不这么想。"

这段话体现出，心系下层的富人对于政府没有那么不信任。自认为"算是左派"的丹妮艾尔说："我觉得政府对于人民有社会责任。如果你拥有得更多，你理应给予他人更多，交更多的税。我认为在我们现有的社会文化之下，财富不可能得到公平的分配，所以我们需要政府来为我们做这件事。"米丽安对政府的角色也做了类似的辩护："实际上，我相信税收，我同意自己应该交更多的税……有些人纽约富人总是在抱怨税款，抱怨公共交通，抱怨这抱怨那，这让我很恼火。我很想对他们说，纽约的地铁他妈的太棒了，真的运营得很好。它有这样那样的问题，但它绝大多数时候都在开，把你从这里送到那里。它也很快，相对干净，是高效的出行方式。总得有人为这些买单吧，不是吗？所以你要买车票，所以才有城市公共交通补贴等各种东西。得有人为你扫大街。我充分认可税收，我同意多交税。"

但特定的税收政策的确会影响慈善行为，即便持自由派立场的人也是如此。塔莉娅说："我们会资助公共广播电台，会捐钱给母校，每年大概一万到两万美元。捐款也会带来减税的好处。"娜丁的下面这番话暗示了，她和她女友的慈善捐赠数目其实和她们的寻求减税的想法相关："我们的礼品基金可以抵消税额。所以我们有时候捐出两万美元，有时捐出五千。"报税环节也会影响富人做捐赠的时段。一些受访者每年要在考虑上报多少税额时才最终决定自己的捐赠数字。温蒂把她相对少的捐赠归结为缺乏减税的好处："我们有时的确会捐钱，但我对此比较矛盾。相对于我们的财富，我们捐出的钱的确不算多，我感觉我们也许应该捐得更多……部分原因是我没法通过做慈善获得任何减税方面的好处，这一点让我很不爽。就是不知怎地——我对于税收政策了解不多，但是我们好像需要捐掉很多的钱才能达到可以减税的最低数字。"

税收政策也会影响富有家族代际财富的传承。哪怕是那些总体而言支持对富人征收更高税款的受访者也会利用政策的允许，每年将一部分财产以礼物的形式过户给年轻一代，由此尽可能地降低老人过世时继承者所需缴纳的遗产税额。同样地，祖辈也往往会支付孙辈的私校学费（这在我的受访者中相当常见），这样的财富传承无需缴纳任何税款。萨拉对税收政策持赞成态度，但认为这一做法"不过是良好的理财方式罢了"。

回馈还是放弃特权

和之前的研究结论类似,我采访到的大多数富人不会因为回馈社会这一举动而对社会的结构性不平等有任何反思或挑战。就如我在本章开头引用弗朗西斯的那句话("我相信市场经济")所体现的,他们大都相信现有的体制。他们承认贫富差距,但认为这是不可避免的现象,所以贫穷者之所以贫穷,还是他们自己的问题。莫妮卡告诉我:"对于那些穷人,我不会有什么愧疚,因为我都不怎么会想到他们。"她回忆了母亲当年给她上的一课:

当我还是青少年时,我有一次和朋友说:"真是难以置信,有人会住在高速公路的另一边。"这时我母亲插话说:"他们住不起郊区的房子,就是这样。他们拥有的就是那些,他们也会为此感到满足。"母亲的这番话一直印刻在我的脑海里。我的理解是,你尽力做到最好,然后你会比有些人过得好,也会比有些人过得差。但这很正常。总有人比你更有钱,也总有人没你有钱。满足于你所拥有的就是了。

沃伦则说:"我当然不赞成漠视别人的苦难,社会福利是必要的。但我们面对的是这样一个社会,没有人知道应该怎么处理稀缺资源,也没有人能够搞清楚该如何分配财富才是最佳的途径。所以是的,相比那些不那么受上天眷顾的人,你的确享受到了更多的东西。可这就是我们现有体制的一部分,所以如果可以,为什么不去享受呢?"对这些捐赠者而言,他们所贡献的时间和金钱最终**巩固**了他们的特权地位,因为他们的慈善行为资助的是让他们收益的组织机构,比如精英院校。

但许多心系下层的受访者,比如娜丁,对于令他们受益的社会制度持批判态度。这种批判也体现在他们的捐赠中,其资助对象往往是倡导性别、种族和财富平等的组织。他们深知这样的资助不太可能带来巨大的社会变革,但他们不清楚还能以怎样的方式来挑战社会不平等。[21] 米丽安说:"社会的收入分配是不是糟透了?绝对是。我们的价值观是不是出了问题?绝对是。我的收入高得离谱,想想老师和其他对这个社会有巨大贡献的人——比如消防员,他们的工资要低得多……这是相对荒谬的现象。但让我最感到愧疚的是那些连饭都吃不饱的人。"正是因为这一点,她说她捐钱最多的是一家帮助纽约贫困人口的组织。"不过,"她接着说道,"我的内心绝对还是会感到不安,我想要用捐赠来缓解一下这种情绪,我也不知道我还能做什么。"

第四章 "回馈社会"、自我觉察和身份认同 | 191

当我和娜丁的女友凯特谈到"回馈"这个概念，我说："许多人都提到了它，但我一直没搞清楚它到底是什么意思。回馈什么，回馈谁呢？"她的回答首先提到了对自己优越生活的觉察："嗯……我对它的理解是，首先我能有现在的处境是极为随机和幸运的。现在这个家的收入来源不是我挣的，我也在用别人的工资和他们购买我们企业的产品所得的收入来偿还我的贷款。我对这些都非常清楚。"凯特又接着说："所以就整个社会而言，我感觉充满了不平等。就因为我们有钱、有收入来源，我们就可以不用工作。除非我们能够在某种程度上摆脱资本主义，其实我们没法回馈谁。但我觉得我们有义务去资助慈善机构，有一颗慈善心。不要把我们的钱用在一些琐碎的东西上，而是给我们认为真正需要钱的人和项目。"

凯特的这番话勾勒出她和娜丁所共同面临的结构性问题——她们坐拥的财产使她们可以实现财务自由，而她们的资产来源恰恰是那些必须工作的人所创造的财富。不过，她说在现有的经济制度下"我们无法回馈谁"。也没有一种"回馈"方式可以真正解决社会的结构问题。同时，凯特也强调了所有我已描述过的正当享有特权的方式——不乱花钱，有慈善心，对自己的社会地位有所觉察。虽然意识到了问题，但这些进步的富人在多数情况下还是"放弃"了系统改变这个社会的尝试。作为个人，这似乎是他们能做到的极限。[22]

可真的如此吗？他们可以选择做的另一件事是把"回馈"发挥到极致，捐掉他们所有的钱财以及/或者把他们所有的时间都花在社会行动上。[23] 政治立场最为先进的几个受访者的确考虑过捐掉他们所有的钱，然而最终还是放弃了这样的想法。加里说："我在过去十年里温和了许多，不再会去说绝对的话。这种温和部分来源于我曾天真地以为如果我把我所有的钱都捐掉，可以在这个世界上留下印迹。可这是不会发生的。也许它可以改变一个组织的命运，就五分钟吧。"他也提到自己如今意识到了给他的家庭"提供经济保障的重要性"。他说："我觉得我无权去替我的孩子和他们的孩子做出关于富有还是贫穷的决定。我有做选择的特权，但我没有替他们做选择的特权。"其他考虑过这一选项（也就是比现在捐多得多的钱）的受访者也都提到了这样做对他们的孩子和孙辈的长远后果。

防患于未然也相当重要。没有孩子的薇拉过着节俭的生活，她对自己所继承的财产感到十分愧疚。但当我问她是否会考虑把钱都捐掉，她的回答是："嗯……在这个国家里，我感到很害怕。因为你一旦得了什么大病，钱就都没有了。你不能依靠——所以我只是捐掉一部分钱。我觉得如果真的得了什么病，钱就都没了。所以我尽量为自己存钱。"她还表达了对美国社会的不满，认为起码在欧洲的福利国家当中，"每个人都能有饭吃"。

伊莲娜相信如果当初充分利用自己的优越条件去帮助别人，她可能已经是一个教育行业的"超级行动者"了。她说："如果我放弃我拥有的一切，也许我可以对某个城市的教育行业有某种程度上的影响。其他我觉得重要的事情管不了，我不可能解决所有问题。但我可以竭尽所能去解决一些问题，而不是把我拥有的大部分财富留给我的孩子来延续我的特权。"然而，她说

第四章 "回馈社会"、自我觉察和身份认同 | 193

她在自己生命历程中做出的一系列决定，包括要孩子，让她越来越偏离那样的可能性。而且她也不愿意放弃某些舒适的生活（我们可以回忆她的自嘲："我有一刻决定要做一个革命者，但我随后去享受了人生的第一次按摩。"）她最后感慨："年纪越大，我越颓废，不再奢望自己能给世界带来什么改变。"

而那些还没有孩子且身处极为进步的社交圈的年轻继承人[24]则不会认为这种可能遥不可及。30岁出头的伊薇特是一个行动主义者，她继承了超过1000万美元。在得到遗产后，她几乎是同一时刻就捐出了总金额的四分之一，而且还严肃考虑把剩下所有的钱也都捐掉。她说："我觉得我的想法始终是把大部分所得捐出去，并且努力想清楚'在这个世界，到底多少钱足以构成我的安全网？'"对于许多人为防患于未然而攒钱的想法，她持批评态度，并一直在摸索怎么通过融入一个更大的社群来获得安全感。她在一家非营利机构工作，收入微薄，而且她试图靠这些工资过活。但我不太确定如果她有了孩子，这样的生活方式还会不会持续下去。

另一个年轻的行动主义者约翰目前也还没有孩子，不过他希望在未来要孩子。他对"捐赠"和"重新分配（财富）"两种行为予以了区分，后者意味着更大幅度地献出自己的财富。他说这两者的区别是"进步人士和激进主义者之间针尖对麦芒的争论"。约翰认为与其把绝大部分财富都捐掉，还不如利用自己慈善领域的人脉来促成社会更多的进步。他说："通过我拥有的渠道和特权，我能够在其他人无法进入的圈子里发声，我觉得这是很有意义的。那些搞草根社会运动的朋友无法和财富圈的人对话,而我可以代表他们。只要我和他们保持着长久的联系和对话,把我们共同商讨之后的意见说出来,而不是在那里自说自话,我觉得这样的代言是很有价值的。而且这样的选择也让我依然有钱去旅行和拥有一个舒适的家。"约翰最后总结道:"我常常说,如果你选择不把所有的财富都捐掉,那你就选择了在某个层面一直不安心地活着。特别是,如果你在乎社会公平和公正,却选择了富有的生活方式。"

和努力工作以及审慎消费一样,回馈社会也涉及情感、秉性和举动。它意味着感恩和自觉,意味着与人为善,也意味着在不同程度上贡献自己的时间和金钱。这些行动和情感的可见度是不同的。自我觉察是尤为私人的,它使拥有特权之人可以看到自己的优越,但旁人不一定会看到这份优越。而贡献时间和金钱则往往更加(但也不总是)可见。受访者在多大程度上公开接受自己的富人身份影响着他们回馈社会的方式。

不管他们的回馈方式如何,我采访的富人并没有在物质层面有任何实质上的"放弃"。即使金额巨大,他们的捐款也不曾影响其生活的舒适度。一个建筑师向我描述了他认识的一对富人夫妇:"他们是看到流浪汉就肯定会给他10美元的那种人。在一个绝大多数人都不如他们有钱的社会里,他们对自己的财富是如此的不安。他们也参加这样那样的政治运动。但所有这些都不妨碍他们去买阿玛尼的衣服……他们不会在任何方面亏待自己,比如他们不会坐经济舱出行。"另一方面,放弃更多的特权是否意味着更有道德感,这一点也很难说。

不管采取怎样的方式进行"回馈",这些举动到头来都不会带来广泛的结构性变化。对于大多数受访者而言，这样的改变也不是他们的目标。"回馈"不过是他们用来将自己理解为好人的一个手段，自然而然，没有什么内心的纠结。而对于追求更深刻社会变革的受访者，做慈善的有限作用让他们沮丧。但他们最终接受了这一宿命，促成他们接受的要么是成为家长，要么是与日俱增的"需求"。

一个值得拥有财富的自我——努力工作、合理消费、有奉献精神——也一直和他人，特别是家人，进行着互动，通过互动来定义自我。下面两个章节探讨的是这些秉性和道德品质是怎样通过与孩子以及另一半的互动展现出来的。

第五章

劳动、消费和配偶之间的财富支配

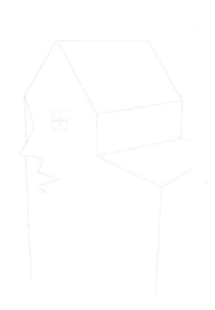

2013年六月潮湿泥泞的一天，我驱车开往汉普顿，去采访两个全职妈妈。我与第一位受访者艾丽克西斯的交谈从她和丈夫近日对其夏日别墅所做的装修开始，为此他们花了40万美元。装修是她老公的主意，他觉得此举可以使他们的房子增值，同时住得也更加舒服。而她则不太情愿，她想把装修费省下来，过几年换一个更大更好的房子。但他坚持要做，于是她最终花了几个月时间计划和监督这个装修工程。

艾丽克西斯喜欢买买买。我们在第三章看到，当她丈夫在母亲节那天送她一个名牌包作为"奖励"时，她高兴极了。然而一边是她高涨的购买欲，另一边则是老公试图对她加以约束。她说："我希望我更加会省钱一些。这绝对是我们吵架的一个核心问题，比如每个月的信用卡账单。"她腼腆地承认丈夫是对的："我觉得自己是个购物狂。"不过她不太赞成丈夫的一点是，他不愿花"太多钱"来支付家务劳动——早上请阿姨，晚上有时请保姆来看一下孩子。他不明白自己在市区上班、妻子呆在家里看孩子为什么还要花那么多钱请别人来做家务；而她却想有一点"自己的时间"。艾丽克西斯向我坦言，她有时会偷偷地雇保姆来看孩子。

我那天采访的第二个全职妈妈是斯蒂芬妮,她嫁给了一名建筑师。和艾丽克西斯一样,她对丈夫限制自己的消费颇有微词。她抱怨他舍得为了朋友买高档美食和美酒,却斤斤计较在她看来对孩子和这个家庭都十分必需的日常开销。她愤愤地表示她从没有在自己身上花过一分钱,还细说了她怎样精打细算来装修他们的夏日别墅。她觉得丈夫没有意识到她除了照顾孩子外还承担着其他繁重的任务,其中之一就是打理他们的不动产,包括曼哈顿的公寓、长岛上的夏日别墅和一处出租的房产。她也和艾丽克西斯一样,觉得自己以前工作挣钱时对于怎么花钱有更多的自主性。

返回布鲁克林时我驶过了一条长长的林荫大道,这两个女人的焦虑、沮丧、自我否定和欲望反复地在我脑海里回荡。我思考着她俩为财富支配和丈夫进行的权力斗争,斯蒂芬妮对此的描述较为直接,艾丽克西斯则更忍气吞声些。我对她们抱有同情,因为她们的丈夫都批评她们太爱买东西,却似乎忽视了她们在操持家务、装修和照顾孩子上所做的工作。作为一名研究家务劳动的女性主义学者,我深知家务劳动的价值常常因为其无偿奉献的形式而遭到贬低,这一大趋势在任何阶级中都广泛存在。当我随后回放这些采访录音时,我发现我和她们站在一边,就像朋友一样感同身受她们提到的内心挣扎。我同意艾丽克西斯,她理应要求丈夫付更多的钱找人来照顾孩子,也理解斯蒂芬妮所说的和她丈夫谈钱的难处。

林荫大道的油油绿意逐渐消失,映入眼帘的是长岛的高速路,随着路面逐渐降低,我驶入了东布鲁克林破败的街区,道路两旁满是低矮陈旧、砖瓦立面的建筑。我在一个红灯前停了下来，依然想着那两个女人。此时我注意到拐角的一栋建筑外排着长长的队伍，可能有 80 到 100 人，主要是男人，也有妇女和孩子。我目光所及的排队者都是有色人种，我意识到那栋建筑是个教堂。巨大的招牌立在外面，上面写着："周三晚，有热食。"那是一个周三的晚上。

在那一刻我惊讶地发现自己竟一度忘记了贫富差距这个社会大背景，而那正是我研究的初衷。当我同情斯蒂芬妮和艾丽克西斯的处境，当我开始站在她们的立场看问题时，那些通常情况下我持续关注的方面竟隐匿了起来：她们相较于大多数人所拥有的特权，昂贵的装修费，三栋房产，还有她们和她们家庭所享有的舒适。也就是说，这些全职太太和她们丈夫之间的矛盾以及她们在两性关系中的弱势地位体现出了富人家庭内部的财富分配问题；而我对于这类问题的关注影响到了我对整个社会财富分配问题的判断。[1] 换言之，我和她们在性别问题上的共情遮蔽了我对她们阶级地位应有的反思。

最终，我意识到这些家庭矛盾也可能使斯蒂芬妮和艾丽克西斯难以感受到她们实际拥有的特权。为钱而争吵会在这些亲密关系中制造出一种财富欠缺感，并成为她们生活的切肤之痛；而她们和普罗大众相比拥有的优越条件则因此显得抽象。我也意识到，她们的丈夫往往拒绝承认她们对家庭财富的支配权。斯蒂芬妮和艾丽克西斯试图强调她们的劳动是有价值的，她们的消费是合理的——也就是说，她们努力把自己诠释为好人，诠释为配得上财富和特权的人。然而她们的丈夫并不支持这样的自我诠释，这令她们很难确信自己真的值得拥有财富。

我将在本章中展现，金钱、时间、劳动和对劳动价值的承认如何构成了富有配偶之间协商和争执的焦点。我特别聚焦的是他们如何将花钱的资格和挣钱或其他为家庭带来收入的方式挂钩；他们如何理解无偿的家务劳动所含的价值，还有为满足一个家庭的生活方式所付出的劳动，包括消费本身；以及，对他们而言，什么叫做为家庭做出贡献。已有大量的学术文献关注了伴侣之间的财富分配问题，它们分析一方的收入会怎样影响他/她在婚姻关系中的权力，及其对婚姻生活各个方面（包括做决策、金钱、生育和性生活）的控制。[2] 还有同样多的文献探究家务劳动的分工及其与性别身份的关系。[3] 我的首要兴趣和研究贡献在于把阶级和性别问题结合起来，展现性别观念怎样影响人们对于有酬和无酬工作以及对财富掌控的理解，而这些理解又是怎样将婚姻关系**内部**的财富分配问题合理化的；同时，这种富人家庭内部的财富争夺如何影响我的受访者在整个社会大环境下对其特权的感知。

矛盾和贡献

当我听受访者说起她们和丈夫在消费问题上所起的争执时，我起初猜想他们产生争执的一个重要原因是没有就生活方式达成一致意见——什么样的需求是合理的，应该花多少钱来满足这些需求。的确，有些受访者相信他们能和谐相处正是因为他们对这些问题有着类似的想法。正如佩妮所说："我们没有什么（消费上的）矛盾，我们的想法挺相似的。"有些受访者暗示阶级背景和成长环境对消费方式有着重要的影响。丹妮艾尔表示她和丈夫都是"小气鬼"，他们的生活观念相当一致："我觉得其中一部分原因在于我俩的原生家庭有着相同的金钱观。"

我还得出另一个结论，那就是阔绰的生活可以让夫妻双方不用为钱而伤神，从而形成较为和谐的关系。一些人也的确说到了这一点。比如，雅尼斯在提到她的伴侣时说："没有什么事会让我们产生争执，可能部分原因是我们没有心理压力要去担心任何东西。我觉得是这样的,我们不需要费心去考虑。所以,如果(她的伴侣)想要花更多的钱买一件大衣,哪怕那件衣服的价钱超过了我的预计,对我来说也不是什么问题。我对此有察觉。"

但我很快意识到,消费的优先考虑项是什么,以及用多少钱来满足这些需求,其实都取决于配偶之间的相互理解和协商。佩妮说:"我觉得有没有钱在一定程度上的确有助于缓和这一矛盾。"但她又接着说道:"不过,也有不少有钱人消费高,矛盾却多。"佩妮的这段话体现了调和或是制造紧张关系的关键并非财富的绝对值,而是相对于其家庭资产,双方有着怎样的生活预期。我逐渐发现,一些受访的夫妇有着不同的消费习惯,但不会在消费问题上起什么争执;也有人买得起任何他们想要的东西,但依然会和自己的配偶拌嘴。我也意识到,一对配偶如何分配时间和金钱这本身就是一个重要的问题,而它和怎么理解无偿劳动的价值有关。

我最终发现,围绕钱和时间而产生的矛盾归根结底来自他们如何理解彼此为家庭所做的贡献。由于金钱本身就是一种社会公认的贡献方式,能为婚姻关系带来收入的一方——不管是挣来的还是继承所得——往往自认享有花钱的资格。而不能带来收入的一方则更可能在消费时产生心理障碍。但金钱形式的贡献并不能完全解释花钱的正当感。最重要的是双方如何认识彼此的需求,承认彼此的价值贡献。[4]

而性别观念深刻影响着他们如何理解对方在时间和金钱上的贡献。正如女性主义学者所说,家庭"消费"也是一种有关人力和生活的（再）生产方式。[5] 然而，并非所有的男性受访者都意识得到他们的妻子为家庭生活和生产所付出的劳动。这些男人更有可能是家庭收入的主要来源，所以他们也更理所当然地把自己的工作视为富有生产力、经济效益和正当的劳动。与此相反，全职妈妈有时需要为自己的家庭贡献正名，需要向丈夫展示她们的劳动同样具有生产力，有关家庭的福祉，她们也同样工作努力。由于花的钱不是自己挣来的，全职妈妈有时在消费时感到不安。[6] 她们要依靠丈夫来肯定自己的价值，但斯蒂芬妮和艾丽克西斯的例子告诉我们，这样的肯定并不一定会到来。

而那些能通过财产继承或工资为自己带来收入的女性则不那么需要丈夫的肯定。不过，如果出现收入比丈夫要高的情况，女性受访者会更主动地去认可丈夫的贡献。继承财产的女性往往会提到，如果丈夫不是家庭收入的首要来源，那会给她们自己带来心理困扰。类似地，如果女方的收入远远高于男方，她们表示自己会去补偿丈夫可能缺失的自尊心。不过，就和所有双职工家庭的女性一样，这些高收入女人依然负责大多数的家务职责。值得一提的是，这一趋势跨越种族而普遍存在。

劳动分工和单收入来源家庭的价值认可

男主外女主内的异性恋夫妻家庭（或者妻子的收入远低于丈夫）[7]往往有着非常明确的劳动分工，女性为家庭生活所付出的精力要比男性多得多。男性是挣钱者，在外打拼，为家里带来所有或几乎所有的收入。女性是消费者，负责照顾家里的方方面面，包括孩子的生活。工作日期间，在金融界或商界工作的丈夫几乎没有时间和他们的孩子相处，他们早出晚归，有时还要疯狂出差。

受访的男性挣钱者和女性"消费者"似乎对这样的劳动分工习以为常。只有一个女性向我抱怨她的丈夫和孩子们在一起的时间太少了。事实上，有几个受访女性甚至需要回忆很久才能想起上次丈夫陪孩子的时间。她们认为丈夫理应以金融、法律业和商界的工作为重，她们强调还有家务做得更少的男人，而不是把丈夫和自己的理想相比。比如，艾丽克西斯告诉我，她的丈夫是个好爸爸：他半夜会陪她起床喂奶，会独立帮孩子换尿布，他的同事都做不到这些事儿。特蕾莎说，相比于她丈夫的同事们，她的丈夫可说是个"态度非常认真的爸爸"，因为他每天都试图在孩子睡觉前回到家，跟孩子说晚安。

男人则负责管理、规划和控制家庭财产。[8]哪怕一些受访女性负责支付水电煤费，但她们对于家庭的总体财务状况并不是很清楚。比如，茱莉亚在提到她丈夫时如此说道："我们有好几个不同的账户。他总是在其中变来变去：'你这笔钱从这个账户里提，那笔钱从那个账户拿。'他一直会这样。"几个女人怯生生地告诉我，她们不明白家里到底有多少钱，又有多少用来做了投资。[9]

特别是在房屋装修上，几乎所有男性最为在乎的都是钱的问题，而女性则更关心实际操作层面的问题。苏珊娜嫁给了一位公司总裁，他们有两个孩子。说起丈夫，她说道："预算，预算，预算，他满脑子里装的就是这个。"格蕾丝在提到她和丈夫最近一次做的装修时说："他对于数字的关注度比我高得多。"对于重要的问题，夫妻双方往往会互相商量，共同决定：比如请哪个设计师、装修队，对空间做怎样的改变。但等装修项目正式启动后，往往是女方每天监督装修进度。男方只会偶尔出现一下，和建筑师或包工头商讨问题。室内设计师大卫说他的那些女性客户"就像是在为她们的丈夫打工"。

绝大多数情况下，装修的审美由女性来把持。许多人向我讲述，从水龙头、瓷砖到墙体颜色，关于每一处装修细节她们都面对着大量的选择，于是她们成天泡在网上，或是出入于曼哈顿大大小小的装修与设计店。她们把选择范围缩小后，再同丈夫一起做出最终的决定。有些男性会特别在乎其中一两个细节，比如坚持要装某种淋浴，或者过问家庭办公室的设计。[10] 但多数时候，女性的个人喜好决定了工程的进度。说起妻子要求他一起参加的一次和室内设计师的会面，保罗说："我对任何一个细节都不在乎，我只在乎预算。说实话，我在那熬了三个小时，没法再忍受更长的时间了。"

如果这一劳动分工不十分明确，矛盾就可能由此产生。塔莉娅以下这段对丈夫的描述相当典型："一开始我们说好，由我负责挑选设计方案和监督整个装修过程。但他向我抛出好多问题，我感觉自己就像是回到了过去（的工作），在为一个需要我不断去揣摩心思的老板打工。如果你说让我来管，你就不该全程都缺席，然后突然跑来抛出所有的问题。你懂我的意思吗？所以我们刚开始时有不少小摩擦，但最终我们达成了默契：'好的，你（丈夫）就负责管钱，记好每一笔账。'他很擅长看钱的进出，查出任何可能的问题。而我的任务基本就是保证这整件事情的推进。"

在这样的家庭里，丈夫往往会查看每月的开支（哪怕这些开支都由妻子支付）。他们实际上监督着妻子的消费状况，由此也潜在地规训着她们。受访女性对此十分敏感。乌苏拉说："他有事没事就会看账单，然后问：'哦哟，这个月怎么回事？'你知道的，他的言下之意是'你做了什么？'我说：'那是给两个孩子参加夏令营的钱'。'哦，好的。'如果我说自己用那笔钱买了件特别喜欢的酒会礼服，他的反应会是：'天哪，你是认真的吗？'如果是为了两个孩子的夏令营，那是好的。"

乌苏拉又补充说她的丈夫还算"不错",因为他不会过多干涉她的消费。接受采访时,她刚买下一双价格不菲的鞋。她说自己迫不及待地想穿给丈夫看,而且丈夫肯定对此没什么意见。"他还算不错,不是很抠门。当然,如果我一个月买五双鞋,他会叫我'消停点'。"(她同时也强调了这双鞋是打对折买来的。)还有几个全职太太也认为她们的丈夫"很好",不会干涉自己怎么花钱。这种对"好"的强调也暗示了,她们的丈夫可能会变得"糟糕",也就是控制妻子的消费。所以,不管她们怎样花钱,丈夫始终掌握着定义合理和不合理消费的权力。的确,乌苏拉在随后的访谈过程中告诉我,她希望能拥有自己的收入:"这样,我就不需要为昨天买的那双鞋做解释了。"这句话和她之前对丈夫的肯定有所矛盾,也许她起初不想承认他常常要自己提供"解释"。[11]

如果丈夫信任妻子理智地使用自己的时间和金钱,并且承认她的消费也是工作[12]和对家庭的贡献,那么两人之间的矛盾会降到最低。当丈夫不去控制妻子的花销时,也就意味着他没有去暗示自己因为挣钱所以贡献更大。然而,如果他们试图控制妻子花钱和打发时间的方式,否定后者对家庭的贡献和辛勤劳动,这往往会引发关于妻子是怎么花钱和打发时间的家庭矛盾。

关系中的价值认可

那些很少因为钱而产生矛盾的夫妇似乎在赚钱者/消费者

这一状态中找到了互补性。关键之一就是丈夫信任妻子会理智地花钱，不去干涉她们的选择。弗朗西斯告诉我，关于家里的大小事，"我几乎掌握着一切"。但她同时又说："我非常幸运，我的老公从来没有让我觉得自己对这个家的贡献比他要少。他不会过问我怎么花钱，我们的劳动分工非常明确……我有一些非常能干的朋友，但她们都得按照预算过日子。如果有一天我的丈夫跑来，向我抛出一堆（有关开销的）问题，那么对不起，游戏结束。那样是搞不好的。但就像我说的，我幸运地嫁给了一个从不会过问这些的男人——如果真的要说插手，他有时会抱怨我在某些事情上太节俭了。"弗朗西斯和她的丈夫有时也会在消费问题上产生分歧，因为她想着省钱。但这种花钱方式上的分歧不会造成尖锐的矛盾，因为弗朗西斯不认为她的丈夫想要控制她。然而，弗朗西斯也充分意识到，她的丈夫确有可能控制她的消费，这正是她认识的其他女性朋友所面对的问题。

这一互补性的第二个关键面向是丈夫对于妻子无酬家务劳动的价值承认。弗朗西斯告诉我，她的丈夫"时常说，要不是我管理我们这个家，照顾孩子，他不可能像现在这样成功，做他现在做的事。所以我感觉自己也对这个家庭做出了经济上的贡献"。弗朗西斯的丈夫直接点明了她劳动的重要性和价值，使她得以将自己的贡献上升到"经济"和"管理"层面。弗朗西斯说她不会想念自己拥有收入的日子，这也许并不出人意料。

我在之前已经提到，特蕾莎的丈夫在华尔街没日没夜地工作，且经常出差。他在工作日能见到孩子的时间非常少，不过他们全家整个周末都会在一起。当初特蕾莎选择辞职回家当全职太太时,她没有觉得这个决定有多么艰难。然而,她内心挣扎了很久才接受了所有家务都需要她来负责的现实,这包括雇用一个照看孩子的保姆和一个打扫卫生的人。不过现在,她说自己"是这个家的 CEO。我用我自己的方式来指挥它前行"。她强调了丈夫对她的劳动和贡献的认可:

> 他真的很酷,让人感觉轻松。我不是很会做饭,他从来没有抱怨过这一点,或者抱怨家里很乱,衣服没有洗等。而且他会承认我的贡献——我好像是在这里夸夸其谈——不过他真的很好。比如几个月前,我们的女儿还相当顽皮。他和孩子们相处了一天,然后向我感叹:"我不知道你是如何做到这一点的,你简直做着世界上最困难的工作。"他时常这么说,这非常重要。

特蕾莎把自己比喻为"家庭 CEO"。通过自比高管,她给自己的家务劳动赋予了正当性,而她丈夫使用的"工作"一词也起着类似的作用。她的工作和家庭紧紧捆绑在一起,这再次体现出丈夫对妻子的肯定进一步巩固了传统的劳动分工,它往往被视为一种互补机制。(值得注意的是,她冷不丁的那句"我好像是在这里夸夸其谈"透露出她在一定程度上意识到自己是在如此正面地描述自己的生活处境。)

和弗朗西斯一样,特蕾莎不觉得自己没有独立收入是个问题,不过这一点困扰着她认识的其他女性。另一方面,尽管她在家里管钱,但她说自己"管得很糟糕"。她没法告诉我他们的房租和丈夫收入的具体数字,声称"数字不是我的脑袋乐意去想的东西"。然而，她接着又说："我不太清楚丈夫的具体收入，这好像让我在花他的钱时感觉没那么糟糕。"这样的评论意味着，即便是在那些矛盾较少的夫妻之间，女性也可能会纠结自己是否应该花她们认为属于丈夫的钱。

一些受访女性表示她们理解丈夫的花钱尺度。比如塔莉娅说她和丈夫两人都是"生活节俭的人"。不过，我最终意识到，她丈夫才是那个更"节俭的人"。她接着说："我很感谢我的丈夫，他控制着我们的花销……他在生活中会对未来做精心的规划，所以他知道做有些事情（比如花很多钱）是不明智的。这对我来说是好事，因为我有时需要别人来控制下自己。"他们甚至建立了一系列具体措施来限制她的消费，这意味着她的购买欲被视为了一个相当严重的问题（也许比她对我承认的还要严重）。她笑说：

我们制定了一项奖励措施，如果每个月我的消费低于某个数字，那么多下来一部分钱就会变成分红。比如上限是2000或3000美元，如果我那个月只花了1000美元，我就能把500美元揣进我自己的腰包里。这很好……但我只成功做到过两次。感觉很讽刺，我们夏天住到度假别墅时的花销反而更多了，给孩子买玩具，买这买那……我都不知道自己怎么就花出去那么多钱。

塔莉娅矢口否认她是那种消费奢侈的人，她说："当然，我没有买奢侈品的习惯，我花钱从来不会大手大脚。"然而，她显然对于自己**应该**有怎样的需求感到矛盾。在丈夫的帮助下，她的自我定位从一个花钱的人变为了一个省钱的人，她由此获得了更多的作为审慎消费者的道德满足感。

同时，塔莉娅觉得丈夫能够体谅她需要什么，比如照顾孩子是合理的需求。她说："我很幸运，能有个保姆来照看孩子……这样我能更多一些自由。我们愿意花这个钱，因为我的丈夫知道为了让我更开心一些，我有时候需要离开孩子有自己的空间。"塔莉娅和丈夫都把雇用保姆视为"她的"需求，因为照看孩子是她的工作，不过他承认这个需求是合理的。这段话也体现了，他对于消费有着最终解释权，这也决定了她的工作条件。尽管塔莉娅和她的丈夫有时会因为她的消费问题而产生争执，但总体而言，他们似乎对于她的合理需求和家庭贡献有着基本的共识。

失败的价值认可

然而，也有夫妇时常因为这种一方挣钱、另一方花钱的关系而产生各种各样的矛盾。在这类夫妇当中，丈夫往往感到他们的妻子花钱太多，但妻子并不同意这样的看法。这些丈夫都试图控制妻子的花销，说后者肆意挥霍，不值得信赖。他们不会把家务劳动视为真正的工作，也没有意识到妻子的贡献所在。因此，妻子从这样依附的经济关系中获得的不是一种互补的感觉，而是深深的不安。这类夫妇会在金钱问题上产生更多的争执，他们也更有可能向对方隐藏一些秘密。处于这类关系中的女性既对家里的财政状况不那么熟悉,又会对丈夫隐瞒一部分花销。

我们在本章一开始就看到,斯蒂芬妮是个全职妈妈,她的丈夫是个自己开公司的建筑师。她说她能理解丈夫的"省钱"心态,毕竟要给孩子将来的大学教育存钱,然而她的叙述方式透露出她和丈夫关系会因钱的问题变得紧张。她时常搞不清楚他们家的实际财政状况。她说丈夫会告诫她:"最近手头很紧,你注意点。"然而,他会为父母花很多钱,或者单纯用钱娱乐。斯蒂芬妮感叹:"他给我传递的信息总是前后矛盾的。"

他也会质疑斯蒂芬妮的消费,这一点十分困扰她,因为她觉得这些花销都是必须的。她说他不明白要在孩子身上花多少钱,也很久不曾关心他们夏日度假别墅的管理费用,他总是"习惯性地忘记"维护游泳池、花园,等等,这些都需要用钱。他总是斤斤计较她的消费。她说道:

> 即便是花在这个房子上的钱,他也会说:"我真不明白,所有的钱都花到哪里去了。"你知道吗,我今天早上自己做了美甲,剪了头发。所有这些事,只要我自己能做,我都尽量避免花钱。我不会把钱花在自己身上——除非,比如我在 Target[13] 奢侈一把,买两件 T 恤。但买食材要花钱,买酒要花钱,我们这一大家子就是有巨大的开销。孩子的夏令营!游泳课,哪样不是钱。我觉得他在潜意识里觉得:"我们不该花钱翻新这个房子,那样就可以省下账户里的 15 万美元。"

面对丈夫关于她不合理消费的或真实或想象的指控，斯蒂芬妮强调了她消费的正当性（也就是和家庭相关的开销）以及自己的"奢侈消费"发生在 Target 这样的地点。同时，她坚持问题不在于她的消费选择，而在于物价本身。但她的丈夫没有意识到她的消费和省钱技巧，比如用自己的劳动规避一定的花销。

她觉得丈夫也未曾认识到她为这个家所付出的辛劳。我在前文提到，斯蒂芬妮对自己照顾孩子方面的心得很自豪，她还经常给孩子的学校送去自己做的饼干，万圣节的道具服等。另一点让她颇为骄傲的是，她没有雇请保姆。然而，她的丈夫似乎没有看到这些劳动的价值所在。她谈到有一次和丈夫吵架时，他暗示她拥有不工作的特权。她则这样描述那些有工作的母亲：

我大概是这么说的："你知道吗，她们很幸运。她们去工作。她们每天需要做的就是去工作。"我觉得我的生活有时候就像逆流而上，我有那么多的事情要做，我也从不抱怨。但我们有三个家，一会儿这里渗水了，一会儿那里需要找电工去维修，所有这些都需要我来处理。我觉得每时每刻我都分身乏术。有三个家，真的压力很大。总会有一些地方出问题，然后一出现问题，就得花钱。我讨厌这种感觉，每次都是我提起哪里又需要花钱这样的坏消息……因为我是管家的那个人，就要承受压力。而我的丈夫却觉得我整天泡在蜜罐里，这种感觉很难受。

斯蒂芬妮的丈夫不尊重她的消费劳动，也不和她分享他们的经济状况。然而，正因为她负责花钱，她每次都必须充当那个"提起坏消息的人"——每当她和丈夫汇报还欠工程队几千美元之类。这就更彰显了她在家里的从属地位，和她对于家庭长远经济规划的疏离。

尤其值得注意的是斯蒂芬妮强调她不是抱怨自己需管理三处房产。由此我们可以看到，她意识到了自己的生活特权，但她的特权需臣服于她和丈夫的矛盾关系；丈夫认为她"整天泡在蜜罐里"，这是人们对于那些无需工作、被惯坏了的家庭主妇最典型的印象。我问她，如果她有更多的钱会拿这些钱来干什么，她提到自己可能会想买一件新的冬大衣。她随后又说："我觉得自己不缺任何东西，我只是希望少从他那里受点气。比如每个月我们家收到账单时他的反应，等等，他的各个方面。"丈夫对她家庭贡献的忽视超过了任何的物质欲望。

夫妻双方由消费劳动所产生的争执有时也包括女方自身明显的心理挣扎，也就是说服自己把有关生活方式的劳动视为正当的工作。比如海伦在辞职前热爱她在银行的工作，但家庭和工作不可调和的矛盾最终迫使她做出了离职的决定。谈到丈夫，她对我说道："如今他是赚钱养家的那个人，而我不算是，我俩之间有了权力不平衡。但我为这个家做了那么多的事，这些不是你可以用金钱来衡量的。"她接着说起了自己："然而，我接受了良好的教育，曾经有一番事业，如今这些都去哪里了呢？我感觉要调整心态不是一件容易的事。我过去就一直很害怕：'天哪，有一天我会停止工作，我会开始为他工作。'在一定层面上，我有时真的会有这种感觉。所以我必须努力去索要我自己的东西。"海伦又说:"我花了很长的时间才想通这一点,坚定认为:'听着,我现在的工作就是管理这个家,所以我应该花钱。'但在相当长的一段时间里,我一直没法解开这个心结。"海伦担心自己成为丈夫的附庸,迷失自我。由于她的劳动无法被量化,因而很难获得价值上的认可,连她都无法轻易说服自己,把家务视为"我的工作"。

和斯蒂芬妮一样,海伦否认她是在为自己花钱(也就是不正当消费)。她强调自己过得很节俭,甚至会放弃那些在别人看来不算什么的小奢侈。海伦说她的丈夫:

> 感觉我好像把所有钱都花掉了,但我自认为比其他女人要节俭得多。我很少做自我保养……我知道很多女人都会去做各种各样的美容,但我不会去修眉毛,也不会做蜂蜡除毛,我这些一概都不弄……当我买东西时,我只会选择打七折的商品。这就是我……可他还是觉得我一直在买这买那。但他呢,他喜欢买绝版书,我们家里有很多这样的书……他觉得自己当家作主没问题,因为他是赚钱的那个人,而我有时会想:"这真不公平。"

因为挣钱,海伦的丈夫给了自己更多的消费自由,同时暗示她的消费都是可有可无的,因为她只花钱,不赚钱。

尽管她俩都没有使用这样的说法,但海伦和斯蒂芬妮实则描述的是她们怎样周旋(mediating)于丈夫和消费市场之间。她们必须说服丈夫,自己的花销是合理的——只是体现了产品和服务该有的价格——没有任何多余的部分。尽管这些丈夫质疑妻子精打细算的能力，但他们并不想亲自过问日常消费。我问海伦她的丈夫是否会仔细查看她的花钱类目，她回答道："不会，他只是说：'我们必须降低信用卡账单上的数字。'我说：'好的，你给我说说看从哪里入手。'他对此从没有给出过答案。"

一些男性想要控制他们妻子如何花时间而不是花钱。比如爱丽丝的丈夫相信她勤俭持家；她说："他了解我的个性，清楚我花钱不会大手大脚……我经常去取款机取钱，每次的数目都不小，对此他从没有过微词。"爱丽丝和她的丈夫消费方式也颇为相似。不过，他责备她做了太多志愿服务工作，在他们第二个家的装修上花了过多的精力。爱丽丝形容自己有强迫症，必须要找到自己心目中最为合适的家具或搭配，或者把任何事情做到完美。而她的丈夫则认为爱丽丝应该请人去过问这些事。"他的想法是：'你就雇人，让他们来做。我不在乎这样会多出四分之一的花销。'"

爱丽丝觉得她的志愿服务和装修工作"完全"等同于一份职业。通过这些项目，她得以"用各种方式发挥自己的聪明才智"。但她的丈夫认为付出这些免费的劳动力并不值当，作为一个全职太太，她的首要工作应该是照看孩子（虽然孩子白天会去学校）。我问她的丈夫为什么对此耿耿于怀，她说："因为我呆在家里是为了陪孩子，而不是坐在电脑前面参加各种会议，处理各种各样的事情。"她回忆丈夫如是对她说道："我希望你享受生活，和孩子在一起，随便做什么——但不是去操心那些事。"

但在我看来，爱丽丝的确很享受她负责的这些项目，然而她的丈夫却对她的职责有不同的理解。

我逐渐意识到，爱丽丝的丈夫希望她把主要精力用于照顾和陪伴他自己以及孩子们。她说："他很忙，所以当他休息时，他希望和家人在一起享受时光。你知道的，做一些他享受的事情。"爱丽丝进一步解释说：

> 他的想法是："我每天早上七点离开家，晚上七点到家，或者六点。你在这期间有十二个小时，你就不能把你需要干的事情在这十二小时里干完吗？吃完晚饭，你还要在那儿看电脑，查邮件，弄到很晚。"就是这些让他不爽，还有如果他看到我周末还去操心别的，他也会很介意。所以我的理解是，他觉得我不懂得放下。但我想说："我们晚上坐在电视机前打发时间，这和我对着自己的电脑又有什么区别呢？

如果说其他一些丈夫认为妻子应该尽量自己完成家务活，因为她们不需要上班挣钱，爱丽丝的丈夫却并不介意为妻子雇用帮手。然而，他认为爱丽丝应该配合他的日程安排，当他有空时，她也得有空。在一定程度上，他是在告诉她该如何操持家务。

讽刺的是，爱丽丝一度谈到她对装修过程锱铢必较的原因可能是她缺乏独立的收入。她说她不是很在乎自己是否挣钱，这一方面是因为她的丈夫不计较她的开销，另一方面，她感到自己在工作多年后已经证明了自己的价值。"我觉得我已经在一定程度上证明了自己——因为我做过那些事情。"[14] 不过，她接着又说："我尽量去省钱的原因之一……或者说我为什么会（在装修上）花那么多精力——你知道的，也许只是下意识地，我感觉自己在花别人的钱。"一定意义上，爱丽丝和她丈夫的想法背道而驰：他希望她多花钱，从而为家庭贡献更多的时间精力；而她选择"花费"时间，而这至少在一定程度上是因为她没有做出金钱上的贡献。

一些丈夫对于妻子怎么花钱和打发时间都有所顾虑。艾丽克西斯告诉我，她和丈夫有着相同的消费首选：他们都愿意花大价钱享受高质量的服务和度假体验等，但他们总体而言算是花钱比较"适中"的。然而，我在前文已经提到他们会为了艾丽克西斯日常的"琐碎"开销而争吵。首先，她说："我没有在那买买买，就真的只是积少成多。尿布、各种日常开销，它们叠加起来就很多。可他对于我所有的开销都做了周密的预算，然后希望我去实现某些既定的省钱目标。"她把她的消费描述为合理的家庭花销，间接地将它们和奢侈的个人消费区分开来（"我没有在那买买买。"）

不过最终，艾丽克西斯和塔莉娅一样，表示丈夫对她消费欲的节制是合情合理的。她说："他是对的，我什么都不需要。我不需要另一件T恤，另一件首饰，另一双鞋……这很难做到，我出去逛街时，会对些东西动心，然后你懂的，我就会想要！不过我已经比以前好了。我在试图做得更好……真的，我一直在试图做得更好。"艾丽克西斯想要变得"更好"——也就是在消费层面变得更受控，而这意味着更"好"的道德品质。

她把这一购物欲和自己曾经的挥霍无度联系在一起，说她曾经从不考虑钱的问题，那时候她还单身，在金融行业上班。如今她处在不同的人生阶段，开始意识到遵从丈夫对她管控的重要性。不过与此同时，她承认自己没有向丈夫坦白所有的消费情况。我问他会注意到吗，她笑说："有一张信用卡的账单他不会看得很仔细，所以我就用那张。我也想到了其他方法，比如'亚马逊网'是个非常模糊的消费字眼。"通过保守这些消费秘密，她避免了和丈夫的争执，同时也可以始终将自己视为一个"好人"。

随着艾丽克西斯逐步深入地描述这些话题，我越发清楚地意识到她的丈夫想要控制她的时间、劳动还有消费。在她的第一个孩子出生后，她决定不再重返工作岗位，因为她不想让别人来照顾她的孩子。但她对于自己不再独立挣钱"心有愧疚"，所以当丈夫向她承认，他也希望艾丽克西斯做全职妈妈的时候，她感到"如释重负"。做出这一决定几年之后，她接受了我的采访。然而，艾丽克西斯找人一起带孩子的做法已经成了这对夫妇产生争执的一条主线。他拿她请保姆的事说笑，说她是不是应该自己来照顾孩子们，而不是交给别人。尽管她一开始说丈夫只是在开"善意"的玩笑，但她最终承认："也许他这样说会让我有些内疚。"

因此，艾丽克西斯有时会向丈夫隐瞒她在请保姆上到底花了多少钱。她吞吞吐吐地说起了她对丈夫撒的谎：

有时候我会隐瞒花了多少——因为他真的不喜欢我花——

他不是一直都清楚我请了多少帮手来料理家务。请人来帮忙让我感觉更好过些，因为我想要把事情完成，我不喜欢我的生活止步不前，你懂吗？如果我有两个孩子，我就必须和他们在一起，碌碌无为。我不想整天在那洗碗，洗衣服，策划孩子的生日派对，在电脑前处理行政事务。我想要动起来，手头同时处理很多事情，并且进展很快。所以找人来帮忙能起到这样的效果，这让我的大脑更快乐。

和其他我在第二章提到的女性一样，艾丽克西斯说自己请人来照看孩子是为了做一些更有意义的工作，这有助于缓解她们内心的不安。然而，她的丈夫却不认可这样的解释，因为他不认为她应该获得别人的"协助"。撒谎使艾丽克西斯得以避免和丈夫产生冲突，正如她把丈夫对她的指手画脚视作是"揶揄"，而不是"羞辱"，由此她可以不用直面他俩在家庭贡献方面所产生的分歧。这也有助于她保留一定的道德感，因为她不用面对丈夫的指控，承认她的消费是不合理消费，如此一来，她不用担心自己被视为一个"自命不凡"（snob）的人。我们在第二章已经看到，许多全职太太都对这个标签避而远之。

全职太太玛丽嫁给了一个总监，她也向我讲述了和她丈夫之间经常因钱而产生的争执。他们争吵的原因一个是钱，还有一个是玛丽无报酬的日常生活应该怎样度过才算正当。她把自己描述为一个"花钱的人"（spender），而她的丈夫"什么都不花"。为了处理这些问题，玛丽和丈夫已经开始接受婚姻家庭咨询。她觉得丈夫在"监视"她的花销，而且想当然地认为她应该随叫随到,因为她不用工作挣钱。对他而言,花在有酬工作上的时间有更多的象征价值(以及经济价值),也更能够提供消费的正当性,而无报酬的劳动并不算是真正的贡献。但与此同时,玛丽觉得丈夫的心态是自我矛盾的,在一定程度上,他很乐意妻子呆在家里。她说:"我觉得他在某种意义上认为,你的妻子不上班是一件好事,因为这意味着你和你的家庭已经有了一定的社会地位。他的朋友中没有一个人的妻子上班,一个都没有。总体而言,我的朋友当中上班的也不多,但有一些。我总感到,这些男人会在那念叨:'可你们在干嘛呢?你们整天都在那做什么呢?'……我觉得他认为我如果愿意,可以整天无所事事,因为我不需要工作。"玛丽的丈夫似乎一方面想获得拥有全职太太的身份象征(这和范伯伦当初的预测很一致),但另一方面又不愿认可妻子在家无偿劳动的价值。

玛丽和海伦一样谈到了她刚开始花丈夫的工资时所经历的内心挣扎。她说:"那不是一种愉快的体验——当我刚刚辞掉工作开始考虑该怎样花钱时,我依然保留着原来的思维方式,也就是我应该自食其力。可突然之间,我成了需要靠别人养我的人。但实际上,在一段婚姻关系当中,那是我们共有的财富,从法律层面上说。你必须要改变原有的思维定式。"她接着又说:"但对于那个工作挣钱的人来说,他很难做到不想去控制些什么,我能看透他的心思。我也记得跟他理论了好多次:'不管你是否愿意,不管你是否对此感到舒服,不管我对此是否感到舒服,如果我们的婚姻有什么不测,那么这里面一半的钱是属于我的。所以,你可以每周工作 100 个小时,但无论你挣了多少,其中一半是我的。你必须接受这一点。'"

尽管玛丽清楚,她在法律层面理应享有丈夫挣来的钱,但她对这一正当性怀有不安,她需要"克服"这些钱并不属于她的"思维定式"。她接着说:"我必须习惯这一点,于是我开始大手大脚地花钱。这样一来,你和丈夫没有形成一个整体,你去消费的目的只是为了证明那部分钱是你的。于是,你好像是在向丈夫示威,过度补偿着你内心的不安感。这就是我的心路历程。"玛丽激进的消费方式实则是在强调她对丈夫财产的使用权和在这段婚姻关系里的权力,而这些都是为了回应她自己以及她丈夫对其缺乏收入的不适。

玛雅采用了不同的方式来应对这种不适感。我们在第三章看到,她丈夫牢牢地控制着她的总体消费。她声称自己不知道丈夫的工资和总资产到底有多少,我也相信她的说法(当然,我并非对所有受访女性都是如此)。她告诉我,她会向丈夫请示某些花销,"然后他会表明态度,说这个是'合理'还是'疯狂'的"。不过,在把某笔钱分配给玛雅后,他会给她一定的自由。我问她是否想念工作和独立挣钱的日子,她说:"不,我不想,因为他不会过问我的事。像我的朋友,她的丈夫会仔细查看每一张信用卡账单。如果他也这么做,那我们会产生很严重的问题。还好他什么都不问,然后日子就这么过下去了。而且现在我也不会乱花钱了,我不再疯狂购物了。如果还像以前那样,那么他会向我抛出很多问题,但我不会了。"玛雅自认为不需拥有独立的收入,因为她可以自由地花费丈夫挣来的钱——同时,她也声称自己的消费欲"不再那么疯狂"了。不过,实现这一平衡的基础是"你不问，我不说"政策，也就是他们不会去讨论她具体是如何花费某一笔钱的。为了避免为钱争吵，玛雅接受了丈夫对自己的限制，而他也接受了她在有限范围里的消费自由权。

伴随这些生命故事的一个潜在问题便是女性对她们丈夫的依赖和婚姻破裂会带来的后果。玛丽确信丈夫瞒着她开设了其他银行账户，她自己也有一个小金库，"里面有大概不到一万美元"，这些钱应该是她以前（从自己的工资里）存下的。她说这笔钱的存在是为了在她和丈夫离婚后可以用来"买牙膏"。玛雅也很担心，因为她对家里的财政状况一无所知，同时她又依赖着丈夫，尽管她对此的表达方式比较模糊。她告诉我："我觉得我应该要了解一下全局，但我没有。"我问她为什么不尝试去了解，她说："我很容易放弃……每次他都会说：'咱就别去担心那个了，我会处理好一切的，等等。'"她支支吾吾地表示为了自己的安全起见，理应去了解"整个蛋糕"的大小。然而，她说她"天真地"选择了信任丈夫，于是法律系统成了她最后的"安全网"。从她先前的工作那里，她大约获得了 100 万美元的积蓄，但她觉得这些钱还不够。和玛丽的情况一样，法律为玛雅搭建出了她的权益框架，但这还不足以让她对自己的处境感到心安。

上述种种矛盾显然影响到了这些女性对自身品格的理解，也就是做一个辛勤的工作者和谨慎的消费者。丈夫拒绝认可妻子的志愿服务和慈善行为也否定了她们想要"回馈"社会的合理性。比如玛丽说："我的丈夫希望我所有的志愿服务都能兑现成工资。"她还说丈夫想要把他们每年的捐款从75万美元削减到50万美元（其家庭总收入超过250万美元）。

更进一步说，这些矛盾给全职太太们带来了危机感，将财富正当性的问题从一对有钱夫妇和普罗大众的对立转移到了两人之间。所有上述受访女性都属于"一心向上"的类型，也就是说她们不会把自己目前的生活处境视为拥有特权。艾丽克西斯和斯蒂芬妮两人都没有做慈善捐赠的习惯，这在我的受访者中屈指可数。艾丽克西斯说："我不觉得我们目前有闲钱可以捐。"斯蒂芬妮说"（反正）我无钱可捐"，不过她说她有时会给一些政治团体做贡献。她们感觉自己无钱可捐的原因也多种多样，但与丈夫间的矛盾以及丈夫的控制可能压抑了她们对自身特权的感知。

如果全职太太拥有属于她们自己的可观资源（比如以前工作积累下的存款和家族财富），那么她们和丈夫之间就不太会产生上述这些矛盾。比如佐伊曾经是企业律师，并且继承了一笔财富。她说她和丈夫不会在消费这个问题上产生冲突："首先，他不是斤斤计较的那种人。第二，我带来的收入也不比他少。"她解释道："他目前是家里唯一挣钱的人，但我有自己的资产。所以，如果我想要买一双鞋，买一个包，或者任何东西，我绝不会感到需要征得他的同意。我可以自己搞定，从不需要告诉他我花了多少钱，他也永远不会知道。我有自己的银行账户，自己的钱。我们也有共同的账户，但他肯定不会逐条查看我的信用卡账单，审问'这是什么？'所有一切和家庭有关的开支，他的态度都是：'你尽管花，需要多少花多少。'"当他的丈夫说

"需要多少花多少"时,他听上去和其他丈夫一样,对于夫妇两人的财产有着最终解释权。不过,她的经济独立意味着他无法控制她的消费(她说应该自掏腰包给自己买东西的说法也呼应了这一点)。

丹妮艾尔在辞职之前是个银行家。和丈夫一样,她有继承财产。我们在之前已经看到,她每月会从这笔财产里支取一点给自己当"工资"。谈起她在家里扮演首要消费者的角色,她说:"我不明白,如果你是家里花钱的那个人,那么你怎能不去了解家里的收入情况。如果真是那样,我会感到很不安……我需要知道现金流,我需要了解资产负债表看上去是怎么回事,这些东西都会在将来影响我们的生活。"和大多数受访的全职太太不同,丹妮艾尔把想要了解家庭财政状况的愿望和她作为首要消费者的事实联系在一起。换句话说,消费,而非工作挣钱,为经济控制权提供了正当性。我相信她之所以能采取这样的立场是因为她为这段婚姻关系带来了自己的资产,这样她就不会觉得她始终是在花"别人"的钱。

继承和财富正当性

如果一个异性恋家庭的主要收入来源是一方所继承的财产,那么它的劳动分工和因只由一方作为经济来源而造成的权力分配机制会显得有所不同。这类家庭的家务操持者依然主要是女性(包括女性作为财产继承人的情况),管理房产、准备食物、为孩子的生活做规划、监督家政工,等等,哪怕她们几乎所有人都做一些有收入的兼职。不过相比高收入男性,这些家庭的丈夫往往在家务的某些方面扮演着更积极的角色(特别是照顾孩子和参与家庭装修项目),其部分原因是他们的工作时间较短,而且有些人拥有更进步的政治立场。由于这些女性几乎都上班挣钱,所以她们对工作者的身份有着强烈的认同感。又因为他们家庭资产的绝大部分并非来自工作收入而是继承财产,后者无法带来如前者一般的财富正当性,这一点我们在第二章已经看到。

鉴于上述这些原因，这类夫妇对于消费和家务是否算得上真正的工作有着较少的分歧。同时，所继承的巨额的财产也使他们无需担忧丢掉工作，他们比单靠工作获得收入的家庭少了些财富焦虑。不过，谁来管钱的问题还是会显现出来，最突出的一点是这是"我们的钱"还是继承者一个人的钱。那些可以将财产视为"我们"共同拥有的夫妻（婚姻法对此的强调不及工作收入）之间的矛盾往往更少。男性和女性继承者都谈到他们试图平衡这些关系。在此，夫妇间和对子女的合法财产转让成了核心问题。

这些夫妻当中管钱的往往是继承财产的那一个，男女都有。比如斯科特管理着他和奥利维亚的账户，并且负责"所有的邮件往来和签字手续"。奥利维亚赞成这样的安排，她的态度是"你的家，你的钱"，尽管她也意识到了这背后的性别传统，并感慨女性通常对钱知之甚少。财产继承人往往在夫妻共同享有的财富之外，还拥有相当可观的资产，有时是因为他们参与了家族财富的管理。

在我看来，由继承人管钱是这类家庭默认的惯例，多数情况下这点毫无争议。同时，我感到财产继承人对其爱人的控制也无法和挣钱丈夫对全职太太的严加看管相提并论。然而，对于消费决定权的争夺依然存在。在一家非营利咨询公司做兼职的格蕾丝就直接阐明了收入来源和消费决定权的关系。她的丈夫不仅继承了财产，还在挣钱，她说他有时"会在我买（有些）东西时给我脸色看。我会想，我什么时候才能有——我无法赚到足够多的钱来影响我们的生活。那么，我又怎能挣到足够的钱来配得上某些东西呢。这让我感到沮丧"。她把"挣钱"和"配得上"购买某些东西明确联系在一起,其背后是支配家庭财富的权力,然而她对家庭的经济贡献微乎其微。她接着说:"我也开不了口,说:'不管你愿不愿意,我都要买下它。'你知道我的意思吗?但他可以,他就有资格说:'我知道你反对,但我还是要买下那辆车。'我没有足够的钱和底气这么说话。"由于她的丈夫是家庭的主要收入来源,他有着定义家庭合理需求的终极权力。

格蕾丝也想念经济成就和贡献带给她的心理提振。她说自己以前有固定工作时"会在涨工资后给自己买一样东西,吃顿大餐,或者做点别的来庆祝。而现在,这些都从我的生命里消失了。想法不一样了,我觉得有些自信似乎消失了,要接受这一点很难"。于是,她将自己目前的工作视为重要的自主性来源。她说有自己的收入十分关键,她也会把这笔工资和家庭资金区分开。她说解释这一做法部分是因为"那些钱都是我的,我可以说那是我的钱"。同时,她说"如果遭遇什么不测,我至少还有渠道获得自己的钱,我不必担心自己身无分文"。她也告诉我,她不会向慈善组织做很多捐赠,一是因为她不觉得她有权处置丈夫的钱,二是她自己的存款不算多,要牢牢把握。和上文全职妈妈的案例一样,这些关于家庭财富控制权的矛盾制造出一种金钱稀缺感,从而影响着她对自身特权的感知。

在凯文和他的丈夫丹之间,关于财富控制的争夺也同样存在,而丹是继承财产的一方。但和格蕾丝相比,凯文想要花钱的频率要低一些。说起他和丹在经济地位上的差距,凯文说:

"我大多数时候不觉得这意味着什么。丹的价值观和我的非常接近，他不在乎自己有钱。我觉得很棒的一点是，他只把钱视作能让他去完成某些事情的途径，有时是帮助他的朋友去完成一些他本人做不到的事。"凯文表示他俩的的劳动分工也比较平均，不过，丹更多时候是定义家庭需求的那个人，他花钱的自由度也更高一些。凯文说，是维持现状还是花钱做出改变，这一矛盾始终贯穿于"我们的生活"。比如，他说丹会坚持："'如果我们买得起并且也想要那样东西，无论那是沙发还是书架，我们都应该花钱买下它。'但我会想我们真的需要那个新沙发吗？是的，我们现在的沙发的确丑得像坨屎，但还能用，我们有一个很丑的沙发又有什么呢？我就时常会想买某样东西是否有必要。"此外，凯文觉得有些事他们应该自己解决，比如照顾孩子，但丹却更愿意花更多的钱请人来做。

最终，丹往往是拿定主意的人。凯文说："我必须承认那些钱不是我的，这意味着我更有可能会妥协，说'好吧，随便。'我更愿意去迁就他的说辞：'嗨，我们买得起，我们应该这样做。'"这一权力失衡带来的问题在他们的装修过程中显现无遗，凯文说这一过程充满了"争吵"和"沮丧"。他不想做太多的改变，但丹坚持如此。"我觉得，"凯文说道，"装修在某种程度上就是一次（有关钱的）角力。曾经，我非常在乎它，我会想：'这个家到底是谁的？是你和你家的吗？我就只是你家里的一个匆匆的过客吗？'"不过现在，他说："我感觉我俩因为金钱观不一致而产生的所有这些矛盾都差不多解决了。"

米兰达向我描述了她和丈夫因雇用别人处理家务而产生的

矛盾。尽管他们都上班挣钱，而且每天的作息都相对自由，但米兰达主要负责孩子的起居、上学和娱乐。她还需要代表丈夫和她自己来监督保姆和清洁工的工作，并和他们保持联系。她的丈夫拒绝聘请一个室内设计师来规划他们的装修工程，因为他希望家里的装修风格反映出他们自己的审美，而不是别人的。这一目标交由米兰达负责完成，但她想要找个帮手来协助她找齐所有家具和装饰。她的丈夫不认同这一想法，但他又不愿自己来做。

受访的异性恋男性财产继承人有时会意识到这些问题，但他们往往表示自己并**没有**控制妻子的意思。加里说："我和她强调过，我不想控制我们花钱的方式，或是对她做出任何批评。"实际上，他希望他的妻子能够对家庭资金管理更感兴趣些，部分原因是他眼瞅着自己的母亲"一辈子都对金融事务一无所知，单纯得像个婴儿"。多诺万则说："我管理所有的经济事务。"而他的妻子负责家庭的日常开销。收到信用卡账单时，他说："我会瞅一眼总的数字，如果总额特别大，我会看看钱都花到哪里去了，但我从来不会发表什么评论。"他表示："我和妻子很少会在经济问题上产生纠纷。我们有一次产生分歧是为了改造卫生间的预算。我不记得具体数字了，但她想要用大理石瓷砖。于是我和她明确说了'不'，因为那太贵了，而且更重要的是，它和我合理花钱的理念背道而驰。"但他坚持说这是他们结婚那么多年，他唯一一次否决妻子的提议。当然，不争的是事实是，和我上文描述的那些男性挣钱者一样，他**有权利**否决一笔花销。

重要的不仅仅是继承人的身份，还有继承人的性别。女性继承者似乎不会试图去直接或间接地控制他们丈夫的花销。相比男性继承者,她们更多会谈及照顾配偶的感受。她们不会去监督丈夫把钱花到了哪里。相反,她们感到自己有必要去补偿丈夫因收入较少而可能受挫的自尊心。我在第二章提到的那个持进步立场的金融咨询师爱伦告诉我:

> 我和好几个女性财产继承人打过交道,女性带来更多收入对异性恋夫妻的婚姻关系而言非常棘手。如果男性继承了财产,然后娶了妻,那么我们的文化对此是不会说三道四的,因为很多人依然觉得男人照顾女人是天经地义的事。哦,所以他的钱是继承来的?谁在乎呢?又或者他的钱是每天上班挣来的,没人在乎这样的区别。但如果是女人有钱,那就是不同寻常的情况了。因为这和我们从出生就接受的观念相左,那就是"男人应该支撑起他的家庭"。

爱伦说在这种情况下,女性财产继承人的丈夫有时觉得"他们必须努力挣钱,使自己的经济贡献和妻子相当,或者他们应该用妻子的钱投资,这样一来,他们获得的额外收入算是自己挣来的"。她接着说:"我经常会看到男人对家庭资产做了糟糕的金融决策,最后面临投资风险或者遭遇失败,因为他太想在家庭资金上留下自己的印迹了。"

萨拉提到了她和丈夫类似的相处模式。她继承了超过1000万美元,而她的丈夫在金融业工作,每年的收入约为25万。他也有一些家族资产,但远不及萨拉继承的这笔巨额财富。他们每月花 6000 美元租了一套公寓居住。我们在第三章看到，他们试图给自己的花销设定一个上限。有了第一个孩子后，他们开始考虑买下一处住所并进行装修。萨拉已经看中了一套房子，但她的丈夫却考虑辞掉他的工作，这意味着他们可能要离开纽约市区生活。她希望将家具升级换代，再买几件艺术品，但如果他们未来的处所悬而未决，这个项目将很难实施。

另外关键的一点是，她的丈夫不愿意花"她的"钱，他俩也始终没有搞清楚谁对花钱有最终决定权。萨拉向我透露："我们已经陷入了一个怪圈。那就是，我想花钱，但他会扭扭捏捏地说：'不，我觉得我们不该买艺术品或者去度假。'我说：'可我们负担得起啊。'他说：'那取决于你怎么定义负担得起。'到最后，他纠结的问题依然是这些钱是我的，这令他处于一个非常尴尬的位置。我们正试图走出这个怪圈，于是我们决定一起对花费做预算，这就算是我俩都同意的可以花掉的钱。"她说她的丈夫本来就对于花钱有种"清教徒式的道德准则"，但同时，"我想他也会想得很多，那就是'我不应该花你的钱'"。她告诉我，自从她和丈夫开始尝试对他们的花销共同做出决定后，她的个人捐赠百分比已经由总收入的 10% 降到了 5%，而这似乎和他们始终无法就怎么花钱达成一致有关。

瑞贝卡觉得她和丈夫最近遭遇的家庭经济危机可能稳固了他们的婚姻。她说丈夫对他们的装修工程一直采取置身事外的态度，因为装修费来自她所继承的财产。她回忆道："他可能觉得我投了很多钱，想用钱来解决问题，而他对此则不管不问。"然而，当他们遇到经济问题时，她说这"反而倒不是一个大麻烦，因为我们又开始相互配合，共同解决问题……我觉得有一点经济上的磕磕绊绊可能对我们的婚姻是个好事"。经济受限给他们的关系带来了更多的平衡感——不那么有钱也许让他们产生了共同拥有这些钱的感觉。

　　为了减轻这种不对等，男性和女性继承人都会采取的一个重要办法便是将资产合法地转移给自己的配偶。比如瑞贝卡提到她做了一些"合法的资产重组"，以确保她的丈夫感觉他们的家也是"他的房子"。萨拉说，虽然对于她的资产，"我还没有完全准备好不把它当作我自己的钱"，但经过好几次沟通，她正准备把一部分资产转移给她的丈夫，然后再看这是否会改善他俩的关系。多诺万则向我透露："我工作能赚很多钱，除了用于支付我们的日常开销，我会把余下的钱——相当多的钱——和我的妻子对半分。剩下的钱一半进入她的账户，一半进入我的账户。所以，她其实有相当可观的积蓄，我也和她反复强调：'这些钱是你的！'"

　　奥利维亚的丈夫也给了她相当多的资产。不过，奥利维亚和其他几个受访者一样，已经签了保护她丈夫大部分家族资产的婚前协议书。婚前协议书当然是**阻止**资产转移的一种方式。一个全职太太告诉我，她上班挣钱的丈夫曾要求她签下婚前协议，但她拒绝了。其他挣钱家庭的受访者都没有向我提及此事，这可能是因为他们不想谈，我也通常不会去细问。不过，财产继承类型的家庭更可能有婚前协议，这也许是因为继承人面对着不同的法律问题，他们在婚前往往就拥有大量的资产，而挣钱型家庭的财富是伴随婚姻的进程而逐渐积累起来的。

代际资产转移是另一个重要问题，特别是关于孩子的财产继承。几个受访者作为继承人的配偶，都感到爱人的家庭对于他们的婚姻和孩子的生活干涉过多。通常情况下，他们不会在乎祖辈为孩子的私校教育提供学费（这是避税的一种常见方式）。但祖辈还会考虑建立信托基金或以其他方式把财富传给孙辈，对此，非财产继承的那一方家长往往没有插手的余地。一个财产继承人的妻子说她为公公婆婆对孩子的宠溺感到沮丧，因为他们任由孩子挥霍无度，贪图享受。她说："我发觉要说服他们我真的是为孩子着想非常困难。每次我提到这个问题，他们的反应都是'听着，不管你愿不愿意，你的孩子都会在蜜罐里泡大。去你的'。"

还有一些家庭的情形为女方是财产继承人，男方则上班挣钱，并且收入颇丰。在这样的情况下，这些女性更愿意强调她们丈夫的收入，由此将其家庭类型归为挣钱型。我们之前已经看到，妮可倾向于认为是她丈夫的收入支撑着她和她家的生计，而她自己继承的财产则被视为尽量不去触碰的备用资金。尽管她的家族目前支付她孩子的学费，但她表示如果需要，这笔钱也可以由她丈夫的收入来承担。妮可告诉我，她对于她和她丈夫每月的具体开销没有准确的概念，但她的丈夫是"绝对"清楚的，因为他是家里管钱的那个人。妮可说她相信丈夫能够保持合理的支出："他很清楚我花的每一分钱，所有东西……我对此绝对没有意见，我压根不在乎……他也从来没有向我抱怨过什么。"

但我随后发现，妮可的丈夫其实一直监视着她的消费。她

第五章　劳动、消费和配偶之间的财富支配 | 237

也感到自己处于弱势的一方，不敢随意花她丈夫挣来的钱。她向我透露最近自己继承了一笔可观的财产："这真是太好了，因为我长久以来都得说：'布莱恩，我的支付账户里需要更多的钱。'现在我不用再这样了，我也不用再和他产生争执，比如为了女儿是否应该去参加一个科技夏令营。过去，我需要向他苦苦哀求：'可是布莱恩，她真的很擅长科学。我知道这很贵，可是你知道的……'我现在可以理直气壮地说：'她会去参加科技营。'"她笑着说："知道吗，我到现在还感到激动，因为我不用——我的意思是，显然我们依然会为一些事情相互交流，但我不用再做那个只是张口要钱的人了。"妮可和乌苏拉类似；后者先是说她的丈夫"很好"，从来不干涉她的消费，但随后又表示她希望能有自己的收入，这样她就不用为买一双新鞋找理由。妮可的回答也是这样模棱两可。她希望表达出她丈夫并没有控制她花钱的意思，但他至少有时会这么做。也许有些讽刺的是，她的确有一些自己的钱，可以用来支付女儿的科技营费用或其他开销。但她不想把这笔钱来用于日常的开销，这使她难以摆脱丈夫的控制和她溢于言表的从属地位。

如果说控制是硬币的一面，那与之相伴的另一面便是贡献。我问妮可，她的丈夫是否对她继承的财产怀有矛盾心理，关于这一点我们可以从上文爱伦和其他人的描述中看到。妮可对这个问题颇为惊讶，说道："我从来没有想过他会介意我继承一笔家族的财产……有一笔备用资金难道不是一件好事吗？我猜他会感到舒心才对。"但她随后回忆起有一段时间，她丈夫的收入突然有所下降，而她作为一名摄影师，会为家里带来一些不太稳定的收入："我说：'这很好，不是吗？我能够给家里带来一些过去没有的额外收入。'你懂的，那段时间我的收入感觉填补了一些亏空。但他说：'你挣来的钱对我们每个月的花销而言简直就是杯水车薪。'我的反应是：'你这话太伤人了。我又没说我能够负担所有的开销，我只是说，我能带来额外收入不是什么坏事。我的意思是，这4000美元聊胜于无，你就给我一个小小的肯定呗。'显然，我为自己能贴补一点家用感到自豪，因为这份职业多数时候是亏钱，而不是挣钱。但他没有给我这小小的肯定。"在我看来，妮可的丈夫对于家庭贡献的理解似乎是个零和游戏——也就是说，如果要他承认妻子的经济贡献，似乎就会损害他的自尊心和自我认可——这也许解释了为什么妮可的继承所得只被当作"备用金"。

尽管财产继承家庭在财富控制权的问题上和只有一方挣钱的配偶有相似之处，但前者处理该问题似乎更开诚布公一些，也没有人提到私藏小金库或隐瞒花销的情况。虽然研究样本较小，但相比男性财产继承人，女性似乎更注意照顾丈夫的不适感，鉴于他们的自尊心可能因不是家里的首要收入来源而受挫。

不过，并非所有配偶都谈到了这些问题。艾莲娜说"我什么都没做"就得到了她继承的钱。"我觉得这给了我对待财富正确的态度，那就是，这钱不是我的。它流过我，流向我的孩子，流向我给予的对象。我只是经济中的一环，我雇人，我买东西。我感觉自己像根导线管，感觉钱不属于我。所以，把钱分享给我的女友，当然没问题。为什么这些钱更像是我的而不是她的呢？这本来就是随机的。"艾莲娜关于"流动"的理念明确否定了所有权和对财富的贪恋。

凯特告诉我，她不觉得自己在经济上"依赖"于娜丁，这首先是因为她曾工作挣钱多年，如果需要，她随时可以重启自己的职业。她也深感娜丁没有试图去支配财富，她说："我不觉得她把钱看作是自己的，从没有过。"她也提到了"流动"的概念："就好像钱流过了我们，但不真正属于我们。娜丁在这方面做得很棒，她从没有让我觉得是她为我们的生活带来的财富，于是有资格在某些问题上发号施令。"和大多数继承财产的配偶不同，她们共同享有财产。

这些女同家庭因为财产支配问题而产生矛盾的情况似乎非常少见，这可以从两方面来理解。一是同性结婚直到不久前都还需要一对配偶经历复杂（且昂贵）的法律程序，解决包括与婚姻有关的纳税和继承问题，还有其他许多方面的问题。因此，同性恋配偶已经在婚前明确讨论了这些。二是同性关系中的财产分配问题不涉及异性恋婚姻关系中的男权问题。凯特反思道："我不得不说，如果娜丁是男的，我的感受会有所不同，我知道我会这样。如果我嫁给一个男人，然后完全靠他的钱过活，我会疯掉。"但凯文和丹的案例也反映出同性关系不一定完全免于财产支配问题的困扰。

时间凌驾于金钱之上：双职工家庭

和大多数全职太太以及男性财产继承者的妻子不同，如果夫妻双方都有收入来源，那么女方往往可以和男方在财富支配权上分庭抗礼，甚至占据主导地位。薇拉不仅继承了财产，而且有相当可观的工资，尽管这笔收入只是她丈夫的四分之一（他们的家庭年收入在 200 万美元左右，比多数我采访到的双收入家庭要富有）。她这样描述她的丈夫："几乎从我们开始交往的第一天起，他就从来没有查看我们共有账户的念头，他不清楚我们到底有多少资产。我支付我们家大大小小的账单，我管理着我们所有的账户。"

这一类家庭包含了我的研究样本中收入最低的那些配偶，因此我们可能猜想他们会在钱的问题上产生更多的矛盾。但实际情况却并非如此，尤其是性别化的财富分配在这类家庭中极为罕见。例如，玛格丽特是一个非营利组织的筹款人，她丈夫在娱乐界工作。她的收入只占他们家庭年收入（勉强超过25万美元）的很小部分，但她是管账的那一个，包括限定她丈夫午餐的花费。

这些夫妻主要的矛盾来源不是钱，而是家务分工。如果说只有单一收入来源（都是男性）的家庭默认由女性操持家务，那么与之不同的是双职工家庭会因由谁来做这些事产生争执。和财产继承家庭类似，这一类型家庭的男性似乎会花更多时间陪伴孩子，并承担起和照顾孩子有关的责任。不过，他们对其他方面的贡献较少。比如基思和凯伦两人都同意，基思是"一个很投入的爸爸"。基思说："如果我因为工作不能陪伴孩子，这会让我感到痛苦。"然而，他说他和妻子"雇了一个清洁阿姨，而不是一个家庭咨询师"。这句话显然暗示他们因打扫房子的问题曾产生相当严重的矛盾；和许多人一样，他们最终选择花钱雇用另外一个女性来解决这个问题。[15]

几乎在所有案例中，女性都担负了更多的家务，这一趋势跨越所有阶级。[16]在这一点上，这些女性和我在上文描述的其他家庭类型类似，但不同的是她们还需要全职工作。[17]比如玛格丽特需要负责整个家庭的情感劳动。她说她的丈夫长年出差在外，这"又将我推向了那个性别角色，那就是照顾孩子，规划他们的行程等，而我丈夫甚至连他们的作业是什么都不清楚。所以我绝对扮演着传统的性别角色，照顾家庭，照顾孩子，我还要上班，等等"。

房产经理人莫妮卡和他创业的丈夫两人都要全职上班，但她的描述体现出她承担着更多的家务责任，尽管她试图将丈夫的一些行为解读为家务贡献。她有时会请人在孩子放学后帮着照看一下他们，但她把家务劳动描述为自己一个人的职责，并说道："请人来照看孩子的时候，我会去买东西和做饭。"我问她丈夫的家务贡献，她说："实际上他做了不少事，我不应该抱怨。他洗衣服，也会去买菜，如果我给他列出要买的东西。我的意思是，他不会主动想我们缺什么，但他会按你的意思去办。他的上班时间比较灵活，所以会去公交站接我们的儿子，送他去踢球，把他接回家。他在郊区上班，而我在市中心，所以他接孩子很方便，也能在这方面帮很大的忙。"尽管她说"我不应该抱怨"，但她并没有向我抱怨她的丈夫，所以她似乎是在和自己脑海里的另一半对话。不过，也许她虽然对丈夫有些微词，但和上文提到的全职太太一样，她给予了丈夫很多肯定，哪怕他完成的任务水平相当基本。

甚至在妻子挣得要比丈夫多得多的情况下，前者依然承担着更多的家务责任。[18]丽莎贡献了她家60万美元年收入的三分之二，我问她比丈夫挣钱多是不是一个问题。她说："我觉得是的，尽管他不会承认，我也相信他不会明说。"她接着说："但以前，这个问题会以间接的方式显现，也许因为我的工作显得更重要，可是的确如此啊！"她笑称如果没有她的收入，他们不可能过着现在这样的生活。"所以，要做到家务分工的平等是不可能的。如果孩子病了，而我得开会，那么谁必须留在家里呢？我肯定不会留在家里。所以问题就在这种情况下显露出来。为了支持我的事业，我需要付出很多代价来换得自由，这真是不可思议。"最终，他们雇用了一个保姆，丽莎说："必须如此。"

尽管孩子白天上学,但他们的保姆全天在岗。"因为,"丽莎说,"我没有精力去纠结家务事,所以必须有人随时准备去处理。"但即便是这样的家务分工方式,依然反映出照顾孩子和料理家务是丽莎的分内事。

米丽安的情况尤其令人感到惊讶。她在银行业工作,年工资多达 120 万美元,是她丈夫的十倍。不过,她说她丈夫的事业才"是家里的重中之重"。这意味着如果有紧急情况发生——比如保姆请病假,那么留在家里陪孩子或处理其他紧急情况的依然是米丽安。她一开始对此的解释是她的工作更稳定,而且她更擅长处理混乱的局面;她也感觉丈夫对于他事业的投入度比她要高。她随后又说:"我感到这样的安排也包含性别的因素,都说女人是家里的 CEO,而男人只负责在外工作。即使是遇到思想最进步的男人,最终也会变成这样。就我个人经验而言,我没遇到过能很好分担家务的夫妻。"

和玛格丽特的说法类似,米丽安也表示"对大多数夫妻而言,女性往往承担着所有的情感责任"。她谈到丈夫不会去想着孩子的考试、申请,也不会去过问孩子的兴趣课、保险,家庭成员的人寿保险等。她说:"他不管这些,不过,他做饭比我多。他还洗衣服,打扫房间,这些事他会做……但我的家庭责任要重得多。"米丽安一开始给我的感觉是,她试图为丈夫较少参与家庭事务进行辩护,因为她提到了他工作的不稳定性,并声称绝大多数夫妻都没法做到公平地分担家务。但随着对话的深入,她逐渐表达出自己的疲惫和愤怒,因为她承担着大多数家庭责任(她称之为"事无巨细"),而她的丈夫没有意识到她做出的巨大牺牲,这让他们时常陷入口角。比如,他会抱怨他的工作"常常被放在次要位置",或者断然否决米丽安花了好几个小时制定出来的装修方案。而米丽安则感觉根本没有属于个人的时间。

虽然米丽安是家里的首要收入来源,但她似乎没有像高收入男性对待他们的太太那样,试图去控制她丈夫的消费。恰恰相反,她尽力去承认他的贡献。[19]比如,他丈夫把他自己的收入和米丽安的收入都拿来进行了投资。她对此表示:"他感觉这是一种做贡献的途径,也就是让我的钱变成更多的钱。那其实不是——我也不觉得那笔钱是我的,我把它看作我俩共有的钱。他能让我们的财富增长,这是他体现自我价值的一种方式。"她丈夫的这一做法恰恰符合前文爱伦的描述——男性想要进行高风险的理财,以此在家庭财富上"留下自己的印迹"。

和一些高收入丈夫不同,米丽安也尝试去维护她丈夫的经济独立感。她如此解释为何他们没有把所有的钱都存入共同账户里:"他需要有一笔自己的备用金,这样他就不至于陷入问我要钱的境地。"当他们的装修工程遭遇暂时的现金流问题时,他不愿意动用"他的"备用金,哪怕米丽安解释说等她拿到年终奖就把这笔钱还给他。她丈夫似乎和上文提到的全职太太以及低收入女性一样,需要有一笔自己的积蓄来获得安全感,而米丽安也愿意满足这一需求,并维护她丈夫经济独立的"家庭迷思"(family myth)。[20]

性别、阶级和贡献

正如维维安娜·泽利泽所写:"在组织他们的经济活动时,家庭成员其实是在协商他们在彼此关系中的重要性。"[21] 当他们和配偶为消费和劳动分工进行协商时,我的受访者们也同时在为他们对家庭生活的贡献进行估值。诚然,这样的协商跨越了所有阶级。过往的研究已经表明,所有经济阶层的配偶都需要经历金钱、权力、有酬和无酬劳动等问题的考验。本研究则发现,一个家庭成员的收入和其性别,对于家庭权力和劳动关系来说都相当重要。比如,即便女性是一个家庭的主要收入来源,她依然要比丈夫承担更多的家务职责;同时,这类女性不会获得更多的财富支配权,或者在其他方面有更多的决定权。[22] 女性作为家庭主要收入来源的情况和大多数人对于性别身份的常识相悖,而这种常识也往往受到制度的认可。[23] 这一点适用于我所有的受访者。我对双职工家庭的研究也得出了和现有文献一致的结论,那就是无酬的家务劳动会成为夫妻双方争执的一个焦点。

然而,我的受访者所谈到的冲突也包含许多这一阶级特有的面向。其中之一就是这类家庭优渥的生活条件。许多全职妈妈所做的是生活方式的劳动,而不是(或者也包括)更加基本的再生产劳动,如打扫、育儿、做饭等,因为她们有不少人都雇用了家政工来完成这些家务。我们在第二章已经看到,"生活方式的劳动"不易被视作家庭贡献,因为它主要涉及的是消费,而女性的消费天性往往被夸大,特别是富太太的刻板印象。一些挣钱养家的丈夫——也许是我样本中的大多数人——承认他们太太的消费劳动是对家庭生活的贡献。但另一部分受访者似乎把这一劳动视为对其辛苦所得的肆意挥霍。而且,一些受过高等教育的全职太太对她们自身的贡献也持含糊态度。她们不确定自己是否有权去花费不是自己挣得的钱,哪怕就法理而言,她们有权这样做。

第二,金融业及其他相关行业的补偿机制也会对这些单收入家庭的权力关系产生影响。这些领域极高的收入意味着一个挣钱者——几乎总是男性——可以为家庭带来足够的收入,以至于妻子"没有理由"再去工作。而这些职业对工作时长的要求又进一步促使女性选择辞职在家,或者只花很少的时间工作,因为她们的丈夫往往要加班加点,或者要经常出差。高收入也往往意味着高风险,始终相伴的不安全感使得丈夫对未来时常感到焦虑,于是更倾向于节制妻子的花销。

第三,婚姻关系中的权力问题大多数情况下都和谁是挣钱者相关。这一章也展示了,财产继承家庭内部有着类似的性别化的财富掌控机制。财产继承者,不论其性别,都控制着他们的财产,但女性继承人往往更注意他们丈夫的自尊心问题,因为社会大环境依然期待男人为家庭带来主要的收入。这类家庭往往通过将部分资产合法转移给非继承人的方式来平衡夫妻关系。[24]

第四,一个家庭成员是否有资格享有其家庭资产,及其贡献能否得到承认,其实和一个更深层的问题相关,那就是阶级的财产占有。琼·阿科尔在 1988 年写道:"20 世纪美国人强调爱情是婚姻的基础,这掩盖了关键的一点,那便是婚姻构成了社会分配系统的不可或缺的一部分。"阿科尔指出,婚姻看似只涉及两个人的情感关系,但它实际上是一种经济关系;这一经济关系在很多方面制约着资源的分配,特别是财富如何从一个挣钱的男人流向一个不挣钱的女人。由于在一段婚姻关系里,钱往往以"私人问题"的面目出现,所以"关于一个社会应该如何分配财富的问题就被遮蔽并转化成了个体间的矛盾冲突"。[25]

阿科尔主要指向的是性别化的资源分配,而不是更大范围的阶级分配。但她的论点为理解我所研究的这些家庭提供了一个新的角度。一段亲密关系中的双方会为财富支配问题消耗大量的精力和时间,从而影响到他们对自身社会特权的觉察。如果妻子整天都在为获得丈夫的肯定和拥有更平等的两性关系而苦苦挣扎,那么她不太可能会意识到自己相较于社会上的其他人所拥有的特权。这类家庭内部的斗争也会带来一种物质稀缺感——当你的消费和享受财富的资格受到质疑时,你很难意识到自己是富有的。正如我在本章开头提到的,当我站在斯蒂芬妮和艾丽克西斯的角度思考她们的生活困境时，我甚至一度忘记了她们已经拥有的阶级特权。

最后，关于消费的冲突也是关于劳动和性别权力的冲突，而这些都和价值问题挂钩——人和物品的价值。这些富有的纽约人试图通过配偶来巩固他们作为辛勤付出者和合理消费者的自我认识。全职太太对享有其家庭财富有着尤为明显的心理障碍，这不仅是因为她们没有独立收入，还因为她们的阶级位置——她们家务劳动的主要构成部分是消费，而非打扫、做饭、育儿等传统意义上的母职工作。如果丈夫承认她们的贡献和合理消费，那么她们就更容易心安理得地去动用家庭财富。但如果她们没有得到丈夫的肯定，那么矛盾就会接踵而至。类似的情况也出现在其他类型的家庭当中。不过，如果夫妻双方都挣钱，那么他们就更能借此展现自己的良好品格。

总的来说，鉴于男性更多从事有酬工作，并且工资更高，而女性更有可能去做价值不受社会认可的家务劳动，所以不管是哪种类型的夫妻，女方都难以获得家庭财富的主要支配权，由此心安理得地进行消费。第六章将探讨家庭领域的另一个关于心安理得的话题：教育子女。

第六章

关于特权的家庭教育

节制欲望、接触社会,防止儿女"恃财傲物"

露西的丈夫是一家环球企业的总裁,他们家拥有数千万美元的财产。我和她访谈的地点是她家宽敞的开放式厨房,与客厅及起居室相连,而他们的公寓由三套小公寓打通、合并而成。我们谈话的头一小时里,她的三个孩子就在我们身边玩耍,直到她的保姆腾出手来和他们做伴。她才两岁大的小儿子时不时摇摇晃晃地走到露西的大腿旁,想要蹭些零食或是求抱抱。而我们的话题也时常涉及这几个孩子,特别是当露西向我吐露自己对将他们抚养长大的种种担忧:"我不希望他们以后觉得自己理应拥有这些财富。你知道的,每个人都会问自己是不是配得上那么优越的生活,我至今依然如此。我希望能给他们创造一些饥饿感和奋斗的动力……如果你早早地就拥有了一切,不需要去争取什么,那么你也不会感激这种生活。"她说孩子所在的私校有种"真的很困扰我"的"奢侈度"。她考虑过把他们转到公立学校去念书,她也后悔为这些孩子建立了一笔信托金。她解释道:"我觉得信托金不会给他们带来任何好处,只会让他们将来玩火自焚。"令她稍感放心的是,这笔信托金只会在孩子足够成熟后才会生效,所以他们必须在继承这笔财产前先学会挣钱。

实际上,遇见受访者的孩子在我的调研过程中并不常发生。我往往只会注意到他们留下的蛛丝马迹,比如贴在冰箱上的涂鸦或者角落里的玩具。不过,许多家长都和露西一样,对孩子将来出落成怎样的人感到担忧。他们谈得最多的一点也和露西一样,那就是担心孩子会觉得自己"理应"拥有特权。我往往不需要做任何提示,他们就自然而然地提起了这个话题。总体而言,这种"理所应得感"指的是相信(或者在行为上表现出)自己仅凭出身就应该获得某些好处。[1] 他们的担忧隐含着一系列层面的内容。他们担心孩子没有上进心和职业精神,总是希望别人为他们完成一切;担心他们有很强的占有欲、贪图物质享受;担心他们意识不到自己相较别人所拥有的特权;担心他们不懂得尊重别人。而这些父母希望他们的孩子长大能成为"好人":努力工作,审慎消费,尊重别人,意识得到自己的特权,并且懂得回馈社会。尽管这些希冀同样适用于其他社会阶层的父母,但我们将在这一章看到,富有的家长特别在意如何让孩子做好准备,去占有他们的社会地位。

为了培养这些品格,他们主要采取两种策略:节制和接触(constraint and exposure)。首先,他们谈到了限制孩子的行为,控制后者对于物质、体验和劳动力的消费。这些家长希望通过节制消费，使孩子能对财富有总体上的感恩之心。而要求孩子多参与劳动能让他们懂得自力更生的重要性，形成良好的工作素养。第二，这些家长也试图让孩子去以具体或者抽象的方式，接触到社会的贫富差距，由此帮助他们意识到自己优越的处境，并且对于普罗大众"寻常"的生活能有一定的了解。这些教育理念有一定的实用目的——富有的家长相信扎实的工作态度以及善与社会不同群体打交道的本领可以确保孩子在当今充满风险的世界拥有立足之地。[2] 但他们在乎孩子的道德品质不仅仅是为了孩子；孩子良好的家教也反映出家长的道德品格。[3] 正如艾莲娜所说："如果我教育出来的孩子有着良好的素质，那便是对我道德品质的另一重肯定。"

然而，施加限制与养育子女的另一常见想法存在张力：那就是给予孩子更多。先前的研究预测，精英家长希望让孩子获得各种各样的经历和机会，给予他们无微不至的关心，并鼓励他们去发展任何兴趣和技能。[4] 所以，对孩子的成长加以限制的家教策略也会让这些家长感到为难，因为他们不想限制孩子的"无穷潜力"。此外，我们在前文已经看到，有钱家长自己也把握不好多少才算够的问题——对他们和对孩子都是。给"平常"生活下一个明确的定义并找到合适的参照物也不是一件容易的事。他们希望孩子过得"平常"，也就是和其他家境不那么富裕的孩子过相似的生活；但他们同时也希望孩子意识到自己过得其实不平常，从而意识到自身的特权。

我最终得出这样的结论，这些精英家长不希望让孩子产生自己理应占有财富的想法，但这更多是行为和情感层面上的，而非物质层面。换言之，只要孩子在行为上不显得骄奢淫逸，或者在情感上懂得感恩，那么他们就有资格占有丰富的物质资源。这样说来，他们的特权其实毫发无损。说到底，富人家长并不想剥夺孩子任何的生活特权，而是试图教会他们怎样合适地占据其特权地位。前者将一种身份认同潜移默化地灌输给了后者，或者按布迪厄的话说，前者将一种关于合理享有特权的惯习（habitus）教予了后者。这一合理享有特权的自我面临着我们在之前章节已经看到的内部张力：那就是它一方面通过平等对待每一个人来消除阶级差异，另一方面又因为对自身特权的感知强调着这一差距。

规训自我：行为和消费

家长对孩子加以管教的一个核心命题是如何同别人相处。他们想教导孩子多考虑别人的感受，而且慷慨待人。[5]保罗告诉我："对我们（他和他妻子）而言，非常非常非常重要的一点是我们的孩子们起码懂得尊重他人。待人友善，这是放在第一位的。"娜丁说："我不希望我的孩子颐指气使，在任何方面被惯坏。我会对他们相对严厉——我的意思是，我会向他们明确表达这样的意思：'你们必须给我成为好人，你们要给我学会说请和谢谢，你们要待人友好。另外，你们要为自己负责，做出正确的人生选择。'"萨拉说她"有意让孩子明确理解回馈社会是一项义务"。

尽管这些家长往往强调的是诸如说"请"和"谢谢"这些行为层面的规矩，但他们将这些行为上升到秉性的高度，也就是要让孩子在潜移默化中习得对他人的尊重，以及对自我特权的感知。伊莲娜对这一秉性的描述言简意赅。她对我说她不希望自己的孩子成为"恃财傲物"的人,我问她这具体是什么意思。她说道:"就是觉得自己理所应当拥有特权,觉得你理应过这样优越的生活,而不是因为运气等因素。"她笑着说:"我非常在意的一点是有些人在各方面都自感优越。他们觉得可以对他人为所欲为,缺乏尊重,也不仅仅是尊重,而是对别人缺乏足够的同理心,不懂得己所不欲勿施于人的道理。"

谈起对孩子的希冀,莫妮卡说的不是孩子的职业发展或是其他成就,而是一些行为和慷慨的秉性。她说:"我希望他们在做决定时能想到别人,即使是现在,当他们和朋友相处时也应该这样,特别要注意自己说话的语气。你做的事情不一定都是对的,你要对自己的言行有觉察,而且要学会感恩别人,等等。"她接着又补充道:"你不能只为自己而活,你要懂得给予。但你给予他人的不应该仅仅是物质,而更应该是情感,更多的还应该是你自己。"

而塑造孩子秉性的一个非常重要的方面当然是他们的消费欲。[6]海伦说:"我和丈夫都很担心我们的孩子会觉得,你可以从网上下单购买任何东西,然后那些东西就到达了你的手里。你知道的,可能对孩子而言,钱就像是从树上长出来的果实那样自然和轻易。"乌苏拉说:"你有时会听到一些孩子声称他们从来没有坐过商业飞机,或者从来没有坐过经济舱。我觉得这很疯狂……我们(她和丈夫)都深知财富来之不易,而且可能会在将来的某一天消失。所以我们不该那么攀比成风,因为你——这是没有止境的。但那些心智还不成熟的纨绔子弟很喜欢这样。"

几乎我所有的受访者都描述了他们怎样节制孩子的消费，以此防止孩子对财富产生理所应当感。[7]比如奥利维亚说她不希望自己的孩子成为"信托塔法里门徒"（trustafarians）。[8]我问她为什么，她说："我的意思是，这样他们就不会过得为所欲为。"查兹说："纽约这样的地方充满了各种奢侈和诱惑。因此，你需要做到的是不让孩子感觉自己时时刻刻都可以得到自己想要的东西。要确保他们懂得生活当然需要乐子，但你得自己去挣得，没有什么东西是白白给你的。"一些家长会给年长的孩子生活补助，由此帮助他们学会节制。艾莲娜不仅给孩子生活补助，还要求他们"花一些，存一些，捐掉一些"。

我们可以预料，这些家长也会通过物质奖赏来规范孩子的行为。佐伊说她对孩子的物质生活有着严格的限制："我不会无缘无故地给他们买礼物，一定会等到他们的生日再买。甚至是一个冰激凌，她（佐伊的女儿）也得自己挣。昨天我们答应今天会给她买个冷饮吃，但她今天表现糟糕。于是我说：'不好意思，冰激凌是给表现好的女孩准备的。你今天没有做到，明天再看吧。'"佐伊的这段话体现出消费不仅取决于日常行为规范，也和生日"奖励"相关。

和露西一样，许多家长担心他们的孩子将来不愿意努力工作。斯科特说："有一件事我想得很多，也一直和朋友说起，那就是怎样给你的孩子注入工作的热情？那种每个月看到工资单时体会到的满足：'耶，我又拿到了一个月的工资。'这种发自内心的情感。我不知道我的孩子会以怎样的方式获得这种满足感，当我一想到他们可能一辈子都体会不到，我就会感觉很可怕。"

这些对于消费、互相尊重和工作态度的关注会集中体现在一个问题上，那就是孩子有多少权利去享用别人的劳动。奥利维亚以下这段话同时涉及了礼貌和劳动："我觉得礼貌是相当重要的，还有你会不会表现出颐指气使的样子。比如，你不该吃完饭拍拍屁股就离开桌子。最糟糕的是你还说：'南希（她家的保姆）会来收拾的。'不不不，我希望我的孩子能自己收拾好桌子，不用让南希来做。"丹妮艾尔则说她两个孩子"享受着不可思议的优越条件，所以我必须时不时挫挫他们的锐气。每次我看到任何情况，都会呵斥他们一番"。我问："每次你看到什么情况？你会怎么说呢？"她笑着答道："比如他们说：'给我——'我就会立刻制止：'你给我打住，你自己有腿，去拿那样东西也不会折断腿。你自己去收拾，你自己去拿你要的东西。'"

对于自力更生和工作态度的强调也意味着要求孩子以做家务的形式参与劳动。露西问我有没有读过《纽约客》最近一篇关于秘鲁亚马逊雨林里一个 6 岁孩子的文章，那个孩子不仅收拾屋子，还打鱼和做饭。[9]她说："那篇文章改变了我的人生，我不是在跟你开玩笑。我看完的第一反应是：'我 6 岁的娃什么都不会做。'所以第二天我对孩子说：'听着，从今天起你们自己洗衣服。洗衣液在这里，自己琢磨琢磨吧。'"她笑着继续说道："他现在会洗衣服了，他洗自己的衣服。"露西和丈夫建立了一套积分制度，鼓励儿子"在他感觉自己需要进步的方面"多做努力（比如在学校里表现得更积极）。收获一定的积分后，他就能兑换自己喜欢的活动，比如上艺术班——在他更小时，这些活动都是"免费"的。[10]

弗朗西斯成长在一个中上层阶级家庭，她上的是私校，随后进入了常春藤大学，但她现在的家庭条件可以说是远超过去（她对我说："我们当初算是小康家庭，但和我现在的家庭相比，简直是小巫见大巫。"）。她效仿自己父亲的做法，用生活补贴的方式来强化她对孩子的行为要求。她说：

> 是的，我的孩子绝对有生活补贴，和他们做家务的表现挂钩。我在这一奖罚制度中成长，也非常看重它的作用。这事操作起来让我感到头疼，但每当他们不好好做家务，我都会扣除一些他们的零用钱。所有事都有价值：如果你忘记关灯，如果你没有铺床，如果你没有把衣服扔进脏衣篓，这些疏忽都意味着罚款。如果你不收拾桌子，如果你运动完回家不把你的装备收好，那对不起，你还是要受罚……每次我和朋友说起这些，他们都会觉得我疯了，竟愿意花那么多时间来做这件事。但我就是这样长大的，我希望它将来也会为我的孩子带来好处，他们会感激——他们会为将来做好某些准备（笑），我不知道。

和露西的积分制度类似，弗朗西斯使用的奖罚制度也有助于防止她的孩子受到过分的宠爱。这套制度对她的成长有帮助，她希望其也能为自己的孩子带来好处，不过她说不清会从哪些方面帮到他们。

这个案例表明，那些过去不那么富有的家长会将他们的童年经验运用到如今的育儿法中。如果他们曾经历物质上的某些限制,那么他们也会向孩子象征性地施加这些限制。米丽安坚持让她的两个女儿共用一间房,她明确表示这和她自己的成长环境有关,而且她对于自己如今如此优越的生活心怀不安,她也希望女儿们形成"正常的价值观":

> 我就想要她们共享一个房间。我是这样长大的,而且我的内心感受有些怪怪的——我的出身不算富有,我也没有赚什么大钱,但我现在却很有钱。这种感觉很奇怪。我会想,在富有的环境里长大对我的女儿们意味着什么呢?她们会形成怎样的价值观?为了给她们灌输正常的价值观,我该怎样做?于是,我决定让她们共用一个房间。我想这样的话,她们会明白自己不是独自存在于这个世界,她们不能为所欲为。也许她们想要一间独立的房间,因为"她们的朋友都是这样"。但对不起,在这个家里你就得学会分享。

米丽安还批评那些声称自己"不得不"给每个孩子一间房的家长,因为他们觉得如果不分房,孩子会整天争吵。"我想说,你什么都不用做。我长大的过程别无选择,我们争吵,但学会了共享一个房间。"

和米丽安一样,其他受访者把他们自己和那些看似溺爱孩子的家长做了明确的区分。薇拉说她知道在过去,有不少孩子在一套公寓供保姆起居的房间里长大(这种设计在战前建造的纽约市房屋中很常见)。然而现在,她说:"很多人不会再让孩子呆在那样的房间里了,因为它太小,又紧挨着厨房,不符合

'公子'、'公主'的身份。"佐伊则对那些"每天三顿饭想着法子取悦孩子"的母亲不屑一顾。她说与此相反，她有时会让女儿饿着肚子上床睡觉，"如果她挑食不吃我做的晚饭……这样的情况发生了不少次，我不会有丝毫的心软"。

但与此同时，正如我们在第三章看到的，家长也会将某些孩子的需求视为特别合理的需要。因此，虽然他们总体上试图对孩子的生活有所约束，但有时又把握不好具体怎样的约束才适当，特别是当他们添加的限制与孩子的快乐、舒适、归属感和全面发展产生冲突时。比如奥利维亚提到她拒绝了孩子要买苹果手机的请求："在为孩子的消费做决定时，我感觉最大的挑战之一就是说出：'听着，不行。我们买得起，但不会帮你买。这是因为……'"

弗朗西斯说她断然否决了处在青春期的女儿要买一件400美元的滑雪衫的想法，因为这实在有些离谱。不过，她同时又担心这样的约束可能影响她女儿的社交生活。她如是向我谈起女儿对名牌的痴迷：

她目前绝对进入了这样一个阶段，觉得如果一双靴子不是UGG的，那么它就根本不配称为靴子（笑）。如果那不是亨特牌，就不是真正的雨靴。这种想法让我相当头疼，因为我的父母从来没有给我买品牌的习惯，我对名牌也没有什么情结。但她同时又是个好姑娘，待人友好，学习努力，所以我有时会让步。因为给她买双亨特鞋远比你和她苦口婆心地这样解释要容易："你会是你们学校唯一一穿大商场买来的套鞋的女孩，知道为什么吗？因为你妈就是这样过来的。"我很清楚，给她买各种名牌是在害她。但这又是一个你想要有所抉择的斗争……在她五年级左右时，我曾短暂地尝试过给她买非名牌的东西。当时她的朋友不多，而且满脸长痘，于是我说："好吧，你可以穿UGG的靴子，但你得清楚，那是你的生日礼物！"

弗朗西斯试图给她女儿施加一些她自己童年时曾经历的生活紧迫感，同时，她又不想让女儿在其社交圈里显得格格不入。[11] 于是，她选择让步，给女儿买了名牌靴子，但希望女儿能够体会它作为生日礼物的特殊性。她不希望女儿把这样的消费视为稀松平常的事。值得注意的是，她同时也把女儿描述为"一个好姑娘，待人友善，学习努力"。因为她女儿在行为上并没有显得恃宠而骄，那么她在物质上值得拥有昂贵的靴子。

这段对话让我想起了自己青少年时期对怎样"正确"穿衣的焦虑；同时，也是为了显示我的同理心，我接着弗朗西斯的话，表示自己能够理解她女儿的看法。我俩后来发现彼此年纪相仿，于是花了不少时间回忆我们青少年时期（80年代）的当红品牌，和不穿这些牌子会有怎样的遭遇。几天之后，我们又通了电话，因为我想追加几个问题。在我没有做任何提示的情况下，弗朗西斯主动提起了我们访谈当天的这段交流，说它"在我的脑海里反复出现了好多次"。她向我坦言，鉴于一个"受过良好教育、认真工作的人"（也就是我）对她女儿的想法表达了同情，她对于自己给女儿买名牌产品而不是大商场的便宜货感觉好了不少。我不曾料想我的观点会给弗朗西斯带来如此大的影响。她的这番话表明，她是真的担心自己养育女儿的方式有欠妥当，因此寻求着来自某一特定主体的肯定和安慰。由于我青春期时的处境和她女儿截然相反——我的父母时常拒绝我的消费请求，弗朗西斯本可以把我解读为一个明证，表明如果她希望女儿将来成为"受过良好教育、认真工作的人"，那么她现在应该断然拒绝女儿的诸多名牌消费。事实上，她自己都声称如果父母当初对她的消费欲少几分纵容，那么她如今可能是个更优秀的人。然而，她最终却选择将我表现出的对她女儿的同情视为她可以给女儿买名牌的通行证，因为我的同情为她女儿的心理需求提供了辩护。

消除孩子对于钱财的顾虑——这本身就代表着另一种特权——是这些家长的另一个重要任务，也体现出他们对于孩子心理健康的另一层面的关注。一些受访者告诉我，他们不想和孩子谈钱。财产继承人多诺万还有着超过 1000 万美元的收入，他说自己"给予孩子的是对财富的无忧无虑"。不过，这种做法有时也会和施加限制的理念产生冲突。凯伦是"伴随着钱的问题长大的"，如今她为如何限制女儿放学后在星巴克的消费而伤神。她说："我的意思是，我绝对不希望她去担心钱的问题，但我也想让她意识到自己的消费是有上限的。"如何施加限制但又不给女儿增添烦恼是令她左右为难的事。[12]

接触策略：定位自己的生活

许多受访家长也会使用接触策略（strategies of exposure）来减少孩子对财富所产生的理所应得感。他们希望孩子能够"意识到"自己相对于他人所享有的特权，并对此心怀感恩，这样孩子就能对什么是"正常"消费有更多的理解。比如乌苏拉说："我有时担心孩子会产生错觉，以为所有人都（和她家一样）在汉普顿拥有夏日度假别墅，以为这是十分普遍的现象。但事实并非如此。于是，我们试图教她意识到这一点，但目前还不太奏效。"关于让孩子接触社会的问题体现在消费决定、社交环境，特别是学校，以及打工挣钱等方面。

消费以及何为"正常"

我的受访者认为孩子的消费习惯以及上文提到的种种限

制影响着孩子如何结合他人进行自我定位。他们试图给孩子树立合理消费的榜样,他们常挂在嘴边的一个词语便是"正常"(normal)。加里全家受邀去印度参加一场婚礼,他的妻子也"非常想去"。但他们最后选择了放弃,一部分原因是婚礼的日期距离他们另一趟国际旅行仅有几周时间,但同时也是因为这趟旅程显得"过于奢侈"(over the top)。加里说:"我会反思,这样的旅程会给我们的孩子传递出怎样的讯息?"和加里类似,许多家长都会对这类决定感到左右为难,特别是关于度假。

一个非常富有的母亲说她和丈夫最大的分歧在于如何消费。我请她举个例子,她先重申了我们对话的私密性,然后回忆道:

> 比如,他每次出去都坐私人飞机,而我不希望我们的孩子太习惯这样的出行方式。可以难得一次,但不该一直这样。我很珍惜我在公立学校度过的时光,我过去会长时间驾车旅行,睡过很多汽车旅馆。但即使这样,我的成长经历依然比许多人要丰富——我觉得我至少对此有一定的理解。我觉得了解别人的生活处境非常重要。也许我这么说有点不妥,但是……但是……我不希望我的孩子进入大学时连一次马桶都没有刷过,从来没有睡过汽车旅馆,而只有住高档宾馆的经历。我希望他们知道有些孩子甚至连汽车旅馆都睡不起。我只是想让他们时不时地体会到真实的世界是怎么样的。

为了让她的孩子"了解别人的生活处境",这个母亲抵触丈夫奢侈的消费方式。房产经纪人罗伯特谈到他的客户对于其财富的矛盾心理时高度评价了这一以身作则的方法。他说:"我有些模范客户,其中一个非常非常有钱。她对我说如果他们举家出游,他们会选择坐经济舱;如果只是她丈夫一个人,他才会坐头等舱。他们一直想方设法给孩子树立榜样,告诉孩子'我们有的并不意味着所有人都有'。他们不想让孩子将来成为败类。"

许多家长鼓励孩子把这类奢华的体验视为"特殊"待遇。奥利维亚说他们一家"多次"坐商务舱出行,但她告诉孩子:"'坐商务舱是一种特权,而我们全家都能享受它是很棒的一件事。不过,我希望你们表现良好,举止得体。'然后,他们的确很听话,没有捣乱。于是,这就算是对孩子很大的奖励吧。"奥利维亚要求孩子把这样的出行经历视为"特权"和"奖励"——尽管他们经常坐头等舱,但她还是将它定义为一种特殊体验。而且,她教会孩子的另一个想法是,只要行为得体,高端消费就是可以接受的。

与此类似,丹妮艾尔也向她的孩子强调他们的许多生活经历都是许多人负担不起的。她说:"我告诉他们,你们接受这样的(私人)教育'是非常宝贵的,并不是每个人都能享受到。珍惜它,感激它,因为它是件特别的事。'或者,我也强调:'不是每个人都有夏日度假的经历,你们不光要享受它,还应该懂得这同样是种特别的经历。'"让孩子认识到这些经历的特殊性并且懂得感恩是为了避免使孩子产生对特权的理所应当感,这和我们前文看到的弗朗西斯对待她女儿买名牌靴子的态度是一致的。

这些做法和说法包含着两个层面的"正常"意味。较为直接的那层意思便是社会上大多数人——不如他们富有的人——的经历和经济条件；富有的家长援引这一层面的意思来让孩子搞清楚他们相对于他人所处的社会位置。然而，这些高收入家庭的孩子实际所经历的"正常"生活是更为优越的。他们的父母并没有正视这两者间的张力，而是将某些对于他们而言其实稀松平常的商品或经历描述为一种"奖励"或特殊待遇，并希望孩子以这样的方式去感知他们的优越生活。换句话说，这样的奢侈消费对孩子来说并没有什么特殊，但家长希望孩子把它们看得特殊，看到他们相比普罗大众的幸运。

于是，这些家长有时会陷入关于"正常"消费的话语泥沼中，难以做到逻辑上的自洽。比如家庭年收入超过300万美元的全职妈妈艾莉森在描述她怎样让孩子正确认识他们家每年两次的度假惯例时就显得有些前后矛盾。她说："我们必须要用这样或那样的方式来向孩子灌输，我们会去度假，但不是很奢侈的那种。所以你试图把每次度假搞得不那么奢侈。"我问："那你为什么要向孩子灌输这个呢？"她回答：

> 因为，你知道的，这事关一种价值观。我的意思是，他们没有做什么来配得上比如说这一年两次的度假之旅。尽管他们学习真的很刻苦。不是——我不是说——没有人配得上一年两次的度假，这本身是很奢侈的，它很奢侈。这不是配不配得上的问题。我也配不上。这很奢侈。我只是想让他们知道，这不是一种常态。你不想让你的孩子觉得——这样的生活经历是理所当然的事。这并不平常，你应该感到幸运，感到这是特别的待遇。

艾莉森的这番话体现出,她对自己的特权以及她孩子的优越生活怀有矛盾的心态。她有些前言不搭后语,将几套说辞拼贴在一起。她首先暗示一个人可以通过努力工作来获得享受奢侈生活的正当性,但随即又表示"没有人配得上"奢侈的生活;她后来又表达了另外一层意思,那就是觉察到自己的优越生活并心怀感激可以合理化这些特权。艾莉森和她的丈夫解决这一问题的实际办法是让孩子坐经济舱,他俩坐头等舱,以此给孩子施加一些限制,给他们一种还没有"挣得"某些特权的感觉。[13] 不过,这并不妨碍他们有资格去享受度假本身。

社会环境和他者

在反思孩子的自我定位时,家长也会考虑他们的孩子所接触到的社会他者。因此,他们会仔细考量孩子平日所处的社会环境。许多人担心他们的孩子接触到更有钱的群体,互相攀比会毒害孩子的心灵,并影响到孩子对于合理消费的理解。我们之前已经看到,萨拉和她的丈夫正处于过渡期,试图决定是否要接着住在城市。她如是描述在富有的社会圈子养儿育女的问题:

那是我们考虑要搬离纽约的一个重要原因。虽然我们有条件住高级公寓,但我们不想让孩子身处在一个所有人都住高级公寓的环境中。我不知道。我丈夫的一个同事不久前全家去度假。他们的假期过得不错，一周都可以滑雪，而且住得非常舒适。他问他大概8岁大的儿子："你感觉如何？"他儿子回答："确实不错，但下一次我们应该像别人一样坐私人飞机。"你知道吗，他为了这个假期花费了一万美金，滑雪酒店相当昂贵。如果你的孩子是这样的反应，你会怎么做呢？他想让孩子少受一些影响，你懂吗？我不知道你会怎么做。

另一位全职太太这样描述她孩子参加的夏令营：

> 我的孩子正在缅因州参加夏令营，我有点担心。这整件事的初衷是让他们掌握一些生活的自主性和社交本领，比如该怎么照顾自己等。我女儿去的地方连电都没有。我们在这吹空调，而她过着一会儿很热一会儿很冷的生活，并且要学会适应。这是个好事，但你还是会遇到一些孩子，他们乘坐私人飞机来到集合地。这太违背夏令营的初衷了。

这位母亲试图给女儿制造一些生活上的紧缺感，以此帮助她变得更独立。不过，由于她所处的是一个由富人组成的社会圈子，她的孩子即便是参加夏令营，也还是会接触到更有钱的人。正如我在前文所说，这样的顾虑也影响着有关择校的决定。

尽管家长往往不想让孩子和更有钱的人接触，但他们愿意让孩子和不那么富裕的社会群体打交道。财产继承人伊莲娜对此的概括非常到位，她说她希望孩子能在"保护层之外游刃有余"（fluency outside the bubble），其言下之意是让孩子接触并了解普罗大众的生活。然而,我始终不清楚艾莲娜和其他受访者所说的普罗大众具体指谁,以及他们想要什么性质的接触。一些家长希望给孩子灌输帮助穷人的责任感,这停留在抽象层面,有点"达则兼济天下"的意思。另一些家长似乎更强调他们的孩子要和"普通"家庭的孩子做朋友——不是穷人家的孩子,只是不像他们那么有钱。

一些家长说他们试图和孩子谈论穷人,比如海地的赤贫儿童和街角无家可归的流浪汉。一些受访者告诉我,他们要求孩子将一两件生日礼物捐赠给慈善机构,或者参加他们的募捐活动。保罗说他一直让孩子"在生日那天,选出一件自己得到的礼物捐给不那么幸运的孩子,因为他们需要知道并不是每个人都能像他们一样过得这么好"。

保罗的话体现出这些做法有助于让孩子注意到穷人(尽管这些人在他们的生活中本来就是可见的),由此培养他们的感知力和感恩之情,还有回馈社会的使命感。保罗说:"我不会把自己的特权视为理所当然的事,但我们这一代人相比我们的父辈和祖辈有这样的趋势。所以我始终试图——尽管我的孩子是被他妈宠坏的淘气鬼,他可以得到任何想要的东西。但至少我一直教导他,给他一遍一遍地念叨他所拥有的和其他孩子的条件——他会不会听进去就不知道了,有一天应该会。"保罗这段话最有趣的一点是他所做的区分:一方面他承认孩子"可以得到任何想要的东西",另一方面他又"一遍一遍地念叨"他比其他孩子更好的生活条件。我们可以在这里再次看到我在上文指出的关于何为"正常"的两个层面和它们之间的张力:保罗的儿子所经历的"正常"生活恰恰是父亲希望他视为"不同寻常"的生活。

有些家长认为社区服务或志愿服务有助于培养孩子关心他人的意识。比如，爱丽丝感叹她儿子至今没有做过任何志愿服务，虽然他尚未进入青春期。我问她为何那么在乎这一点，她说："我觉得这是定义好人的一个重要元素。如果你拥有所有这些东西，但你却不懂得志愿服务精神，不懂得同情别人——我觉得它是一个重要的生活元素。"另一个全职妈妈苏珊娜试图让孩子通过做慈善接触到别人的生活，但她还没有找到最好的方式。她这样描述自己的三个孩子（都还未满 7 岁）：

他们需要了解世界的多元，获得学校和家庭之外的生活经验。他们应该知道不是所有人——你知道的，我们——我们——（叹气）。我不觉得我的孩子意识到了这一点。我平时会参加很多慈善活动，我带他们一起去给穷人分发食物，我们一起为贫穷的孩子做书包。但要让他们真切体会到穷苦人家的孩子的生活是非常困难的，我不知道该怎么做好。你不能去医院，也不能真的带他们去救助站，那里的孩子并不多。我感觉能带他们去的就只有一家养老院。

莫妮卡说她对于不如自己有钱的人有一种责任感："我们会去帮忙，去城市周围的公立学校——你知道的，去那些地方你总能搭把手，比如帮他们刷墙，让教室看上去不那么像地牢。我的孩子应该知道在城乡结合部有另外一群孩子，他们上的学校是什么样的。这样，孩子会更加感恩自己所拥有的，我们的确有那些条件。这不是要证明我们有多富有，而是要置身于一个社区当中。所以我的孩子一直在做社区服务。"

莫妮卡的这段话彰显了另一重内在矛盾，它贯穿于所有这些有钱家长的描述中：那就是"置身于一个（与自己的社交圈子截然不同的）社区"和向孩子说清楚，那是完全与我们不同的他者（"我的孩子应该知道在城乡结合部有另外一群孩子"），由此让孩子"更加感恩现在所拥有的"。的确，正如费尔南德兹和霍华德所说："为了将自己视为配得上其财富且有道德感的个体，富人需要去体会别人（也就是'普罗大众'）的苦难，以此获得'好市民'的心理安慰。"[14] 此外，这些家长坚持认为他们的孩子应该去了解他人的生活，却不想让别人走进他们的生活，这背后有一种阶级上的一厢情愿。[15]

一些家长更在乎另外一种接触方式：为孩子创造经济条件上多元的日常社交网络。正如丹妮艾尔所说："我觉得成长在一个各种社会阶层混居的社区是有益处的。"有的受访者谈到他们家族自身的阶级多元性，认为这是让孩子去体会差异的一个途径。但更多的家长不得不去创造这样的接触可能。凯特告诉我："娜丁和我那天就在说，等孩子再大一些，我们得想办法让他们真正地接触到大多数人的生活方式，而不是，你懂的——我想要她们有切身的体会。"凯特所强调的"切身体会"暗含着她对某些流于表面的或虚伪的方式的批评。斯科特和奥利维亚特地选择了一个在种族、民族、收入和性取向上相对多元的教堂，以此让孩子接触到不同的"社群"，因为按照奥利维亚的说法，

"他们的日常经历是非常单一的"。

一个全职妈妈说她们一家在进行房屋装修时曾租住在一栋各阶层混居的公寓楼内。她鼓励她的儿子和在那里交的朋友保持联系,这些朋友在公立学校上学。她说:

> 我觉得这个社区更接地气一些……不像曼哈顿的那种新式小区,对口的是私校。这里几乎所有的孩子都去当地的公立学校,我的孩子结交了很多这样的朋友。你知道的,曼哈顿的私校教育有点匪夷所思……我希望我们的生活能接地气些,更平常些……我喜欢这个社区的氛围,有些家庭让三个孩子合住一间卧室,这种情况很多。我儿子最好的两个朋友,他们都和父母住在一室户内。

这位母亲想让儿子通过和家境不那么富裕的孩子做朋友来保持他的"普通"。与此同时,她还是选择让儿子上私立学校(最主要的原因是班级更小)。相较同一群人,他依然保有阶级特权。这些家长试图让孩子和普通人建立更有机的纽带,但他们的尝试还是彰显了我在前面提到的所谓"平常"的内部张力:一方面他们希望孩子过得更加平常,另一方面他们希望孩子了解平常的生活状态(也就是意识到他的条件要优于这种平常)。

这种接触策略在黑人和跨种族婚姻的家长中并不那么明显。和许多更有钱的非洲裔美国人一样,我的黑人受访者相比白人有着更多元的家族阶级构成。[16] 但他们的孩子主要在以白人为主体的环境里生活（主要是私立学校）。这些家长谈论更多的并不是让孩子接触其他阶级的人，而是让他们和其他黑人家庭以及中产阶级（以上）家庭的孩子建立纽带。其中一些父母选择离开他们居住多年的哈莱姆区。[17]一位母亲告诉我，她的女儿曾和一个有心理疾病的男性产生过冲突，在那之后，她决定搬走："你不想要你的孩子对有色人种感到恐惧。"她们搬到了一块白人居多的郊区，她说："对我而言很重要的一点是让我们的孩子去接触其他肤色的人。"达到这个目的的途径之一是加入"杰克和吉尔"，一个由中上层黑人家庭组成的文化和社会组织；我有好几个受访者都加入了这一组织。[18]

最后一种接触策略和我已经提到的关于阶级和种族的接触有所重合，但不完全一致，那就是更宽泛的对于文化差异的体验。对此，我的受访者时常提到出境旅行。全职妈妈朱莉娅这样说起她的孩子：

> 我希望他们把世界视为一个大家共同分享的大家庭，而不是非常局限地框死在你自己觉得十分重要的小世界里，不管你觉得重要的是什么。我想多陪他们旅行，好让他们看到各种各样的生活方式。你不需要住大房子，拥有电视等电子产品，也可以过得很快乐。你也可以在塞伦盖提大草原的小草屋里获得快乐。你懂我的意思吗？我不知道，我只是觉得我们的周遭有太多东西，我是喜欢这些东西的，我喜欢我们拥有的一切。但有时，它们并不是很重要的东西。

朱莉娅的这段陈述也包含了让孩子去接触不同阶级的意思，这是体验更宽泛的文化差异的一部分。它同样追求更好的自我定位，意在告诉孩子"你觉得重要的"并不能够代表整个世界。同时，旅行似乎也可以给孩子上另一课，那就是物质生活并不总是"重要的东西"。在这里，朱莉娅再次体现出多数受访者都隐含的自我矛盾：希望维持现有的物质享受，但又不想让孩子觉得这些是"很重要的东西"。这些家长奢望孩子一方面能获得物质和生命体验上的舒适，另一方面又能明白，即使离开这些物质层面的东西依然可以过下去（至少对别人而言）。

这些家长希望，通过接触不那么富裕的人，他们的孩子会更懂得感恩，对自己的优越生活有所察觉，由此收敛一些自己的任性。同时，这种接触策略也意味着扩大孩子的社交圈，这对日后强化其特权可能有益处。不管是白人家长还是有色人种的家长都觉得，这类接触不仅能给孩子注入良好的价值观，也有助于培养某些社交技能；在如今这个越发多元化的时代，这是很有必要的。比如，丽莎就认为多元化的日常接触对她的孩子非常重要，因为"世界大体上是多元的，所以你必须学会去和他人打交道"。佐伊也同样看重和孩子一起进行国际旅行的经历，因为她希望孩子"能成为世界公民，看到别人是如何生活的"。她随后又提到了一个更具实用性的动机："这个世界正变得越来越多元，我觉得孩子们需要去接触这种多元性。"因此，正如黛安·瑞伊等人所指出的，让孩子接触不同人的生活兼具道德和实用目的。[19] 向孩子灌输某些价值观和培养孩子如何去应付人与人之间的不同，此二者并行不悖。它们共同构成了一种文化资本，就像伊莲娜说的，她希望孩子能在"保护层之外游刃有余"。[20]

择　校

这些关于特权和接触的问题在家长描述他们如何为孩子选择学校时充分显露出来，毕竟学校是孩子社会环境的中心。和许多其他城市一样，在纽约，去公立学校上学远比去私校更能让一个孩子接触到许多家长看重的社会差异。但我在前文已经提到，大多数受访家长最终还是选择了把孩子送去私立学校。当然，他们对这一决定是有所挣扎的：他们在公立和私立之间犹豫；在选择了私校之后，他们也会纠结哪个学校最适合他们的孩子。

那些选择或严肃考虑将孩子送去公立学校的家长，按照贝特西的说法，担心私立学校会"扭曲孩子对于何为正常生活的理解"。他们担忧孩子会在私校里习得太多对于财富的理所应当感，也更希望孩子在公立学校里接触到来自各种社会背景的孩子。这类家长中的一些人对于公立学校有政治立场上的偏好。不过，私立学校的小班化教育让他们心动，因为孩子能更多地得到老师一对一的关注；私校的教育质量更高，比如拥有更多艺术课程和在这些家长看来更高的大学录取率。

当我采访金融企业家贾斯汀时，他和妻子正在犹豫是否要把孩子送去私立学校；贾斯汀的父母以前都是社工。一方面，他希望孩子将来能进入好的大学,并认为选择私校更有助于实现这个目标。同时,他也看重私校更深厚的体育和艺术课程。但另一方面,贾斯汀出生于一个中产阶级家庭,尽管他对公立学校没有政治立场上的偏好,但他担心私校的氛围会给孩子带来种种不良的影响。他说:"我希望我的孩子成为正常的人,不要被宠坏了,过早地局限在乡村俱乐部这样的环境……我觉得从私校出来的孩子看到的世界真的太小了,没有真正接触到……我不知道,比如经济困境,或者他们感觉每个人都住着大别墅,认为这就是整个世界的样子。"他直接地点出私校是容易把孩子"宠坏"的环境,并把私校和培养出"正常"孩子的公立学校进行对比。他担心私立学校会局限孩子的视野,导致他们无法正确地进行自我定位(这对应前面萨拉提到的,有些孩子觉得每个人都想坐私人飞机出行)。[21]

类似地,凯文告诉我他想要让孩子留在公立学校念书。他不希望自己的儿子在一个"狭隘""精英主义"的环境里生活:"在那样的环境下,你只会接触某一类人,他们聊得最多的自己的设计师和保姆。"多诺万的孩子在市郊的一所"磁石学校"(magnet school)[22]上学,他对我说:"让我感到高兴的不只是我的孩子们在公立学校念书,还有他们学校所在的区域不是富人区。这样一来,他们就接触到了更多的来自不同家庭背景的孩子,这种多元性甚至超过我们当地的公立学校,比起私校那就更不用说了。"米兰达这样说起她正在考虑的一所私立学校:"我担心孩子们可能会觉得享有特权是理所应当的……那个学校什么社区服务活动都没有。"

尽管这些家长表现出这样那样的矛盾心理，[23]但大多数人依然把孩子送去了私立学校。特别是，当孩子从小学毕业，许多家长认为拓展机会和发展个性的必要性超过了接触不同的社会群体。尼古拉斯告诉我："我年轻时从没想过自己有一天会把孩子送去私立学校，我以前的想法是'绝对不'。"然而，他接着说："当你还年轻、满腔热血时，你更容易去秉持某种政治信念。但后来你有了孩子，你会愿意说'好的，让我们来拿自己的孩子做个实验'吗？你会忍心不去提供你能负担得起的最好条件吗？这大概是我现在的想法。"一位黑人母亲之前一直致力于创办一家她家附近的特许学校，[24]但一年后，她把自己的孩子送去了私立学校念书，因为她的丈夫不希望他们成为"试验品"。就连凯文在我们的访谈行将结束时都向我坦言，他正考虑让儿子转学去私校，哪怕他担心那样的环境会很"狭隘"；这是因为他的儿子在公立学校待得似乎没有起初那么开心了。凯文说："我开始容许自己去想象，也许有一个可以让他感觉更开心的学校，我以前是从来不会这么想的。"

好多家长都能从他们孩子身上辨识出一些必须选择私校的理由。最常见的是担心孩子呆在公立学校会感到无聊。琳达在向我解释她为什么要把儿子送去私校时说："就感觉，那个地方真的很适合他。"我问适合在哪里呢，她回答："因为他的个性有点特殊，我的意思是，他在很小的时候就自己学会了识字，而且他热爱学习，想要学得更多……我觉得他在公立学校会是无聊地呆在角落里的那种孩子。"贝特西则称她的儿子是一个"精力非常非常旺盛的孩子，自学了很多东西。他其实不需要老师教太多。如果他感觉自己没有接触到新的东西，就会到处乱跑乱跳，我甚至能预见他无聊到想爬墙的情形。正是这种极度聪明和好动的特质让我觉得如果他去 1:28 的环境上学（这是公立学校的师生比），会成为班里很大的麻烦。"

我们可以看到，迫使这些家长把孩子送去私立学校的原因并不来自学校本身，而是他们孩子身上的某种特质，比如绝顶聪明或者好动。艾利森·普把这称为"特殊的奢侈"(the luxury of difference)，它"犹如施展了某种魔法，让高收入家长意识到一定的紧急需求"。[25] 孩子迫在眉睫的需要于是凌驾于支持公立学校系统这样抽象的目标之上，哪怕许多家长依然会对择校问题充满挣扎——而且正如我所指出的，有时这种挣扎会上升到他们对自我道德品质的怀疑。伊莲娜自称是"公立学校信徒"，她觉得："让我的孩子得到所有好处的想法是自私的……我的孩子有什么特殊的呢？"她说"用尽我自己的特权去让我的一个孩子占尽好处"让她自我感觉糟糕，但她的女儿在公立学校里始终得不到智识上的挑战。尽管伊莲娜花了一年时间苦苦求索，但她最终还是把孩子送入了一所私校。

深受这些择校问题困扰的家长在多数情形下（但也不是所有情形下）持自由主义的政治立场，属于"心系下层"的富人。房产经纪人罗伯特精辟地总结了这一人群的生活选择："他们会在一个乱糟糟的街区买套房子，因为他们想要为孩子树立好的榜样。他们希望让孩子见识市井烟火气，接触各种各样的生活方式，意识到'并不是每个人都和我们一样富有'。但他们的孩子会去私立学校念书。"正如罗伯特所言，这些家长希望让孩子接触不那么有钱的人,由此为他们树立"好的榜样",但又不愿放弃私立学校所代表的特权。

一些家长——主要是政治立场上趋于保守的和一心向上的富人——对于送孩子去私校没有什么道德负担。他们往往认为私立相比公立学校的好处是显而易见的,因此公立学校根本不在他们的考虑范围内。他们中的一些人甚至表面上搬去郊区居住,实则为了让孩子去更好的市郊私校或寄宿制学校上学。不过,也有人感叹他们必须把孩子送到私立学校,原因恰恰和接触性策略有关。[26] 一个黑人母亲如是说起她去私校上学的女儿:

> 有时我会担心这只是个泡沫。我的意思是,每天两点一线往返于市中心的高档住宅和私立学校之间。我会觉得:"这有点失真。"即使是在纽约,这也算不上真实。我觉得没有经历过真正多元的人生在一定程度上对她来说是不利的。但没办法,活着总得做出妥协。如果要获得某种更好的学术环境和学习规划,你就不得不放弃更加多元的生活。我不想孩子一周只有一节或两节体育课,他们也需要上更多的艺术课,音乐课,这些都是基本的。但这的确是妥协。

选择私校教育的家长非常在意他们的孩子究竟去哪所学校上学。一方面,他们想确保那所学校和孩子的兴趣、能力是相匹配的,和家长的教育理念是一致的。但同时,他们也在乎一所学校的多元化和校园"文化"。几乎所有人都谈到他们偏爱较为平民(less "entitled")的环境。比如妮可说她拒绝了一所被她称为"精英化"的私立学校。她告诉我,她希望女儿最终去的学校有这样一种社群氛围,那就是看不起那些"恃财傲物"的富人。格蕾丝打算把她的孩子送到私立学校,但她说:"我会非常小心,避开那些让孩子感觉自己理应享有特权的学校。"海伦则对她孩子所在的私校感到满意:"它给人的感觉像是一所公立学校,非常多元。"

这些家长也很注意物质主义的问题,这一点我们在上文已经可以看到。玛雅对我说远离物质主义是她选择私校的一个重要考察点:"我不希望我们的孩子在一个在乎你有没有穿Ferragmo 鞋和 Juicy Couture 牌衣服的环境里长大。这是相当重要的一个方面。"丽贝卡则表示如果她负担得起,她希望把孩子送去私校,"但必须是另外一种情形,而不是说我要为她 16 岁生日是不是要买个爱马仕包和她争吵"。

我在前文已经指出,有色人种家长比白人家长更在乎孩子生活的环境是否有多元的种族构成,不过他们对于选择私校表现出的矛盾心理似乎相对较少。一个持进步立场的黑人家长说:"如果愿意,我可以制造一系列关于选择私校的心理矛盾……但目前,我对这一选择没有什么可纠结的。"而几乎所有我的受访者都将"有资格、理所应当"(entitlement)这样的词视为贬义,只有一个例外,来自一名黑人母亲。她把自己(在市公立学校长大)和常春藤联盟的白人学生做比较:"他们就是显得更加自信些,更善于和老师沟通,也想获得更多。他们有更强烈的理所应得感,这不是什么坏事。"她希望她自己的孩子能获得这种自信。[27]

除了种族，这些家长对于学校的阶级构成也十分敏感，认为经济条件上的差异有时比种族差异更加突出。另一位黑人母亲告诉我："黑人和白人间的差距并没有富人和穷人家的孩子那样悬殊。"她把孩子分为两类，第一类来自经常外出旅游、有夏日度假别墅的家庭，"周末还有闲钱去吃顿寿司，看场电影"。第二类孩子没有这些经历。她说自己的孩子属于第一类。不过，这位母亲和其他黑人母亲都谈到在私校里，有时黑人孩子会被默认为来自贫穷的家庭，需要经济援助；这样的揣测只是基于他们的肤色。

让孩子打工还是专心学业

最后一个和孩子的生活环境及其接触对象相关的重要方面是较为年长一些孩子的打工问题，它彰显了围绕工作和消费而产生的各种张力。我们在前文已经看到，一些家长坚持要求他们的孩子干家务活；几乎所有受访者都对游手好闲的状态嗤之以鼻。他们说希望孩子在假期"去干些正事"。比如塔莉娅告诉我，等她的孩子再长大一些，她不希望他们在暑假"浪费时间"。这一态度对应着受访者们对于努力工作的总体强调：只有努力工作，才能配得上特权和财富。

不过，这些家长在是否要求上高中或大学的孩子挣钱打工这一问题上存在差异。我问露西对此的看法，她回答："那当然，这非常关键。我会说，这对于我们而言是一个核心问题。"格蕾丝为她能在婚前挣钱养活自己感到"自豪",她希望能把"这份自豪感传递给我的孩子。我会不断地对自己说(机械的语气):'我的孩子暑假会去打工,我的孩子暑假会去打工。'"。

贾斯汀直截了当地表示,打工是必不可少的经历。他说:"我年轻时做过各种各样的工作,因为我没钱。如果我想要一个玩具,一个足球或者任何东西,我会自己赚钱去买。我的父母不会帮我买,他们没有这个经济条件。所以我什么都干过,挖沟,种树,在花店、餐馆打工,油漆工、高尔夫球童……各种各样的工作。我会告诉我的孩子:'你必须去打工,你必须去干一份苦差事,必须在餐馆端盘子——或者其他一些无聊的工作。'"贾斯汀把这类"苦差事"视作磨炼孩子意志品质的手段;类似的,他也要求孩子在学校里参加运动项目,"被教练骂"和"羞辱"。他说:"你听到这些心里当然会觉得不好受;但如果你到25岁都还从来没有被辱骂过,那么你将来会被命运击垮。"贾斯汀认为要培养自力更生、吃苦耐劳的年轻人,打工和体育竞技非常关键。

不过更多的受访者对于是否要让孩子去打工有些左右为难,因为他们担心打工占用太多时间,也许孩子可以用这些时间去获得更多的机会,以及更好的自我发展(这一矛盾和是否要对孩子的消费施加限制有一定的共通之处)。对于这个问题娜丁和凯特就始终存在分歧,部分原因在于她们不同的家庭背景。在富有家庭长大的娜丁说:

> 我是希望孩子利用假期,比如说,去阿拉斯加港研究海豹

呢,还是离开她的舒适圈,去餐馆洗油腻腻的盘子?我觉得这是相当困难的选择。是的,你希望他们体会劳动的价值,去打工挣钱,等等。我也不想看到我的孩子觉得自己理应拥有特权,我不希望他们成为含着金汤匙长大的孩子。但同时,我觉得生命赋予了一个人许多激动人心的机会,如果你因为任何原因而有了钱,那么你应该用它来丰富你和孩子的生活,让某些事成为可能,然后回馈这个世界。

而在中产阶级家庭长大的凯特则倾向于让孩子去打工。她说自己当年做过一些"屎一样的工作"(crappy jobs),"但这样的工作有它的价值。当你拿到你的工资,你意识到这就是你拥有的所有收入,你得学会精打细算地过日子。"凯特对于给孩子的大学教育买单持"暧昧"态度。她说:"也许我们会另作打算,让她们自己去申请助学贷款。为什么不呢?我上大学时在图书馆打过工,我至今还记得我花了很多时间在那份工作上。也许我本来可以去干点别的,我不知道,也许我可以去拯救世界。也许我可以去做一些更丰富多彩的事,而不是整理图书。你懂我的意思吗?"

尽管妮可家境殷实,但她上高中时做过店员,在餐馆打过工。她也坚信打工的首要价值在于培养孩子自力更生的品质。她说:"我很感激当年的那些经历。如果你不曾服务过别人,不管是做零售还是餐饮,我觉得你的生命少了一点什么。我觉得每个人都应该去经历那些。"我问道:"少了什么呢?"她回答:"就是基本的工作态度。你并不比擦地板的高贵,没有人比谁更高贵。我觉得从事这些基础性工作非常非常有意义，去做那些有一天你会指望别人去做的事。"对于妮可而言，打工让一个孩子意识到她并不比某些打工者"高贵"——即便她在之后的人生当中不再需要去从事这些打工者作为职业的体力劳动。打工教给孩子的是谦逊和同情心，同情那些最终要为她效劳的人。

妮可接着说："所以我支持孩子去打工，如果他们能抽出一定的时间去做这件事，如果他们不会因此错过一些重要的经历。"尽管她认为打工可以教会孩子很多东西，但她不认为这些东西是必不可少的。比打工更加"重要"当然是学业。当被问到她的孩子会不会去打工，艾丽克西斯说："嗯，是这样的……我觉得教育很重要，我不希望牺牲孩子的教育。我希望他们有足够的时间学习，完成他们的（学业上的）本职工作。"但她接着又说"有一份兼职是件好事"，并拿自己做兼职咨询师的经历来说事。最终，她表示自己想让孩子"有一份还算像样的工作，这份工作可以给他们上一课，但又不需要占用最多的时间和精力"。和妮可一样，艾丽克西斯想让孩子通过有酬劳动学到人生的一课，前提是不荒废更重要的学业。

与此类似，还有几个年长一些的孩子的家长把功课视为孩子的"职业"。这点并不奇怪，因为随着孩子年龄的增长，打工与否不再是个假设问题，家长也越来越关心孩子在传统意义上的进步，就比如在如今愈发激烈的竞争中脱颖而出，被名校录取。的确，在我的访谈对象中，只有 10 岁以下孩子的家长说他们会要求孩子去打工，而 6 个孩子已进入高中的家庭没有一个存在孩子打工的情形。米丽安的孩子年纪还很小，她说："我希望他们从某个年纪开始，利用暑假去打工，但我甚至不清楚这个想法是否现实。这听上去很疯狂，但每个人都用暑假拓展孩子的经历。而我却对孩子说：'听着，我觉得你们应该去冷饮店打份工，去给别人挖冰淇淋，这样你们就有钱自己给自己买秋天的衣服了……'你懂我的意思吗？我不知道我是不是真的会和孩子说这些。"

在表达这些顾虑时，受访家长有时会谈到未来的风险，认为孩子需要了解如何努力工作，因为他们不一定能一辈子仰仗家里的财富。比如，玛丽如是说起她自己和她的丈夫：

> 我们和大女儿谈过这个话题，她似乎觉得我们是百万富翁——亿万富翁。然后我丈夫对她说："现实情况是，我们也许有能力给你任何你想要的东西，但我们不会这么做。"……你现在想要什么，我们都有能力给你，但当你成年了，我们不会承担你误入歧途的损失，我们没有足够的财产继承来做到这一点。所以你有一天必须自食其力，找到养活自己的方法。所以你现在不会得到所有你想要的东西，因为我们没法保证在你的余生当中一直如此。你必须自己找到解决问题的方法和生存策略。

（值得注意的是，玛丽改口"百万富翁"为"亿万富翁"，也许她意识到自己和丈夫的身家有数百万美元之多。）其他家长也强调他们的孩子特别需要发展出一定的生存技能，才能面对充满不确定性的未来。

不过，这些家长所提到的风险往往是极具假设性的。奥利维亚告诉我:"我不希望我的孩子置身于这样一种境地,他们的自我价值、整个身份认同,还有本领完全和他们所拥有的财富挂钩,因为这些物质财富可能会消失。你懂我的意思吗?世事无常。你得有一些和财富无关的真本事。"她描述了一个完全想象出来的场景,他们家失去了所有的财富:"在那样的情况下,我依然能走出家门,努力工作。"她说她可以重新做一名社工,或者"去星巴克打工。我以前在星巴克工作过,我可以再回去打工"。因为这一点,她说她更愿意孩子"掌握适合自我营销的技能,而不是,比如说,去做个抽象艺术家"。但她最终也承认,像家庭破产这样的可能微乎其微。我问她在乎孩子掌握怎样的技能"究竟是因为潜在的财富风险,还是因为你觉得这些实际技能体现了更好的道德品质?"她回答:"我觉得好像更多的是道德层面的问题。是的,风险是相对很低的,这更多关于道德品质。"

所以在这些家长看来,拥有良好的职业精神和实际工作能力不仅能防患于未然,也有助于孩子成为更好的人。向孩子灌输关于风险的整套说辞可以从以下三个方面养成配得上其财富的合理品性。第一,正如奥利维亚的话所体现的,这套说辞让孩子意识到职业精神是道德品质不可或缺的一部分。第二,它教导孩子去感受风险,而这正是避免"恃财傲物"的另一个重要面向(我在第二章就成年富人阐释过这一点)。第三,它让家长和孩子都感觉自己并不真的需要特权,他们即使失去特权依然可以生存,这也让他们远离了因拥有财富而产生的理所应当感。

远离特权,以接受自我的特权

我在这一章展示了,富有的家长通过限制(某些行为和消费)和接触(各种社会群体)的策略,试图避免让孩子对他们手握的特权感到理所应得。当然,绝大多数的家长都希望他们的孩子成为有道德感的好公民;而且至少在美国,不管是孩子还是成年人,财大气粗都不是一个好词。另外,各个社会阶层的家长也都会竭力去限制孩子对于财富的理所应得感,以及考虑孩子的日常接触对象会对他们产生怎样的影响。然而本章谈到的有些育儿策略是富有家长所独有的。正如普所说,这类家长往往会在家底丰厚的背景之下对孩子施加"象征性的剥夺"。[28]不同于经济较为拮据的家长,这些父母必须向孩子提供一套说辞,关于他们终将享受到的高消费生活。而有意让孩子去接触穷人的做法也更多见于这一群体的家长。

对这些家庭而言,节制和接触策略也会与丰富孩子的生活内容、发展其潜能产生冲突。当然，最终得到优先考虑的往往是孩子的发展空间。在消费层面，孩子真正被剥夺的东西显得微不足道，而他们需要付出的也相对较少。他们的居住环境宽敞，通常有自己的房间（以及独立卫生间）。他们学乐器，从事各种运动，从小就出国旅行。私人教师、教练、理疗师等专业人士向他们提供各种各样的订制服务。父母为他们的成长道路做了大量的投资，以保证他们在未来占有优势。[29]至于接触策略，家长试图引导孩子去和没他们有钱的社会群体打交道，以帮助孩子进行更正确的自我定位，但这不能妨碍孩子获得最好的教学资源和最丰富的生命体验。家长苦口婆心地向孩子解释普罗大众的"平常"生活，好让孩子意识到自己的特权生活并对此心存感激，但这些特权很少会得到真正的限制。

这些家长并不会对孩子的物质生活施加太多限制，而是试图让后者对自身的社会地位有更清醒的认识。他们一边向孩子展示普罗大众的"平常"生活，一边间接勾勒出属于他们这一阶层的另一种平常的状态。另外，帮助孩子进行更好自我定位的做法和说辞也有助于孩子在行为和情感层面以更合理的方式占据特权地位。良好的职业素养、友好待人、懂得如何处理差异，这些都是十分有用的生存技能，可以让孩子更好地适应这个充满不确定性的世界。但我在本章中指出，这些技能的培养也关乎秉性，或者用布迪厄的术语，与惯习相关：一种以谦逊、感恩、上进心和互惠共赢的态度去占有社会特权的惯习。正如多诺万在谈到自己如何教育孩子形成正确的金钱观时所说的：

"我觉得我对孩子这方面的教育是最重要的,我会以身作则地教导他们对现在所拥有的心怀感激,并且意识到如果你不懂得审慎地使用它们,那么钱财很容易就没有了。"富有的家长希望自己的孩子认识到他们相比别人拥有更多,但这并不意味着他们比别人更优秀。他们试图向下一代传递那种让他们心安理得接受自身特权的责任感。当他们教育出的孩子品德良好时,他们也成了好人。

结　论

　　2016年11月，詹姆斯·斯图尔特在《纽约时报》上发表了一篇专栏文章，试图搞清楚超级畅销书《哈利·波特》系列的作者J.K.罗琳到底有多少净资产。[1]他在文章中解释了自己为何对罗琳的财产数字那么感兴趣，因为她"是超级富翁中极为罕见的商品——一个模范榜样"。他接着写道："她不仅通过自己的才智和想象力获得了财富，还自觉交税，慷慨地做慈善。在这个贫富差距日益突出的时代，似乎没有人对罗琳女士的暴富心怀不满。"斯图尔特的这篇文章之所以令我印象深刻，是因为他提到了富有的好人所具备的两大特征，而这两大特征和本书的描述不谋而合：一、罗琳白手起家，勤奋写作；二、她慷慨解囊，回馈社会。[2]斯图尔特没有提到她的生活方式，但2006年《每日邮报》的一篇文章描述她的消费十分适度，这和其他明星"挥霍无度的生活相比，简直是文娱界一股令人耳目一新的清流"。[3]如果人们普遍将罗琳的消费视为炫富，那么斯图尔特也不太可能把她视为模范榜样。

更值得注意的是，斯图尔特声称尽管社会舆论日益聚焦极端的贫富差距，但似乎没有人对罗琳的成功心怀不满，因为她的财富来源于笔耕不辍的写作，而且她会用自己的钱去帮助他人。其言下之意是，如果她的财富是继承而来或者不劳而获的，又或者她不懂得向别人伸出援手，那么她会遭人怨恨——也许这样的仇富有其正当性。恰恰相反，由于罗琳的所作所为配得上她的财富，于是日益加剧的贫富差距与她无关。我在本书想要探讨的正是这样一种联系，也就是富人占有特权的方式和他们的特权能否被别人和自己视为合理的，以及此两者间的联系。

我和纽约富有家长的交谈揭示了在如今这样一个不平等越发可见的时代，管理财富和拥有特权所面临的挑战，特别是我们的社会讲求机会均等，推崇英才管理。一些富人，特别是那些心系下层者，会与我更加坦诚地谈论他们对特权的不安，他们或许对此也有更强烈的体会。但所有受访者都或多或少地流露出一定的不适。他们的内心挣扎来自和他人的日常相处，也源于如何面对自己；他们竭力去定义自己的特权边界和相应的责任，而这种内心挣扎也会涉及他们的配偶和孩子。这些挣扎由一系列物品和体验所构成，大到住所和孩子的学校，小到一次旅行，一个手提包，甚至一台吸尘器。

我在本书中的论点是，当他们在为这些问题伤神时，这些富有的纽约人也在培养和强化自己的一系列行为和情感，这样一来，他们更能够获得内心的踏实感，视自己为"好人"。他们在自己的经济条件内节俭地生活，主要开支都是为了满足在他们看来最为基本和合理的家庭需求。放纵自我的消费是罕见场合下（比如生日）的"特殊待遇"，也就是说他们平日里的生活可以与奢侈绝缘。他们通过上班、做慈善、志愿服务，以及其他慷慨相助的日常行为来"回馈"社会。他们从不夸耀自己的财富，不问出身地平等对待他人，但他们对于自己的特权有内在的察觉和一颗感恩之心。他们试图培育出在情感和行为上都不会"恃财傲物"的后代。不管我的受访者是不是真正做到了他们所描述的理想和规范（我会在附录部分谈及这一点），他们的确费了不少心思从这些方面解读自己，而这正是理解不平等如何被合理化的关键。

文化合法性和个人层面的道德审判

我的研究发现揭示了美国人在文化层面对于特权的暧昧态度。富人的形象往往令人感到困惑，高端消费一面被塑造成高大上的生活理想，另一面又常常遭遇价值判断和口诛笔伐。这些在文化符号领域再现的富人形象又和美国社会的两大禁忌有所冲突，那就是避免谈论社会总体的阶级问题和个人层面的特权。尽管美国梦的意识形态牢不可破，发家致富也是很多人心目中默认的生活理想，但拥有财富并不那么简单和直接。

从受访富人的描述中我们可以看到，存在一些正确和错误的占有财富的方式，我把它们统称为合理享用特权的文化逻辑（cultural logic of legitimate entitlement）。这一逻辑并不仅限于我的受访者。它能引起整个社会的共鸣，恰恰是因为它已经成为了一种常识。这一文化逻辑首先意味着努力工作、审慎消费、回馈社会；其次，意味着充分意识到自身的特权，并对此采取谦逊的态度；三，不会想当然地认为自己比别人更值得拥有特权和财富。说到底，该逻辑建立在一套有关中产阶级道德楷模的符号意义系统之上。最耸人听闻的精英生活方式——比如"真正"的阔太太和华尔街之狼的生活——普遍被视为高高在上、不知节制的反面形象。而我的受访者强调自己生活的平常，他们诉诸中产阶级所代表的文化正当性。他们更愿意位居中层，这一中间位置属于情感层面而非财富分配层面，也就是说尽管他们腰缠万贯，但他们仍想遵循中产阶级的生活追求和习惯。只要有钱人能够把自己和那些形象"败坏"的富人区别开来，那么他们的特权和财富就可以被接受。事实上，他们甚至会因此显得不那么富有。

让人尤其惊讶的是中产在符号层面的高度弹性，几乎任何人都可以以它自居。哪怕有人资产超过5000万美元，其实位于社会财富金字塔的顶端，但只要他们声称自己有着某种秉性和生活方式，他们就能自称是中产阶级。这一符号的可用性是重要的，因为它有助于财富的常态化（the normalization of affluence），而这背后是富人得以以中产的面目示人的更宏观的文化过程。如果说社会金字塔的顶端指的是那些花2000万美元在汉普顿买房的人，那么中产就可以包括年收入200万美元、总资产500万美元的家庭。美国的流行文化中也有财富常态化的影子；一些实际上相当昂贵的生活方式（比如住别墅、雇家政工、举家度假和时尚衣着）堂而皇之地出现在以"中产"作为场景设定的影视剧里。⁴ 某些消费方式因此越发显得"平常",这从受访者的描述中可见一斑。而支撑这类"合理"生活方式的财富变得难以察觉,更难以批评。与此同时,实际的中产和穷人从公众的视野里消失了。

正如我在本书中指出的,合理享有特权的方式建立在个人的道德品质之上,它基于一定的情感、秉性和行为。与之有关的并不是一个人多有钱,而是他/她用钱做了什么,对其财富怀有怎样的感受。当我们判断有钱人消费品味的好坏时,我们关注的是他们是兢兢业业还是好吃懒做,是乐善好施还是一毛不拔,这些区别其实维护着现行的社会体制。对某些富人个体层面的口诛笔伐复刻了特权可以被合理占有的潜在逻辑,因为说一个人错误享有特权的言下之意是存在着正确享有它的方式。对个体的道德审判的关注淡化了公众对体制和社会进程的认识,包括资源分配的系统性不公。

然而,社会结构和体制的确会在一些关键的维度左右富人的命运——以及所有社会群体的命运。一方面,经济特权本身就建立在两极分化的劳动力市场之上,某些工作可以带来极高的金钱回报,而另一些工作的报酬则低得可怜;劳动法更多维护雇主而非工人的权益。社会精英通过积累文化教育资本和社会资源,能够相对轻松地跻身高端劳动力市场。他们的经济优势通过向高收入者倾斜的税收政策得到进一步的巩固,现行的税收政策也更照顾那些想把财富传递给后代的富人。手握特权者大都是富有的白人,美国社会在个体和制度层面都存在着让白人受益的种族歧视问题。

另一方面，许多受访者谈到的危机感也同样是特定制度安排下的产物。高收入者往往面临着不稳定的工作合同和收入。政府对于国民教育、住房、医疗和退休金的资助相当匮乏，每个人的生计都需由个体来负责。[5] 关键是，这些社会问题一方面制造了富人的危机感，但另一方面也恰恰源自于他们的行为。那些在金融和相关行业工作的人一手制造出那个同样让他们焦虑的不稳定的市场。有钱人往往出于个体利益的考虑，呼吁降低税率；这类政策削弱了政府扮演的角色，增加了个体的负担。虽然从短期看，这类政策似乎对富人有利，因为他们可以保留更多的资产，但长远来看，这是一套会让富人心怀焦虑的制度。

学者和行动主义者反复地指出，人们往往会把结构性的问题——在本书的语境下指的是社会资源分配的极度不均——归结于个人问题。[6] 比如，说有些人过得贫穷是因为他们不够努力或者道德品质缺失。但实际上，他们面临着教育、法律和劳动力市场等多层面的制度性歧视。而苦苦维持生计的人也常常会责怪自己的无能，而不是这个社会阻碍了他们的发展。[7] 在解释他们何以拥有现如今的社会地位时，有些受访者会谈到自己努力工作的态度和其他个人品质，有些则不那么强调这样的关联。尽管如此，他们应对良心不安的方式都是向内寻求，审视自己的情感和行为，而非往外看，反思社会结构和分配制度。诚然，在社会金字塔的顶端试图做一个有良心的富人和在底层哀叹自己的悲惨命运或被人说咎由自取是两码事，但按照赖特·米尔斯的话说，两者都没有把个人的生活境遇和有关社会结构的公共议题结合起来。[8] 简而言之，个人即政治（the personal is political）。

出路在哪？

尽管我的受访者对于他们的特权和财富表现出种种不安，但他们从不会真正地做消费降级，或者对其生活方式做出巨大的改变。恰恰相反，随着年龄的增长，他们越花越多——衣服、沙发、家具……按照贝特西的说法，他们逐渐成为了"奢侈怪胎"（luxury creep）。通过大宗的消费项目，比如家庭装修，他们练习着消费，对于大把大把地花钱"熟能生巧"。他们开始或持续性地雇用管家、保姆、设计师、建筑师、个人导购、私人助理、私人教练、导师和理疗师，等等。孩子长大后，这些家长也放弃了让孩子继续接触不同社会群体的尝试，因为他们更在乎的是让孩子获得尽可能多的发展机会。即便是那些对奢侈生活最为不安的受访者也慢慢适应了自己的特权。他们的社交圈子越来越窄，来往较多的是孩子所在私校的其他家长和富裕的邻居。但与此同时，这些富有的纽约人不断强化着自己配得上特权的身份认同感。他们认为自己始终保留着努力工作和审慎消费的"心态"和情感，哪怕他们可能不再上班挣钱，哪怕他们的消费螺旋上升。那些曾对特权有沉重心理负担的受访者最终得出了内心再怎么挣扎也"无济于事"的结论，由此将财富内疚感隐匿了起来。

但他们还能做什么呢？他们选择少花一点钱就真的有意义吗？还是说他们应该"回馈"更多？或者他们应该"放弃"一

些更加实质性的东西，一些受访者在第四章说到了这一点。许多人觉得要采取真正有意义的行动是不可能的事。甚至那些关注社会不平等的富人也不愿为了公共福祉牺牲自己的特权，比如把孩子送去公立学校。但如果存在将财富愧疚感和探索其他政治可能的主张、实践结合起来的更直截了当的方式，这些富人也许会支持它们。当然，我们也看到，大多数受访者没有改革现有体制的意愿，哪怕他们心有不安。

然而，这些研究发现所指出的更宏观的政治任务并不是为了告诉富人他们应该怎样做，而是为了解构合理占有特权的逻辑；这一逻辑聚焦的是个体的行动，是以道德的标尺去评价情感和行为，而非总体的社会资源分配。如果我们有一天不再对个体做道德审判，不再区分善良的富人和道德败坏的有钱人，而是致力于推动物质资源和生活机遇更平等的分配，那将意味着什么？比如说，如果有一天我们开始质疑罗琳身家过亿这一事实本身的合理性——不管她如何挣得这些钱、怎么花、她是否回馈了社会；如果我们只是关注一点，那就是她聚敛的巨额财富与当今世界极端的贫富差距是紧密相连的，她作为一个亿万富翁这件事本身就是对社会有害而不道德的，那又将意味着什么？

在一定程度上，最近涌现出的一系列批评社会不公的政治运动，比如占领华尔街、"为15美元而战"（Fight for Fifteen，有关最低时薪）和伯尼·桑德斯的总统竞选所引发的公共舆论已经触及了这些问题。我们也看到，一些受访者难以接受这样的批评，将它们解读为针对个人的道德审判；在奥巴马总统撤销对高收入者减税的政策后，许多高收入者也感到自己被针对、被冒犯。然而，把公众对于不平等的批评解读为个体人身攻击，这一趋势和根据一个人的个人品质来判断他/她是否值得拥有特权，恰恰有着相同的逻辑和文化机制。再拿罗琳作为例子，当我们说许多人过着一贫如洗的生活而她不该坐拥数十亿美元时，这并不是在指责她道德品质恶劣，仅仅因为她是个亿万富翁。问题的根源在于财富分配的方式，而不是拥有特权者的行为、秉性或情感——或者任何个体品质。如果我们能够把指向社会不平等的批评和指向个体的道德审判区分得足够清楚，那么富人也许不会对这类批评做出如此个体化的解读。

当然，把社会和个人层面区分开来并不意味着我们不再关注道德。一个资源分配更加平均的制度可以被视为更道德的社会组织形式，因为它能让更多人受益，并且其终极目标是惠及全社会。但要推广这样的看法绝非易事。有钱人往往拒绝放弃他们短期的利益；他们对政治和媒体也有着巨大的操控能力，这意味着在关于公正议题的社会大讨论中，有钱人更有能力去左右叙事方式和最终的讨论结果。也许更为重要的是，不管其政治立场和经济阶层是什么，许多美国人都早已习惯了这样的观点，那就是一个人所占有的社会资源取决于其个体行为和道德情感。然而，指出资源分配的公正问题就意味着要挑战以个人品质将人分成三六九等的合理性，既包括底层人民，也包括高收入群体。

方法论附录

用钱说话

本书脱胎于我到目前为止感觉最为艰难的一项研究。说得夸张些,我甚至觉得采访和描述这些离我家不足十英里远的纽约富人,比我 22 岁那年独自前往智利的偏远地区用西班牙语采访当地行踪不定的渔民还要困难。这项研究的难点不仅在于筹措步骤繁复而又耗时,更在于它耗尽了我的情感,让我无比焦虑;我始终在为研究设计、人选、分析和伦理问题苦苦挣扎。

这项研究挑战我的方面有很多,但最为核心的一点是,许多我试图去解构的关于富人的刻板印象和流行话语也同样影响着我收集和分析有关证据的能力。我自己也难逃这些刻板印象的影响(回想一下那句"鱼看不见水"的老话)。比如,我和许多人一样,下意识地认为"真正"的富人只包括那些超级富豪,而年收入50万美元的上班族只能算"中上层阶级"。我如今看到，这种想当然正来源于本书指出的一些文化趋势，比如把"中产"和某些消费方式联系起来，特别是在纽约这样一个物价昂贵、满是巨富的地方。同时，我感到自己的分析也同样受制于我试图揭示的那套针对个体道德品质的评价逻辑。要在解读受访者的描述时反思我自己不禁流露出的好恶和价值判断绝非易事。

其次，研究主题的敏感性也给我实际的操作方法带来了挑战。在整个社会对于钱和阶级问题都三缄其口的情况下，要找到愿意讨论这些敏感话题的访谈对象非常困难。此外，我也很难搞清楚受访者如何解读我的社会地位，而这又会怎样影响他们与我的交流。在写作过程中，我时常为怎样有效地保护受访者的隐私而发愁；鉴于我们的对话涉及财富和特权这些敏感问题，我对于受访者隐私的保护比过去任何研究项目都更加慎重。

在这篇附录里，我会以较为标准的形式来阐明我的研究方法，包括我如何招募受访者、如何进行访谈设计和分析，以及关于受访者的更多细节。但我也会反思，我在本书中所揭示的种种问题怎样影响着研究过程本身。

研究设计

我先前的研究和个人经历让我对这个研究项目产生了兴趣。我曾采访过经常下榻豪华酒店的富人，他们对于自己所享受的奢侈服务怀有复杂的感受，一些受访者也谈到了更广义的阶级特权。[1] 而我自己的田野观察和访谈也都揭示出一项明确的互惠原则，那就是这些客人觉得自己有义务善待服务人员。虽然我当时还没有做这样的解读，但如今我会说他们想追求心里踏实的感觉——自己配得上那样的奢华享受。另外，我本人的成长也享受着阶级特权，所以我对于这类内心活动并不陌生。一方面，我自己深有体会；另一方面，我也从亲朋好友那里观察到了这一点，特别是那些持自由主义立场的人。所以，我想要更深入地去分析这样的情感和行为。此外，我还和私人礼宾服务提供者以及其他服务行业的从业者打过交道，这些研究项目都致力于理解有能力雇用这些服务人员的高收入者如何理解审美和家政劳动的价值。[2] 因此，探索物质和服务消费似乎是理解富人如何体会其他特权的一条有效途径。

按照拉蒙特和斯维德勒的说法，要调查"人们的身份认同，包括人们如何把自己视为有道德感和良好价值观的好人"，深度访谈是最合适的研究方法。[3] 艾莉森·普指出，深度访谈也能揭示出特定文化和社会语境下的情感体验，包括焦虑。[4] 我因此选择使用深度访谈法来探究受访者如何做出有关生活方式的消费决定，而这些决定又与他们对自身特权的感受和是否配得上这些特权的理解有着怎样的关系（我会在后文探讨这一研究路径的局限）。

我在绪论中提到，我想要采访孩子年纪尚小的富有家长，料想他们可能是第一次做出某些重大的消费决定，特别是选择住在哪里、住怎样的房子，怎么抚养和教育他们的孩子。我推测更低年龄层的人还不会对于他们的生活方式做长远的打算，也可能不那么有钱，因此他们面对的消费选项较少。而更年长些的可能早已做出了这类决定，所以不会再去明确地思考它们。（当然，我这样的考虑排除了那些选择另类生活方式的人，这些人也许不像我的受访对象那样看重家庭，并以家庭为由对其特权进行辩护。）

鉴于特权是个相对的概念，一个关键问题便是如何定义有特权的人。我认为要找到愿意和我聊这个话题的人很难，而且根据具体的收入或资产数额来抽样也不现实，所以我决定用灵活的方式招募采访对象。我也想把富人的范畴扩得比人们通常理解的更大。当我 2009 年开始这项研究时，针对 1% 顶层人群的舆论焦点还没有形成。不管怎样，我觉得这样定义特权显得过于狭隘。我认为把后 20% 和前 1% 中间的所有人视为一个群体是不合理的。[5]

我决定从年收入 25 万美元以上的家庭入手，这个收入水平在 2010 年位于美国总人口的前 5%。[6] 我选择这一标准的另一个原因是这个数字也是奥巴马提出废除小布什政府的减税政策的门槛。因此，它兼具象征和物质层面的意义。许多人对此的评论是："25 万美元在纽约只能算中产水平。"这句话可以用数据来证伪；如果我们用中位数来代表中间位置，那么纽约家庭年收入的中位数是 52000 美元。[7] 而且，说 25 万美元算中产家庭其实预设了一个所谓的合理的需求水平。比如，2009 年一期《纽约时报》的头版标题赫然写着："你试图花 50 万美元在这座城市生活。"[8] 该文章直接假定一个家庭的"需求"包括一套位于曼哈顿的公寓、一栋夏日别墅、一年两次的度假、一个保姆、一个私人教练，还有孩子的私校学费。根据这些预设的需求来进行研究设计对我而言是不明智的。另外，我们已经看到，有钱人往往声称他们不是"真正"的富人，然后把目光投向比他们更加富有的人。我不想在自己的研究样本里沿袭这样的逻辑。我还是决定以 100 万美元（不包括房产价值）的资产标准来寻找受访者，这个数字是我的主观判断。最终，我大部分访谈对象的收入或者财富水平都超过了这个数字。

我相信职业、阶级背景、政治信仰、性别、种族、性取向都是潜在的重要因素，它们都可能会对受访者如何感受和谈论其消费及特权产生影响。但在这么小的样本内判断这些互相联系的特征会带来怎样的差异并不现实。最终，我决定将计就计地利用研究样本的异质性；我追求样本的广度，然后从访谈数据中探索主要的共同点和差异。而我所聚焦的最主要的差异来源是财富是受访者挣得的还是继承所得的。

寻找受访者

抱着研究的目的寻找精英受访者向来都是相当困难的一件事。[9] 许多关于富人的质性研究依据富人所附属的组织，比如学校、高级俱乐部或慈善机构来锁定访谈人选。[10] 这些研究把精英组织的附属性作为财富的指针，以此来筛选访谈对象，但该做法不符合本研究的逻辑。还有一些研究对预先定义好的人群进行随机抽样，[11] 但考虑到本研究的探索性，随机抽样法也不适用。特别是我希望把上述各种因素都囊括在样本内，并与访谈对象进行深入的对话。[12] 因此我决定采用滚雪球抽样法。[13] 这一选择追求的是研究的深度，但牺牲了研究发现的代表性和可推广性。但正如我在绪论里所说的，我的目的并不是要得出适用于某个收入或财富群体所有成员的观察，而是要探索他们谈论自己的消费选择和社会地位的种种方式。事实上，我更感兴趣（至今依然如此）的是描摹出这一充满异质性的群体内部的差异，而非得出一些泛泛而谈的结论。

按照我先前已经提到的这些选拔标准，我通过朋友和同事寻找访谈对象。这些同事和朋友曾在精英院校念书或者住在富人区，我请他们提供一些朋友或者熟人的名字。我起初说自己想采访的是那些正在做或刚刚做出重大消费决定的人，包括买房或者给孩子选择学校。我之所以这样做是因为我猜想潜在的参与者可能不想把自己定义为富人（我在第一章谈到了我一开始曾漫不经心地使用"富裕"一词所引发的不良后果）。我也没有明确地告诉他们我选择采访对象的标准，而是说我正在寻找"职业"（professional）家庭。这种模糊的措辞可能会导致我不太容易找到我真正想要采访的人，但我在这一阶段还是做了总共 50 个访谈中的 12 个。

我逐渐发现这些符合标准的受访者中有不少人正在进行家庭装修。我知道装修房屋在纽约是相当常见的现象，人们也很愿意讨论这个话题。基于初始的访谈，我相信这个话题能够指向经济、审美和生活方式等一系列我感兴趣的问题。而可以对家里做大规模的装修也意味着这类人群有自己的房产和相当可观的可支配收入。

于是我把研究的焦点转向了正在进行家装的富人。这一转向意味着我排除了一些潜在的受访者,尤其是租房的人和还没有做装修的房屋业主。但这也有好处,那就是使得本研究的样本框逐渐远离了我自己的社交圈子,而且访谈对象之间的联系也可能不再那么紧密。换句话说,我认识的或者我采访过的人可能会向我推荐他们并不十分熟悉的人选,比如他们的邻居,这意味着我的研究样本不会拘泥于几个联系紧密的社交网络。

我在绪论里提到,我还通过一些代表进步富人的组织接触到了一些受访者[50个核心样本中的7个,以及5个非核心样本(所有的)——他们没有结婚,也没有孩子]。这类组织包括"爱国百万富翁"(Patriotic Millionaires)、"资源创造"(Resource Generation)、"负责任的财富"(Responsible Wealth)和"为了公共福祉的财富"(Wealth for the Common Good),以及一些为性少数族群和有色人种的权益而创建的基金会。我和这些组织的工作人员取得了联系,然后让他们代表我去联系可能的受访者。有的工作人员会把他们联系上的、有兴趣参加我的研究项目的名单发给我。也有组织会把我写好的邮件转发给其成员。我问其中一个工作人员,我是不是该把资产和收入标准写在邮件里,他回答:"我觉得有明确的数字是好的……不然许多人会觉得'我不算富有'或者'我不算高收入人群'。我见过很多这样的人。"后来我意识到这类反应和我的一个研究发现是一致的,那就是富有的人不想把自己视为有钱人。收到我邮件的所有人当中只有 5 个人向我表达了参与的兴趣，而我最终采访了其中的 4 个。

虽然我将访谈的重心转向了房屋装修，但找到愿意与我交流的参与者依然不容易，哪怕我向他们承诺了对话的匿名性。我的朋友、同事和熟人纷纷帮我联络受访者，但他们大都碰了壁。有些熟人向我坦言，如果换作是自己，他们也不愿接受我的访谈邀请。还有些一开始表现出兴趣的人在随后的邮件往来中没了音讯。一个起初说要参与研究的女性后来告诉我她要照顾孩子实在抽不开身，但我最终得知她的孩子去参加了夏令营。更令我在意的是，我的"滚雪球"策略很难真的"滚动起来"。一些受访者在访谈结束后表示他们会把自己的朋友介绍给我，但随后要么不再回邮件，要么告诉我他们的朋友拒绝参与。还有几个女性说他们的丈夫会愿意和我聊聊，但后来我被告知他们的丈夫并不愿意和我聊。

这些直接或间接的拒绝至少部分是因为访谈话题与财富和金钱有关。我猜想受访者意识到如果他们替我去招募其他参与者，那就意味着他们要和自己的亲朋好友谈论钱的话题，并承认他们和我就这个话题做了交流。我的猜想有几次得到了明确的证实。比如我的一个同事刚开始说她会帮我去联系一个在金融行业工作的亲戚，但后来又改变了注意，说鉴于话题的特殊性，她想"保护"他的隐私。另外两个潜在的受访对象（都是女性）说她们不愿意和我聊钱，因为这对于她们的丈夫而言太过"隐私"（我的一些女性受访者也说过类似的话）。

收入与资产

我在绪论部分已经简要描述了本研究的访谈样本,包括50个"核心"样本,和5个没有孩子的"非核心"受访者,他们的年纪要么还比较年轻,要么已经过了生育的年龄。我在这里将进一步介绍他们的经济情况。根据他们向我透露的收入水平、存款、投资、消费和债务情况(包括贷款),我对受访者的总资产做了估计——一些情况下,我还会根据他们职业大概的收入来做估计。我利用房产市场的公开记录核实受访者们提供的房价信息。我并没有以统一的方式询问所有参与者的经济情况,也许我本该这样做(但这又会让我的访谈进一步受到谈钱这个禁忌话题的困扰)。最理想的情况是我能够相对自然地问及收入、资产、债务、月消费,还有房产价值,而且我相信受访者们知道这些问题的答案。对于这些案例,我能相对自信地说我比较清楚他们的经济条件。但在另一些情形下,我没有那么全面的信息。也许我压根没有开口询问,或者他们闭口不谈——但最常见的情况是他们表示自己不清楚。许多受访者能够告诉我他们的收入,而非总资产情况。还有人需要等到他们的父母或者其他家庭成员去世以后才能搞清自己能继承多少遗产。此外,如果一个受访者用大量的资产作投资,那么统计其收入又是非常困难的事。比如一个受访者的丈夫在创业后放弃了他原来的工资,但他近来又一下子收获了超过500万美元的一笔融资。我在之前已经说过,许多受访者都可能少报了他们的资产,而我也感到对它们做出保守的估计较为合适。因此,我认为自己可能低估了以下这些数字。

为了避免报告那些我不确定的数据,我根据受访者向我谈论的其首要经济来源来区分他们——即工资收入或者资产积累,后者大多数都有继承财产。3 名受访者声称他们的家庭年收入超过 500 万美元;另 3 人说自己的工资超过 300 万;6 人超过 200 万;还有 3 人超过 100 万。这些都是最低数字,因为我相信其中一些受访者绝对低估了他们的收入,以及/或者没有将他们钱生钱的收入计算在内。这 15 个家庭的净资产至少达到 100 万,虽然我相信实际数字要比这个高得多(有些家庭的净资产绝对超过 5000 万)。这类家庭中的妻子绝大多数都是全职太太;所有丈夫都在金融业、商业、房地产业和咨询行业工作,只有一个例外。另有 7 个家庭的年收入超过 50 万美元。这总共 22 个家庭中,我相信至少有 5 个已经或将继承超过 100 万美元的财产。样本中剩下的 5 个家庭,其年收入 25 万到 40 万不等;其中 2 个继承了一些遗产,但两人都表示已经花光了大部分遗产。这些家庭的收入主要还是来自金融界、法律界和商界,但也有一些人从事创意行业,比如广告业、建筑业以及在非营利组织工作。

而那些主要靠其积累的资产生活的家庭中,有 8 个继承了超过 800 万美元的财产(其中几个继承的遗产数额尤其大)。另有 2 个家庭继承了逾 500 万美元的财产,4 个超过 300 万。在这 14 个家庭中,有 10 个家庭的总资产主要来自于他们继承的遗产。也有一些家庭另有超过 50 万美元的工资收入。最后一个继承财产的家庭估计也继承了超过 100 万美元。这类家庭的受访者多数在艺术行业、非营利组织或者学术界工作。但也有一些人（非继承财产的资产积累型）曾经或者现在依然在金融和科技等相关领域工作。

专业服务提供者

本书还引用了我和 30 名专业服务提供者的对话，他们向富人提供各种各样有关生活方式的建议。这些人［戈夫曼称其为"策展人群体"（curator groups），布迪厄称其为"文化中介"（cultural intermediaries）][14] 对于他们客户的消费选择和想法有着第一手的经验，更会对其消费、财富积累和回馈社会的方式施加影响。许多服务提供者向我娓娓道来他们的客户，这进一步丰富了我对于这一消费群体的研究材料；多数情况下，他们的描述佐证了富人受访者给我的说法。

在开展这项研究前，我研究过私人礼宾服务提供者和生活方式管理行业（lifestyle management industry）的从业人员。[15] 我对于这些职业群体的民族志观察和访谈先于本研究，也的确形塑了我对于这项研究某些方面的兴趣。我并没有援引所有这些访谈，而只是包括了 12 位相对成功的私人礼宾服务提供者，她们和富人的接触非常广泛，其中两人还做过私人助理。[16] 此外，我还采访了 18 名专业服务提供者，包括投资理财和慈善顾问、室内设计师、艺术顾问、房产中介、建筑师、私人厨师、婚礼摄影师、理疗师和私人教练。这些受访者也是通过滚雪球法找到的，但难度要比寻找有钱人低得多。这些访谈平均持续90分钟，全程录音；我随后对它们做了转录和编码。

访谈过程

正如先前提到的，我自己的家庭出身就十分优越，我从小到大都在精英学校接受教育。所以在一定程度上，我对我的访谈对象并不陌生，特别是那些持进步政治立场、在文创行业工作的人。因为这些人和我的社交圈子比较相近，我也更有可能通过一些进步的组织机构联系上他们，所以我首先对这类富人进行了采访。尽管和他们谈钱让我感到不安，但我不担心自己无法理解他们的交流和生活方式。许多人和我一样住在布鲁克林区（虽然没有人和我住一个小区），所以我们也算共享许多日常生活的场景。和他们见面时，我穿着标准的学术职业装，风格总体偏休闲；而他们往往穿着随意。

但当我开始采访那些只有一方挣钱的家庭时，我感到更加不安，因为那不是我熟悉的世界。在我第一次驱车前往市郊做访谈时，我对自己的座驾——1994年产本田 Civic——感到担忧。它整车都呈奶白色，和市郊随处可见的深蓝车辆形成鲜明的对比。我担心受访者会"以车取人"，猜想我生活条件不佳，因此不愿和我坦诚相待。我甚至想过请人给车重新上漆。我先后询问了两家车行，最低报价是 800 美元。我觉得就为了缓解自己几小时里的身份焦虑而花那么多钱不太值当,毕竟这是辆老爷车,我也很少开它。我到最后也不清楚是否有任何受访者注意到这辆车;我驾车赴约的次数不算多。

同时,我觉得自己有必要为这些访谈升级一下我的衣柜。我去新泽西州的一家奥特莱斯购买了一些昂贵但又比较休闲的服饰,我认为在炎炎夏日以这样的衣着去采访精英人士(多数为女性)是相对得体的。我希望自己看上去穿着入时,但又不至于太过正式。回过头看,我相信自己采取了正确的策略。不过多数受访女性,尤其是那些全职妈妈,与我见面时穿着相当随意。有几个刚健身完的受访者直接穿运动装——苏珊·奥斯特兰德采访到的高阶级女性是不会这样做的。与这些参与者交流比我预想的要轻松。

我们之所以能够流畅地进行对话,部分原因是我和受访对象共享着许多文化资本。我能够理解他们对其社会背景和某些生活元素的指涉,比如寄宿制学校和大学、当地餐厅、对文化休闲的追求,还有一些基本的理财知识。我在纽约居住了多年,深知曼哈顿和布鲁克林不同街区的区别,也对于金融行业的工作内容略有耳闻(当然,我对学术圈和非营利组织的了解要多得多)。诚然,如果我和我的访谈对象并非来自同一背景,也许还会有一些问题会让我摸不着头脑。而我的研究助理表现出的一些陌生感让我意识到了自己潜移默化中获得的部分知识,包括对某些奢侈品和高端服务的了解,比如提供私人飞机租赁服务的利捷公务航空。我的访谈转录助手对于精英消费和教育也缺乏某些认知,比如一个访谈里出现的四个例子——齐本德尔家具（Chippendale furniture）、RISD（罗德岛设计学院，the Rhode Island School of Design）、爱马仕（Hermès）和格罗顿（Groton，一家精英寄宿制学校）。

我有意识地向受访者传递出我在这些方面的文化资本，这样一来，他们就不会把我视为离他们的生活圈子特别遥远的人。但当我们细聊家具、服饰、首饰等话题时，我的无知就会显露出来。尽管我听说过那些主流品牌和设计师，但我往往无法区分它们之间微妙的差别。多数情况下，我小心翼翼地掩饰着这些方面的无知，但有时我的无知也有助于他们更细致地做出解释，比如他们所居住的市郊地区有什么特点，他们在哪里消费等。

这些访谈基本就是围绕消费实践和需求定义所展开的对话，虽然受访者有时也会聊他们的个人经历和性格等。消费实践包括购买、设计和重新装修房产；育儿和择校；休闲花费；日常消费，如食物、衣物以及个人护理；还有个性化服务。这一路径鼓励受访者谈论他们对于消费的理解，谈论哪些消费会让他们感到不适，以及他们的消费选择怎样根植于其家庭和社会关系。当然，对于家和家庭的侧重使得我会引导受访者更多地讨论他们对孩子以及家庭其他问题的忧虑。如果我把谈话的重心放在某些消费品具体的选择上，比如买什么车或衣服，那么我们的对话和我最终呈现出的数据分析都可能会与现在不同。

至于访谈的节奏和机制，我确有准备一系列问题，但这个提纲只起到大致的提示作用。我在每场访谈的最后都会迅速扫一眼提纲，确保所有的主题都已涉及。对于某些话题，我收集的数据会比另一些话题要多,特别是有的受访者时间有限,只能详述其中几个话题。我会在访谈的最后向受访者抛出最具挑战性的问题,即他们是否感觉自己值得拥有特权和财富;当然,有人会在我们开始讨论道德感和矛盾心理时自然而然地提到这一点,那么我就无需再问。我还会在访谈接近尾声时询问受访者的收入和资产情况,如果这些话题在此之前尚未被提及。

正如之前已经提到的,我经常察觉到受访者在谈论财富时所流露出的不适,不过那些心系下层的富人和我通过进步团体找到的访谈对象显得相对坦率一些。随着访谈经验的增多,我也改进着邀请参与者谈钱(尤其是他们的收入和财产的具体数字)的方式。但在其中两名受访者面前,我感到某种交流障碍就像一堵无形的墙,[17]阻碍着我去询问数字(特别是总资产);这两人都是女性财产继承人,结婚后就不再上班挣钱。有两到三人拒绝回答我关于收入和/或资产的问题。还有一些受访者会用委婉的表达方式来谈钱,比如"储存我们的橡实"(saving our acorns)或者"一笔小钱"(a little boodle of money)。薇拉用"很多豆子"(a lot of beans)的讲法向我透露了她的装修开支(150万美元)。这些关于钱的表达方式都带有生活化、接地气的潜在意味——和强调过多的钱财意思相反。那些和富人打交道的服务行业人员告诉我,他们的客户往往对钱难以启齿。但我也在先前的章节提到,部分受访者表示能够坦率地谈钱让他们感受到一种释然。

访谈长度从一小时到四小时不等,大多数对话的持续时间为两小时。所有访谈都是面对面进行的,只有一个例外(这名男性受访者因为太忙，只能接受电话采访）。大多数访谈进行的地点是受访者的家（50个访谈中的33个），其他地点还有咖啡馆、餐厅以及办公室（我的或者受访者的）。所有访谈都被数字化录音。除了其中两个例外，所有访谈都做了完整的转录，然后由我或者我的研究助理用 Dedoose 质性数据分析软件做了编码。[18] 我在分析数据时重读了所有完整的访谈实录以及根据编码编撰而成的节选。

  关于访谈法，我们常常听到这样的忠告：你需要不断地寻找新的受访者，直至数据"饱和"（saturation）。[19] 我的确开始一遍又一遍地听到相同的叙事方式和操心事，特别是从其中两个群体的受访者那里：有着挣钱丈夫的全职太太，以及在文创行业工作、持进步立场的财产继承人。我可以比较有把握地说，即使我继续从这两个群体里招募更多的受访者，也不太可能产生新的洞见。然而，我希望自己能够采访到更多上班挣钱的富人，男女都是。由于上班的高收入者往往工作时间极长，所以要让他们抽空接受访谈绝非易事。我也希望能够接触到更多财产继承人的配偶，以及纽约那些在慈善界素有声望的老牌贵族。我在当初设计访谈群体的类别时决定追求其多样性，这当然限制了我对所有群体都达到数据饱和的可能。但话说回来，这一欠缺也给未来的研究者聚焦某些富人群体进行更深入的分析留下了足够的空间。

可能的批评

同样采取访谈法的学者可能会对本研究提出一系列批评。[20] 首先,他们可能会说受访者的言行也许不一致。[21] 我们已经清楚,他们的消费水平是绝大多数纽约人和世界上其他地方的普通民众都难以企及的。也许他们并没有像自己标榜的那样工作努力,而是无所事事。不止如此,他们可能还会违反其他的行为准则,比如待人粗鲁,或者整天炫富。但他们的举止并不是我最为关心的。或许这些人做不到他们所强调的那些道德品质,但他们对于努力工作、合理消费和回馈社会的强调本身才是理解不平等如何在文化符号层面被合理化的关键。我把这整套说辞视为他们想要效仿的榜样和有关道德楷模的描述,而不仅仅是敷衍的辩解。对我而言,他们是否真的言行一致并不那么重要。而且我已经说了,我认为判断富人到底是不是"真正的"好人没有意义,因为它复刻的是个人层面的道德审判,起到的效果是将贫富差距合理化。

其次,也许有人会说,甚至在话语层面上,我的受访者都没有表达他们真正的想法和经历。他们的回答只是对其特权的一种策略性的辩解。又或者,访谈不是自然而然的生活场景,因此他们的回答是人为干预的结果,而非发自内心。也许受访者认为我的社会地位不如他们高,于是对其言辞加以修饰,以彰显"接地气"的一面,尽量弱化居高临下和炫富的姿态。要想知道受访者到底是怎么想的并不可能，我也很难说清楚我的存在会对我们的对话产生怎样的影响，因此以上所说的这些情况是可能存在的。而且在不同语境下和面对不同的谈话对象时，人本来就会表达出不同的立场。但所有这些都不意味着他们的回答不真实。

就算是我的访谈对象对我说的是他们想象我愿意听到的内容，他们对于我想听到什么的猜想本身正是我所关心的——因为他们实则是在建构心目中理想的个人形象。这些关于理想形象的描述呈现出高度一致性，而且往往无需我做任何提示。正如雪莉·奥特纳所言，通过访谈，研究者可以捕捉到"各类文本共通的文化样式，它们构成了某种话语体系"。[22]

更重要的是，受访者有意无意地向我举了许许多多的例子，都印证着我对其矛盾心理的观察。他们的言语之间流露出犹豫和挣扎，他们时而欲言又止、时而情绪激动、时而字斟句酌；本书多次提到了这一现象。此外，当他们向我倾诉自己的矛盾心理时，这种倾诉所带来的如释重负有时是显而易见的；有些人还寻求我对于一些问题（如怎样正确地育儿）的看法。所有这些都表明他们向我表达的忧虑和不安并非虚情假意。而在更具体的操作层面上，我在前文已经说过，我会尽量去证实资产（特别是房价）的真实性。没有一个受访者夸大自己的资产，虽然有些人低估了他们的房产价值，但这符合我的立论——即他们趋于将自己的财富数字最小化。而且我也说了，我还独立采访了与这些富人打交道的专业服务提供者，他们也谈到自己的客人内心时常会为财富和特权感到挣扎。

第三种批评可能如下：就算我关于这些受访者的观察和论点站得住脚，但他们可能只是富人当中的异类。本书花大量篇幅描述心有不安、追求道德品质的富有家长，这样的形象很少出现在关于富人的媒体报道当中。媒体津津乐道的是那些自命不凡、颐指气使的富人，符合我们的刻板印象。而且我的受访者也反复提到这类"道德败坏"的富人，他们就存在于这些受访者的社交圈子甚至家庭成员当中。这么说来，我的访谈对象——持自由主义立场的纽约富人——也许只是富人群体里的例外。大多数有钱人并不在乎道德问题，也不曾纠结自己的优越生活。

但对我而言，这种可能性违反常理。和其他社会群体一样，最有特权的人也想要获得内心的平静，相信自己是有道德之人。[23]而在美国，富人群体需要面对的不仅是长久以来一直存在的公平主义（egalitarianism）传统，还有近年来社会舆论对于个人优秀品质——包括能力和道德层面——的强调。后者产生的大背景是日益加剧的社会不平等和民意的沸腾。在这样的情况下，对于自身的特权和与此对应的道德问题，处境优越的富人的内心总会产生一定的波澜，哪怕这种冲击不易为其他群体所察觉。而且话说回来，将自己视为有道德品质之人的愿望可以与其他的信仰和行为共存。

然而，一系列因素都可能影响到富人如何感知和谈论他们的特权以及自己是否配得上如此优越的生活。我的受访者不仅大多数持自由主义的政治立场，而且受过高等教育，没有宗教信仰，曾经或依然在职场上打拼。在这些方面和我的受访者大相径庭的富人可能会提供一套有所不同的话语。甚至在我的访谈对象内部，我们也可以观察到政治立场、财富来源、家庭背景和社交圈子相互作用导致的各种话语和行为差异。此外，我的访谈对象大都处在家庭成长期，这一人生阶段也影响着他们对于一些社会问题的看法，特别是相较于他们更年轻时的想法。[24]

未来的研究可以也应该基于上述这些差异和不同的人生阶段更系统地探究不同的富人心态；另外性别和种族／民族因素也值得被考虑在内。不同地区的富人可能有不同的微观文化，特别是在美国。不同的国情也可能会影响某个国家的精英人群对其特权的理解和实践，而且不同的文化对于何为优秀品质、怎样算配得上特权等问题的解释可能存在差异。探究与此相关的文化意义系统如何在不同语境下反映和维护资源分配的结构性不平等也是非常有必要的。[25] 最后，研究精英自我理解的转变是十分有意义的选题，但它操作起来会面临证据不足的挑战。影响富人观念转变的因素不仅包括长期以来某个社会如何定义优秀和人才，也包括短期内的经济和政治局势，因为后者会凸显贫富差距的严重性和普遍性。

匿名性

鉴于受访者向我分享了不少隐私、吐露了不少真情实感，所以我在描述这些受访者时非常注意维护他们的匿名性。我相信普通读者不可能通过我的描述认出任何受访者，我最为担心的是那些知道我采访了他们的朋友或邻居的人可以辨识出谁是谁。如果没有人知道某个受访者和我进行了对话，那么我对保护这类人的隐私就不会太担心。但还有一部分受访者是经其好友介绍而参与到我的研究当中来的，他们的朋友可能通过本书的某些蛛丝马迹辨别出他们，这是我更为担心的情况。

我对所有参与者的描述都使用了化名，并改变了他们的部分特征。我没有对他们的容貌做任何描述，也不曾提供可能透露其身份的房屋细节。保护受访者隐私的必要性意味着我不得不牺牲一些民族志研究通常采用的深描手法。我无法提供所有受访者的信息汇总表，因为读者可能会用排除法辨别出某些受访者的真实身份。我也没有把所有受访者的婚姻情况都描述出来。读者可能会注意到，我有时甚至避免使用化名来称呼一些访谈对象，因为前后统一、个性鲜明的人物也同样可能会被认出。如果我意识到描述某一特征可能会令其他受访者认出她来，那我通常不会赋予这一特征拥有者任何名字。个别受访者在接受我采访时刚刚建造了自己的新家，为了避免其他人通过这一细节辨别出他们的真实身份，我把他们的工程也称为家庭装修。同时，我也会反思修改这类做法的后果，尽量不去触碰那些可能影响读者对我的论点进行研判的重要的人口统计学信息和生理特征。[26]

我在这方面做出的最为艰难同时也可能最富争议的决定是，对于所有我命名的受访者，我没有对他们的种族加以区分。这一决定的潜在后果是种族差异可能没有得到足够的重视。读者可能认为所有有名字的受访者都是白人，也无从揣测某些特性和种族的关联。但恰恰因为我采访到的非白人来自几个互相认识的社交圈子，所以出于研究伦理的考虑，我感觉自己必须把他们的身份信息掩盖起来，彻底消除他们认出彼此的可能性（的确，几个有色受访对象担心如果我提供他们的真实特征，他们很容易被其他人认出来；比如，一名女性受访者让我不要透露她住在曼哈顿，因为那里的非白人屈指可数）。我在之前也已经指出，本研究样本框中的有色人种数量很小，这意味着我很难就种族这一因素得出系统性的观察和结论。本书的某些小节确有谈到一些可能的趋势和种族差异，为此我要么只是泛泛而谈，要么使用了为那些小节而特意设计的化名。

道德审判

正如我几次提到的，流行文化对于财富、富人，特别是奢侈消费的表征（representation）往往带有窥探他人隐私的色彩（voyeuristic）。这类表征也趋于（或至少是潜在地）将富人塑造为道德品质败坏的群体。困扰受访者的正是这类刻板印象和媒体表征，我也同样深受其扰。当然，我最终的目的是要揭示这些公众讨论所涉及的一系列价值观层面的问题，但想要就事论事并不容易。我觉得自己对这些富有消费者的描述本身就好像是在迎合普罗大众对有钱人生活细节的各种夸张想象，同时/或者对他们做出道德审判。甚至只是简单地陈述他们的资产和装修费都可能听上去像是在指责他们。当你的描述对象几乎每次出行都坐头等舱或者花几百万美元用于家庭装修时，你的研究很难撇开那些关于何为合理需求的先入为主的文化观念。我尽力用不带价值判断的笔调进行写作，但毫无疑问，我并没有在本书的每一处都取得成功。我有时会在某些单词的选择上斟酌很久。比如，我好几次都想用"安逸"（cushy）一词来形容受访者的生活，但我感到这个词语可能显得略有贬义。于是，我更多时候使用的词是"舒适"（comfortable），它听上去更加中性和委婉。

我也时常怀疑自己对于受访者的同情是否会妨碍我对他们自相矛盾之处的觉察力；又或者，我的批判立场是否会阻碍我对于他们的理解。我试图对这两种可能性都保持足够的警惕，按照标准的程序来对访谈做编码，在做分析时反复阅读访谈实录，并将我的研究发现分享给别人。

我已经收到了各种各样的反馈。许多读者意识到当他们阅读本书时，会情不自禁地对受访者进行道德审判。其中一些人鼓励我在绪论部分就先强调这一可能性，我也的确这么做了。我的一些朋友和同事（其成长背景往往不是很优越）认为我对受访者太过包容，他们毫不掩饰自己对这些人的审判（"真是个混蛋！"）。而另一些朋友（特别是那些有着更多阶级特权的人）则对这些受访者有着更多的同情。一个朋友对我说："我感觉像是在阅读我自己。"我有时也会觉得，本书提到的一些想法和寻求自我安慰的心理机制会让一部分学术界的读者产生共鸣，因为他们以类似的方式阐释着自己的特权。

时至今日，我依然担心受访者觉得我辜负了他们对我的信任。这倒不是因为他们的真实身份可能会被曝光，而是他们可能觉得自己成了别人审视的对象，他们个人的情感和内心挣扎以其不曾预料的方式呈现在了众人的面前。我对此的焦虑也从另一个角度反映出公开谈论财富和特权是多么困难。不过，我希望这些受访者不会产生这样一种印象——那就是我以耸人听闻的方式呈现了他们的生活或提供了一些无谓的细节。在大规模的贫富差距深刻影响着当今美国的背景下，我相信试图建立有关金钱、道德和自我的对话，这在文化、政治和社会层面都是有必要的。

注 释

献给劳拉

英文标题为"THE SOCIAL PSYCHOLOGY OF THE WORLD RELIGIONS"——译者注。

绪论

1
1 无独有偶,另一位受访对象告诉我,他有一朋友在购买空中别墅(penthouse)时坚持房产商答应这样一个条件:这幢公寓楼的电梯里不许出现 PH 按钮,而要换成显示楼层的数字。
2 Fussell 1983,第一章。
3 Keller 2005, ix 页;也可参看 Ortner 2003。
4 当然这种平等自始至终都是臆想。美国的历史写满了对美洲原住民、有色人种、妇女、移民以及各种劳工的压迫和排挤。参看 Nakano Glenn 2002;Zinn 1980。
5 关于美国梦的研究,可参看 Cullen 2004;Hochschild 1995;McCall 2013。
6 Nakano Glenn 2002。
7 DeMott 1990。另见 Kendall 2005 关于"制造共识"(framing consensus)的

论述。

8 参看 Bartels 2008；Cooper 2014；David 和 Kim 2015；Hacker 2006；Hacker 和 Pierson 2011；Heiman 2015；Katz 2012；Lane 2011；Pugh 2015；Schor 2016；Sennett 2007；Standing 2011。

9 如 Krugman 2002——原注。马克·吐温和好友华纳曾用"镀金时代"（Gilded Age）作标题，创作了一部长篇小说，来讽刺美国在19世纪70年代经历南北战争后曾一度出现的拜金主义和政坛腐败。美国人后来普遍把1870至1900年这段时期称为"镀金时代"。——译者注

10 "2010年，最富有的那百分之一的人坐拥超过34%的资产净值，而接下来9%的人瓜分了另外40%。剩下（90%）人口所拥有的净资产总和仅多于25%"（Keister 2014，353）。另可参看 Hacker 和 Pierson 2011；Keister 2005；Keister 和 Moller 2000；Piketty 2014；Saez 2015。

11 Chetty 等 2015；Norton 和 Ariely 2011。

12 Frank 2007；Kenworthy 2015；Wilkinson 和 Pickett 2009。

13 根据皮尤研究中心（Pew Research Centre）2016年的报告。他们对"中等收入"人口的定义是那些家庭净收入占全国中位数三分之二到两倍于此数值的成年人。

14 Dwyer 和 Wright 2012；Wright 和 Dwyer 2013。

15 人们通常把非体力劳动视为中产阶级所从事的工作，但这并不是说蓝领工人就负担不起中产的生活方式。在工会力量强大的年代，许多被视为"工人阶级"的体力劳动者也过得起这样的生活（见 Halle 1984）。关于中产阶级这一概念新近的讨论，参看 Heiman 等 2012。

16 作者此处使用意识形态（ideological）一词并不特指某一种信条，比如共产主义或者宗教信仰，而是将意识形态视为一种维护社会统治、遮蔽阶级关系的文化和意义系统。相关论著可参看斯图亚特·霍尔的 *Marxism Without Guarantees* 一文和孟冰纯基于该篇文章所写的《霍尔对当代中国文化研究的启示》，发表于《传播、文化与政治》学刊的创刊号上。——译者注

17 Anat Shenker-Osorio（2013）指出"中产阶级"是"一个含义凝结的词汇。它不再指涉一种介于另两者之间的经济状态，而是成了一种身份标签，一种你应该去追求的标签"。

18 在著名的《新教伦理与资本主义》一书中，马克思·韦伯（2003［1958］）

认为美国的清教徒受卡尔文主义的影响，通过努力工作来体现自己被上帝"选中"，将会得到"拯救"。恪尽职守的工作态度和自我克制的消费观念相辅相成。韦伯引用了本杰明·富兰克林写的《穷理查年鉴》(*Poor Richard Almanac*)，其中充斥着劝人踏实肯干、节衣缩食的格言警句。富兰克林的名言包括："早睡早起身体棒、财富旺、才智佳"；"花小钱也要精打细算，小渗漏，大船沉"；还有"许多人以为自己花钱买享受，殊不知自己已成了欢愉的奴隶"。在韦伯看来，努力工作和谨慎消费造就了资本的叠加，打下了美国资本主义的基础。

19 "福利女王"是一个美国媒体曾频繁使用的贬义词，它指代那些想尽各种办法（比如造假孩子身份，操控孩子说谎等）领取超额救济金的单身母亲，尤指黑人妇女。——译者注

20 参看 Gilens 1999；Katz 2013。

21 Veblen 1994 [1899]。在凡勃伦的理论模型中，闲暇时间本身就是一种炫耀。比如，富贵人家的妻子或者仆人往往穿着行动不便的服装，如紧身内衣和制服，以此来显示他们不需要劳动。这进一步印证了该家男主人的财富和身份。

22 1920—1929年，美国经济发展迅猛，城市化步伐加快，造就了一大批都市富贵阶级。再加上大众媒体的崛起，美国文化首次迎来消费主义的泛滥。歌舞升平、灯红酒绿的富人生活，和与之相伴的巨大的社会矛盾，共同组成了"癫狂的二十年代"。——译者注

23 Fan 2015；Leven 2016。颇为讽刺的是，两篇文章都引用了电视真人秀《公主我最大》(*Ultra Rich Asian Girls in Vancouver*)，并且有可能从这档节目获得灵感。想要更全面地了解媒体是如何呈现富人的生活，特别是其经常采用的"标价式报道框架"，可参看 Kendall 2005。关于中国新贵阶级和他们的道德困境，见 Osburg 2013。

24 Piff 2014；Piff 等 2010；Piff 等 2012；Vohs 等 2006。关于这方面研究的文献回顾以及互相矛盾的研究结论，可参看 Korndörfer 等 2015。

25 Frank 2008；Freeland 2012。

26 Sengupta 2012。

27 我在此处只是翻译了原著罗列的英文单词的字面意思，但这些中文词语的褒贬义并不一定和原文一致。事实上，中文里关于有钱人的形容词其正负面色

彩随着历史语境而改变。改革开放以来，有钱和赚钱不再是什么不光彩的事。——译者注

28 这个词组的典型定义是那些可投资资产超过 100 万美元的个人（见 Hay 2013，第 3 页）。

29 Bourdieu 1984；Daloz 2012；Khan 2012；Mears 2014；Schor 1998，2007；Veblen 1994［1899］。关于超富人群的研究，参看 Beaverstock 和 Hay 2016。由于深入接触上流人群十分困难，学者们趋于把目光投向富人生活最显而易见的方面（如 Mears 2014；Spencer 2016）。最近的一些研究聚焦男富翁对于女性身体和性的"消费"。消费女性既是他们互相攀比的一种方式，也是积累经济和社会资本的手段之一（如 Hoang 2015；Mears 2015b）。

30 参看 Khan 2012；Ostrander 1984；Ostrower 1995。关于社交俱乐部的研究主要聚焦于这些组织和空间的封闭性（Chin 2011；Holden Sherwood 2013；Kendall 2002）。也有研究指出，有钱的家长寻求各种办法，好让自己的孩子赢在起跑线上（Johnson 2006；Lareau 和 Weininger 2008）。此外研究者发现，虽然各种社会机构表面上看起来变得更加公平和多元化，但它们的隐形歧视依然存在。比如，Lauren Rivera（2015）的研究表明，即使越来越多的非白人学生从大学毕业，即使顶尖企业口头上承诺他们会不问种族、从优录取，但拥有特权的白人面试官还是会不自觉地偏袒文化上他们更熟悉的求职者。Shamus Khan（2011）认为，虽然圣保罗中学等精英学校的学生组成如今越发多元，虽然人们对于特权的解释不再和出身挂钩，而是强调"努力工作"所获得的回报，但只有让自己显得"毫不费力"，才会被视为真正的精英。可以说，曾经建立在某些显性机制之上的社会区隔，如今更多地隐匿于各种不易察觉的文化过程之中。

31 Reay 2015b。关于工人阶级的生活经历，可参看 Bettie 2003；Hochschild 2016；Jensen 2004；Kefalas 2003；Lewis 1993；MacLeod 1995；Rubin 1992［1976］；Sennett 和 Cobb 1993［1973］；Silva 2013；Skeggs 1997；Willis 1979。关于穷人的研究，参见 Desmond 2016；Edin 和 Kefalas 2005；Edin 和 Lein 1997；Edin 和 Shaefer 2015；Goffman 2014；Hays 2003；Newman 和 Massengill 2006；J. Sherman 2009；Young 2004。关于中产阶级，见 Ehrenreich 1989；Heiman 2015；Newman 1999。关于种族和中产阶级，见 Jackson 2001；Lacy 2007；Pattillo 2007，2013。

32 许多研究比较"中产阶级"和"工人阶级",这类研究对于中产的定义是那些拥有大学学历和/或从事白领及管理工作的人。由于这类研究主要是向下进行比较,所以它们通常不会细分中产阶级、中高层和上层阶级(如 Cucchiara 2013;Lareau 2011;Streib 2015)。依据教育程度来定义阶级存在局限性,因为它无法用来划分出"上层阶级"(参见 Sherman 2017)。关于家庭教育和学校教育的阶级比较,参看 Ball 等 2004;Devine 2004;Irwin 和 Elley 2011;Johnson 2006;Pugh 2009。

33 创刊于 19 世纪末,《社交界名人录》是一本提供美国精英的姓名、住址和其他信息的人名地址录。整个 20 世纪,判断一个人是否有所建树的主要标准就在于他/她是否能够跻身于这本名人录中。

34 Ostrander 1984。也可参看 Kaplan Daniels 1988,她的研究聚焦相似的人群,但更加关注上流女性的志愿者服务。

35 全称为 White Anglo-Saxon Protestant,见 Baltzell 1964,1991。

36 关于这些转变,可参考 Khan 2011,第一章。另见 Ostrower 1995;Savage 和 Williams 2008。

37 见 Karabel 2005;Lemann 1999。

38 Hay 2013;Reay 等 2007;Rothkopf 2009;Sklair 2001。

39 Brooks 2000;Khan 2011。想要了解关于文化杂食性的最新研究,可参考 Karademir Hazir 和 Warde 2016 以及 Warde 2015。

40 Sassen 1988,1990。

41 财政政策研究院(Fiscal Policy Institute 2010);McGeehan 2012;Roberts 2014。

42 Gregory 2014。

43 Roberts 2014。罗伯茨(Roberts)同时指出,2013 年纽约市的贫困率达 21%,也就意味着有 170 万人生活在贫困线以下。2015 年《纽约时报》的一项问卷调查发现,51% 的纽约人觉得他们的生活过得并不如意(Burns and Russonello 2015)。

44 Fry 和 Taylor 2012。尽管住宅区的种族隔离问题依然相当显著,但较之前已有所下降(可参见 Alba 和 Romalewski 2017)。

45 Martin 2015。

46 关于把"精英"和社会、经济、文化和政治权力相联系的研究,参看 Khan

2012。社会阶级是一个难以定义和测量的复杂概念。它可以理解为人们在社会收入和财富分配中的位置、与职业相关的各种特征、对各种资本的所有权，或者某些消费方式（尤其是在定义中产阶级时）。关于这些可能的定义方法，可参考 Halle 1984；Lacy 2007；Lareau 和 Conley 2008；Wright 2005。实证研究者通常会结合收入、教育和职业等多个指标来确定阶级位置（如 Halle 1984）。而传统上，美国的"上层阶级"不是通过收入来定义的（当然研究者默认他们拥有相当丰厚的收入、财富和资本掌控权），而是某人是否属于某些特定的精英团体（Domhoff 1971；Ostrander 1984）。但如今这些团体的重要性已经大不如前，精英的人口构成也更加多元，于是"顶端1%"成了更常见的定义方式（如 Page 等 2013）。但只关注收入分配无法将白手起家和继承财产的有钱人加以区别，无法细化与资本间的不同关系、不同程度的自由度和社会权威，也无法将经济和文化资本间的不同比例加以理论化（Bourdieu 1984）。回顾这个问题是有必要的。比如，不管是从理论还是实证角度而言，赚钱薪水的"职业经理人阶级"（Ehrenreich and Ehrenreich 1979）或者说是"中上层阶级"都应该和那些家族控制着巨额全球资本的富商区别开来。然而，我相信从收入分配层面出发定义阶级对我的研究而言是合适的，因为我的首要目的是探究富人的生命体验。

47 比如参看 Khimm 2011。如果是关于政治影响力的研究，那么把社会精英框定在顶尖的 1% 或 0.1% 的人群是有意义的。但那些属于顶层 5% 甚至 10% 的富人，虽然他们近年来收获的财富低于顶尖 0.1% 的极富人群，但与剩余的人口相比，他们依然享有巨大的特权。要说顶层 5% 或 10% 的富人和中位数人群在生命体验上没有区别，显然有问题。

48 Rivera 2014。

49 在不同时期、使用不同方法估算出的顶层人群的财产差异非常大（见 Bricker 等 2016）。Lisa Keister 根据 2010 年消费者财务状况调查（Survey of Consumer Finances）的数据，认为 2010 年美国顶层 5% 人口的收入门槛应为 205335 美元（来自我和她的个人交流）。Emmanuel Saez（2015）则声称 2012 年顶层 1% 人口的收入门槛是 394000 美元，前 5% 的最低收入是 161000 美元。而按照商业内幕网（Business Insider）的说法，你需要收入达到 608584 美元才能跻身纽约市最有钱的 1% 行列，挤进前 5% 需要 246496 美元（Elkins 2015）。然而 Liu（2012）根据纽约市个人所得税（而非家庭缴税）的相关数据得出，2008 年 1% 富人的收入门槛是 595029 美元，2009 则降至 492422 美元。

而顶层人口的财富数额同样难以定义。Keister（2014）根据消费者财务状况调查的数据，认为 2010 年最有钱的 1% 家庭的财产总额不低于 680 万美元，前 5% 不低于 1863800（个人交流）。Bricker 等（2016）梳理了各项关于 2012 年顶层 1% 家庭净资产的数据统计，发觉它们的结论从将近四百万到八百万不等。考虑到个别超级巨富会拉高平均值，这类关于顶层人口平均收入的报告存在严重的数据偏差。因此，我选择使用最低值，并且中位数比平均值更能反应该群体的中间水平。关于 25 万美元是否"真的"代表了纽约市的特别人群，我在附录里会做讨论。

50 我在附录里详细解释了本研究的采样过程和方法论选择。

51 我也采访了 5 个未婚或者没有孩子的有钱人，他们比样本中的其他受访者更年长或年轻。在整本书里，我会偶尔引用这些"非核心"的受访对象，他们的看法和其他人大体相同。

52 美国人口普查局（US Census Bureau 2016）。另见 Roberts 2014。

53 Keister 2014。基于受访对象向我透露的他们的收入、资产、月花销、债务，还有房产价值的公开记录，我估算出了他们的净资产。

54 Khan 2011。

55 个别没有硕士学位的受访者也都和比他们学位更高的人结了婚。

56 这些女性当中有两人会偶尔出去打点零工。

57 Page 等 2013。

58 那些暂时没有房产的人之前都拥有过房产，只是他们目前处于过渡期，正严肃考虑购买更贵的住处。

59 比如，玛格丽特供职于一家非营利组织工作，她的丈夫则在娱乐业工作。当我采访她是，她家的年收入恰好是 25 万美元；他们还有 8 万美元的资产，几千美元的负债。她和她的丈夫拥有一套房子（他们每月要向银行还贷 4 千元），不过他们的家在布鲁克林相对不那么富裕的街区。他们的孩子在公立学校念书，玛格丽特打算让孩子在那儿一直读下去。他们很少旅行，并且在我访谈样本中，他们是唯一不雇用清洁工的家庭。另有一对夫妇曾经很富有，但眼下遇到了财政危机。蕾贝卡的家装工程和突如其来的巨额医疗费让她和丈夫差点破产，而且当时恰逢 2008 年金融危机，他俩又双双失去了本来收入颇丰的工作。幸好她还可依靠一些财产过活。

60 关于"消费工作",参见 Weinbaum 和 Bridges 1976。

61 Bourdieu 1984。

62 更多关于此类访谈的细节,参见附录。关于专业服务人员和他们客户之间的关系,见 Sherman 2014。关于私人礼宾服务人员(personal concierge)的著作,见 Sherman 2010 和 2011。

63 比如参看 Domhoff 2010;Johnson 2006,第 123–124 页;Ortner 2003,第 10 页.

64 在某些情况下,他们的拒绝带给我了不少收获,因为我可以借此询问他们不愿谈钱的原因。

65 另一位学者也有着类似的观察,参看 Chin 2011。

66 Ostrander 1984,第 26 页和第 35 页。

67 同上,第 101 页。

68 我采访过的服务业人员也试图克制他们对于客户花钱方式的评判,他们经常使用的一个句式是:"好吧,我不想对他们评头论足,但是……"一个认为评判他人不妥,另一个试图避免暴露自己的财富,两者相互叠加,导致了对于金钱、特权和社会不公的长期沉默。关于不同社会情境中避免阶级判断的现象,参看 Strieb(2015, 35)。

69 也就是为了政治正确,刻意避免去讨论种族问题——译者注。

70 见 Kluegel 和 Smith 1986;Lamont 1992, 2000;McCall 2013;McNamee 和 Miller 2004;Schulz 2012。

71 参看 McNamee 和 Miller 2004。值得注意的是,我们常常听到"新教职业伦理"的说法,这样的修辞进一步削弱了消费的层面。

72 我对于"entitled"一词的理解借鉴的是 Khan(2011)的烟酒。关于金钱和道德,参看 Carruthers 和 Espeland 1998;Kornhauser 1994;Lamont 1992, 2000;Zelizer 1994。

73 Hochschild 1989b。

74 常识(common sense)这一概念来自葛兰西(Gramsci, 1971)的文化霸权理论。Heiman(2015)对于美国语境下的阶级化"常识"做了民族志研究。

75 从某种程度上而言,对于自身问题的关注也体现在工人阶级青年的"心态经济"(mood economy)中,他们责怪自己无法实现成年人的标配生活,比如建立家庭、拥有稳定的工作（Silva 2013；Lewis 1993）。
76 见 Small 2009。
77 Graham 1999；Lacy（即将出版）。Annette Lareau 已经开始了一项比较白人和非洲裔高收入美国家庭的质性研究，但现在谈结论还为时尚早（来自我和她的私下交流）。

第一章 目光所及的他人

自视中产或是承认特权

1 我并没有直接询问受访者他们如何看待自己所处的阶级地位。社会阶级是个复杂的概念，而且也很难去了解人们怎么理解它。此外，我们知道美国人更倾向于把自己视为中产阶级，认为他们的收入都处于平均水平。我留意的是受访者怎样描述他们的社会地位，以及他们是否感到自己处境优越。我尤其关注他们趋于比较的对象，以及他们如何谈论别人。有时在访谈即将结束前，我会直接询问他们如何看待那些比他们富有或贫穷的人（如果他们尚未触及这个话题）。
2 Leach 等（2002）认为不同类型的社会心理特征会影响人们对其特权的认知方式，包括否认自己的特权。
3 Leach 等 2002；Pratto 和 Stewart 2012。关于白人的社会心理学研究，也可参看 Frankenberg 1993；Lipsitz 1998；McIntosh 1988.
4 Folbre 1991; Kaplan Daniels 1987; Sherman 2010。
5 Kaplan Daniels 1987, 1988。

从"中间"仰望高处

6 斯波坎是美国华盛顿州东部的一座城市。——译者注
7 "女性家长的动态机制基于对统治和被统治关系的预设。"（Rollins 1985，186）女性家长的特点是，"雇主一厢情愿地把自己视为施主，寻求从雇员那里获得

感恩、认可还有肯定"。(Hondagneu-Sotelo 2001，172)

8 Rivera（2014）的研究也提出了类似的观点。

9 见 Cooper 2014；Pugh 2015。

10 我的感觉是，affluent 一词所表达的有钱程度没有 wealthy 一词高，而且通常被用作后者的委婉语。然而，我的朋友和同事并不这么觉得，他们认为这两个词没有什么区别。而帕姆和贝弗利的看法也是如此。

11 可能是出于政治正确的目的，原作者一直使用 African American 一词来指代美国黑人。尽管译者意识到"黑人"一词在中文的日常使用中时常带有负面的隐含义，但我也坚信，一个词语只有不断地被直截了当地使用，才有可能真正做到脱敏。——译者注

12 罗姆尼是奥巴马 2012 年寻求连任时的竞争对手。——译者注

心系下层，承认特权

13 一名女性的父亲在她读中学时，入赘了一个豪门家庭。按她的话说，她曾一度产生"双重意识"，也就是同时感到自己是个富人和穷人。另一名受访者曾经历过几年中低收入家庭的生活，因为他富有的祖父和父母闹翻，一度断绝了关系。

14 一种高级羊绒。——译者注

向上又向下

15 要确定一个人对待其特权的态度和他 / 她社交圈的多元化程度（或工作类型或政治立场）之间到底是哪个决定了另一个就像回答鸡生蛋还是蛋生鸡的问题一样困难。上文的访谈节选显示，一旦人们进入了某种环境（比如工作场所或孩子的学校），这些环境就会成为他们进行自我定位的参考点。然而，一个人选择把孩子送到公立还是私立学校，或是选择从事一种工作，也很有可能源自他 / 她已然存在的对其特权的感知方式。

16 里奇等人（Leach 等 2002，156）认为，为了应对因特权而产生的良心不安，人们会对其特权采取一种"策略性的谦虚"（strategic modesty）。

第二章 努力工作还是难得干活?

工作能力和道德品质

1 除非这个话题由受访者自然而然地提起——他们往往会这样做——我通常会把这个问题留到访谈的末尾。我认为它可能会触发负面的情绪,因为它明确指向了受访者的特权,并且可能被解读为我认为他们配不上这份特权。
2 参见 McCall 2013。
3 Gaztambide-Fernández 2009;Ho 2009;Khan 2011;Khan and Jerolmack 2013;Lacy 2007;McNamee and Miller 2004。关于法国和英格兰语境下类似的研究,见 Power 等 2016。McCall(2016)发现,相比于其他收入群体和其他可能的因素,最富有的 1% 尤其趋于同意,努力工作是高人一等的重要原因。Khan(2011)的研究展现了精英寄宿制学校的年轻人如何学习对这套话语逻辑的使用。
4 Folbre 1991;Kaplan Daniels 1987;Sherman 2010。
5 Kaplan Daniels 1987,1988。

挣钱,体现人生价值的艰苦奋斗

6 安多佛镇境内的的菲利普斯学院被公认为美国顶尖的私立高中之一。——译者注
7 我们将在第五章看到,弗朗西斯的丈夫承认她的家务劳动对整个家庭有所贡献,这也更有助于她对自身独立性的强调。

运气、帮助和结构性优势

8 Lareau 2011;Rivera 2015。
9 Power 等 2016,311。
10 Brown 等 2016,200。
11 Heather Beth Johnson(2006)也发现,有钱人会同时承认和否认他们的特

权。她的受访者承认，拥有教育资源上的优势的确可以让人更容易取得成功，但与此同时，他们对于美国梦及其象征的公平机遇坚信不疑，哪怕这一矛盾就摆在他们面前。

12 我没有把薇拉算进 50 人的核心样本中，因为她不是家长。详情见附录。

13 关于媒体如何将结构性因素表述为个体问题，参看 Kendall 2005。

独立感的另一面：焦虑和审慎

14 斯隆 – 凯特琳（Sloan Kettering）癌症中心是一所世界闻名、历史悠久的私立癌症中心。——译者注

继承人、愧疚，以及占有特权

15 相比那些首要经济来源为财产继承的受访者，既继承财产又拥有高收入的受访对象更容易动用关于"挣钱养家"和体现自身品质的那套说辞。同时，他们也显得更有安全感，而不像单纯的挣钱致富者那样焦虑。

16 Odendahl 1990；Ostrander 1995a。

17 Ostrower（1995, 108）也提出了类似的观点。

18 Thaler 1999。另见 Zelizer 1994 关于"特别财富"（special monies）及 Zelizer 2012 关于"关系会计"（relational accounting）的阐述。有关钱财的意义如何随着不同的财富来源而改变，可参见 Carruthers 和 Espeland 1998；Kornhauser 1994。

19 这一段对受访者的引用充满了"它"（it）这个代词，原作者对此未作过多解释。这里的"它"应该都指受访者继承的财产，他们用含糊的表达方式来指代自己继承的钱财，也侧面体现出这些受访者不安的内心。

全职妈妈和生活方式的劳动

20 另见 Kaplan Daniels 1988。

21 Stone 2007。另见 Blair-Loy 2003。

22 Weinbaum 和 Bridges（1976）创造了这个术语，不过他们使用该词语描述的

并非阔太太的生活和劳动，而是日常的消费任务，比如去买菜。
23 Folbre 1991；Sherman 2010。
24 Folbre 和 Nelson 2000；Strasser 1982；Weinbaum 和 Bridges 1976。
25 Kaplan Daniels 1988。
26 黑人女性在美国废除奴隶制之后就开始大量地出门工作，不工作的女性会因此受到道德上的职责。这个历史脉络如今依然制约着想要辞职的黑人女性（Barnes 2015）。
27 她之所以选择这个数字，并非因为它反映了丹妮艾尔家务劳动的市场价值——她认为实际数字应该更高些，而是因为这个数字代表了她从个人资产中可获得的红利。同时，这笔钱足以支付他们的税款，以及孩子的学费。因此，把它称为"工资"，纯粹是名义上的。

有偿劳动和独当一面

28 Macdonald 2011。

回归有酬工作？

29 参看 Silva 2013 关于工人阶级年轻人的相关论述："心态经济"致使他们把自己的经济处境归咎于个人的情绪问题，从而把责任完全推给了自己。

第三章 "非常昂贵的平凡生活"

充满矛盾的消费

1 Upstate New York 是指纽约州北部不属于纽约市区范围里的一片广大区域。它占据了纽约州的大部分土地，但人口分布却很分散，与纽约市区里的熙熙攘攘截然不同。——译者注
2 维尔是美国科罗拉多州的一处滑雪胜地。——译者注

3 关于生活普通（ ordinariness），参看 Savage 等 2001；Sayer 2005。
4 其实当我们对有钱人的生活选择说三道四时，其背后的逻辑也是如此。

合理消费和基本需求

5 纽约市的一家高档餐厅。——译者注
6 吞拿鱼罐头在欧美社会非常便宜，相当于中国的午餐肉。——译者注

节制与审慎

7 两者都是美国大型超市品牌。——译者注
8 Zelizer 1994，2012。

物质主义、炫耀和露富

9 在美国 80 年代兴起的一个时髦新词，意指廉价拼凑的豪宅，与真正的豪宅相对。——译者注
10 Bourdieu, 1984。

定义合理需求

11 爱伦是我采访到的专业服务提供者之一，她不在 50 个有钱家长的样本内，因为她住在另一个城市。但我请她谈了她对自己的工作和特权的感受。
12 关于情绪管理，参看 Hochschild 1989a。

第四章 "回馈社会"、自我觉察和身份认同

自我觉察和感恩之心

1 其他研究者也有类似的发现。如 Ostrander 1984，第 36 页和第 6 章；Power 等 2016；Whillans 等 2016。
2 关于公平主义和阶级间的人际关系问题，参见 Sayer 2005 第七章。
3 比如 Diana Kendall（2002）指出了她所研究的上层女性一边帮助她人，一边建立起了相当封闭的慈善组织。而且，这些女性的慈善行为大多数时候只是惠及了她们自己的社区。关于这些问题，可参看 Chin 2011；Odendahl 1990；Ostrander 1984，1995a；Ostrower 1995；Silver 2007。

互相尊重、平等和抹除差异

4 类似地，妮可也暗示"好人"不应该被评头论足。我在第三章谈到，她丈夫家的亲戚对她大手大脚的花钱方式颇有微词，她对此耿耿于怀，但又觉得这种花钱方式在纽约算得上合理。她说："我觉得我很讨厌被评头论足的原因是，这真的感觉很不公。我真的很努力避免成为那样的人——当然我也没有条件去做那样的人。而且我也不是那样的人。如果你们真的想要认识那样的人，没问题，我可以帮你们介绍。但知道吗，那些人其实很友善，他们是好人，所以你们也不该对他们指指点点。"妮可的这番话暗示，判断"那样的人"是否真的应该遭到批评的标准并非是他们多有钱，而是他们有多好。
5 在我关于高级宾馆的研究中（Sherman，2007），我同样看到了这样的话语符号层面的要求。服务人员把互相尊重和友善度视为享有高档个性化服务的前提。客户对服务人员的尊重是使得两者悬殊地位显得正常的一个重要途径。当客户对服务者报以友好和感激，阶级差距就隐匿起来。另见 Sayer，2005，第七章。

贡献金钱和时间

6 这是根据我非常粗略的计算所得出的，但要估计财产继承人的捐赠数目相当困难。许多受访者自己都不太清楚他们到底捐出了多少钱，详见附录。

7 尽管我向所有受访者都询问了他们的慈善习惯，但对于这个话题，我没有像其他话题那样深入地去探究，所以我很难就他们捐赠的组织和数目做出准确的判断。

8 比如，一个黑人男性受访者致力于"把健康带给有色人种的社群"。做这件事是"回馈和改变社会"的一种方式，对他而言非常重要，部分原因是他的家人就饱受健康问题之苦。

9 Ostrander 1984；另见 Kaplan Daniels 1988；Odendahl 1990。

10 多由有闲妇女所组成，开展慈善活动等。

11 Chin 2011；Domhoff 1971；Kaplan Daniels 1988；Odendahl 1990；Ostrower 1995。文献综述参看 Silver 2007。

12 Kaplan Daniels（1988）把富有女性的志愿服务工作称为"隐形的职业"，并对此做了深入的研究。

13 一个住在乡下的女性向我透露了女青年会的情况："我加入后想知道我应该做什么？我一个人都不认识。所以女青年会真实的情况是这样的：一群想要做志愿者的女人凑到一起，她们需要一个平台——所有一切都市关于回馈社会，但你需要一个平台来做这件事。所以她们会告诉你能去做什么。"

14 当然，许多纽约市的精英人士都积极赞助艺术或其他社会和教育机构，这些人往往是老一辈的富人或者超级富翁（见 Ostrower 1995），他们都不是本研究的访谈对象。

15 但也有一些值得注意的例外。比如，温蒂觉得捐钱给母校没有必要。她说："我已经得到了这个世界上所有的机会，我想把我的钱捐给没有那么多机会的人，而不是 20 年前的我。"

16 捐赠咨询基金会往往由市民组织所管理，这类慈善机构可以让捐助者更清楚地了解其捐款的去向。

17 和其他类似的组织一样，Resource Generation 存在的其中一个目的就是让成员们能够一起讨论这类问题，从而商量出合适的计划和他们做捐赠的重心（Wernick 2009）。

18 多诺万明确表示，判断一个富人捐多少钱算有公德心的标准不在于捐款与其财产的比例，而是和其花费的比例。他说："合理的比重是多少呢？是应该以你资产的百分比来计算吗？对我而言，更相关的应该是你花了多少钱和你捐出去多少钱之间的关系。我花出去的钱占我财富的比例不高，我捐出去的也不多。但如果按照我的花销来算，我捐得其实很多。"
19 关于把纳税和回馈社会联系起来的研究，可参看 Whillans 等 2016。
20 有趣的是，娜丁使用的是"死税"（death tax）而不是"财产税"（estate tax）一词，前者更多是反税人士的措辞。

回馈还是放弃特权

21 正如 Ira Silver（2007）所说，我最进步的受访者所资助的组织的确有助于挑战各种现有的不平等，而不是去复刻它们。然而，他也展示了，哪怕工作人员、捐助者和行动者都竭尽全力，这些组织（往往规模不大）的架构依然趋于复刻捐助者和行动者之间的阶级差距，或者进一步巩固捐赠者对于某些身份象征的索取。也可参看 Ostrander 1995a；Roelofs 2003；Wernick 2009。关于这一悖论的哲学讨论，见 Cohen 2000。
22 Heather Beth Johnson（2006）讨论了另一语境下个人的进步立场和对社会系统性不平等的觉察这两者间的关系。
23 参看 Mogil 等 1991。
24 我在绪论一章已经提到，我没有将这些受访者纳入由 50 名家长组成的核心样本中。

第五章 劳动、消费和配偶之间的财富支配

矛盾和贡献

1 关于家庭内的人际关系会怎样遮蔽人们对财富的性别化分配问题的关注，参看 Acker 1988。

2 如 Blumberg 1988；Blumberg 和 Coleman 1989；Blumstein 和 Schwartz 1991；Burgoyne 1990；Chang 2010；Dema- Moreno 2009。还有的文献关注夫妻如何管理财富，比如他们是选择把钱放在一个账户里，还是分开；共存账户是否会让双方更加公平地使用和管理财富；双方的花钱是相同还是不同（Kenney 2006；Klawitter 2008；Ludwig- Mayerhofer 等，2011；Pahl 1983，1990；Treas 1993；Vogler 2005；Vogler 和 Pahl 1993，1994；Vogler 等 2008；Yodanis 和 Lauer 2007）。虽然共存账户看似公平，但它其实意味着女方的独立性更低。这是因为夫妻都会觉得挣更多钱的一方应掌控得更多，于是挣钱的男方花得更多，不挣钱的女方花得更少（可即便是女方挣得更多，男方依然会心安理得地花钱）（见 Schwartz 等 2012，259–60）。关于女性积累财富所面临的困难，参看 Chang（2010）。

3 这方面的文献综述可参看 Shockley 和 Shen 2016；Zelizer 2005，244。关于性别身份新近的讨论可见 Schneider 2012。

4 这在一定程度上可理解为一对生活伴侣对彼此贡献如何认识的动态平衡，这和 Hochschild（1989a）的"感恩经济学"（economy of gratitude）有共通之处。

5 参看 Acker 1988；Coulson 等 1975；DeVault 1991；Folbre 1991；Fraser 2014；Laslett 和 Brenner 1989；Molyneux 1979；Nakano Glenn 1992；Schwartz Cowan 1984；Secombe 1974；Weinbaum 和 Bridges 1976；Zelizer 2005。另见 Raxlen 和 Sherman 2016。

6 在我的访谈样本中，单收入来源家庭有 17 个，高于其他各种类型（双收入，双继承等）的家庭。所以我在此对于这类家庭做更为深入的分析。

劳动分工和单收入来源家庭的价值认可

7 少数女性做些兼职工作或自由职业，她们不愿意把自己视为全职太太（因这一身份标签所带有的负面联想），但她们把绝大多数时间都花在家庭生活而非工作挣钱上。

8 几乎所有受访夫妻都有支付日常开销的共同账户，专门用来储备养老金和孩子大学学费的账户。但也有许多人有他们自己的个人账户（有时是私房钱，我们将会看到）。日常财务管理的方式因人而异。比如，有的夫妻双方由其中一人专门支付公共事业费用。而另一些夫妻则各自负责不同的开销。

9 当然，这样的说法并不一定是真的，我怀疑有些人只是不想透露家庭资产的数额。但有许多女性确实不清楚家里的资产情况。比如茉莉亚说她家的装修总共花了 40 万美元，这比实际费用整整少了 20 万，是她丈夫纠正了她的说法。如果丈夫是在金融、法律行业工作，或者做投资，那么他们的资产状况就会变得更加复杂。

10 一些情况下，这成了审慎消费的另一个焦点。比如，一个女性说她丈夫坚持要把厨房打造得很高档，因为他希望提高房子二次销售的价值。然而，他们打算在新装修的房子里长期住下去。

11 我怀疑受访者往往会低估他们和伴侣之间关于消费的争执，或者对此话题保持沉默。有些人在提到这一点时明确表示这是非常私人的事情。

12 关于"消费工作"（consumption work）这一概念，参看 Weinbaum 和 Bridges 1976。

13 美国大型零售百货公司，以销售平价商品著称。——译者注。

14 爱丽丝似乎想说的是她"证明"了她的工作能力，这和我在第二章提到过的自我阐释方式相一致。也就是说，爱丽丝曾经"做过那些事"，她就因此可以自认为是个工作者，或者说有工作者的"思维方式"，哪怕她目前并没有上班挣钱。

时间凌驾于金钱之上：双职工家庭

15 关于中产妇女将家务外包给地阶级女性，参看 Ehrenreich 2002；Hochschild 1989b；Rollins 1985。

16 DeVault 1991, 1999; Streib 2015.

17 一些财产继承家庭的女性也有全职工作，但她们的工作时间相对灵活。

18 见 Tichenor 2005。

19 Tichenor 2005。

20 关于"家庭迷思"这一话题，参见 Hochschild 1989b。

性别、阶级和贡献

21 Zelizer 2005，243；另见 Zelizer 2012。
22 见 Bittman 等 2003；Brines 1994；Evertsson 和 Nermo 2004；Hochschild 1989b；Schneider 2012；Tichenor 2005。
23 Yodanis 和 Lauer 2007。
24 泽利泽（Zelizer 2005）对于法律类别和过程与家庭财产两者间的关系做过描述。
25 Archer 1988，487。

第六章 关于特权的家庭教育

节制欲望、接触社会，防止儿女"恃财傲物"

1 见 Khan 2011；Lareau（2011）则更多将这一概念和偏正面的赋权感相联系。关于 entitlement 一词的梳理参看本书的绪论部分，以及 Sherman 2017（该论文也是本章的一个修改版）。
2 见 Cooper 2014；Katz 2008，2012；Nelson 2010。
3 关于家长怎样通过孩子的择校问题来建构他们的身份，见 Cucchiara 和 Horvat 2014。
4 见 Nelson 2010，页 6。另见 Katz 2001，2008，2012；Lareau 2002，2011；Streib 2013。特别是关于精英家长追求教育优势的研究，见 Calarco 2011；Johnson 2006；Lareau 和 Weininger 2008。关于英国语境，见 Devine 2004；Reay 1998，2005a；Vincent 和 Ball 2007；Weis 等 2014。想要了解这方面的文献综述，见 Sherman 2017。有关富人如何看待自己的财富占有，也有不少畅销文献，如 Carlyle 2012；D'Amico 2010；Gallo 和 Gallo 2001；Hausner 1990；Lieber 2015。

规训自我：行为和消费

5 我在本章后面还会谈到，他们也教孩子做到避免谈钱。

6 正如其他学者所说，做一个好家长意味着拥有良好的消费习惯，这同时指他们为孩子做出的消费选择和怎样去引导孩子消费（参见 Cucchiara 2013；Pugh 2009；Schor 2003）。

7 另见 Pugh 2009。

8 Trustafarians 一词由 Trust（信托基金）和 Rastafarian（拉斯塔法里派）两个词语结合而成，指的是 20 世纪 80 年代以来在白人富二代年轻人当中兴起的一种生活方式和政治潮流。这些出身富裕人家的年轻人对于黑人运动和披头士生活怀有强烈认同，他们用父母留给他们的信托金追求一种放荡不羁的当代披头士生活。他们往往喜好雷鬼音乐，扎脏辫，穿牙买加等非洲国家的民族服饰，吃素食和吸大麻。——译者注。参考来源：https://money.howstuffworks.com/personal-finance/financial-planning/what-is-a-trustafarian.htm

9 Kolbert 2012。

10 这套机制不仅鼓励孩子为自己的心愿而努力，也培养了他追求自我完善的精神。他们的儿子不但选择自己需在哪方面提高自己以获得积分（比如参与学校活动），还可以决定他在哪些活动上兑换积分（上艺术班）。

11 Pugh 2009。

12 在她关于高收入家长的研究里，艾莉森·普（Allison Pugh 2009）也描述了类似的做法和矛盾情感。她说这些家长运用"象征性的剥夺"、定规矩，还有生活补助等方式来管理孩子的消费，以及应对他们自身因孩子的消费问题所产生的焦虑。他们也会结合自身的经历来反思限制消费如何影响他们自己童年时期的尊严。普（Pugh 2009, 119）将高收入家长纵容孩子的欲望和对其加以限制两者间的张力理解为家长担心孩子将来缺乏自控力或成为贪图享受、缺乏道德感的人。我对此现象的额外解读是，这和他们想要避免对财富产生"理所应得"（entitlements）的态度有关。

远离特权，以接受自我的特权

13 这个家庭在出门度假时可能会带上他们的家政工，因此孩子们可能和家政工一起坐经济舱。其他家庭有提到这样的做法。遗憾的是，我在采访艾莉森时不曾想到这一点，也就没有询问这个可能。

14 Gaztambide-Fernández 和 Howard 2013，3。

15 Reay 等 2007 把这称为一种"挪用的行为"（an act of appropriation）；另见 Pugh 2009。

16 参看 Jackson 2001；Pattillo 2013。

17 纽约市一个黑人居多的区域。

18 Pugh 2009。正如 Karyn Lacy（2007，152）在描述中产黑人家长时所写的："除了教会他们的如何周旋于黑人和白人间的界限，这些家长也必须让孩子准备好去应对不同阶级的黑人之间所产生的隔阂。"Pugh（2009）同样发现，富有的美国黑人家长有意识地将孩子置于多元的环境中，营造出她所说的"接触性童年"（exposed childhoods）。

19 他们在分析将孩子送去城市公立学校读书的白人中产家长时写道："白人中产阶级对于差异和他人的兴趣可以被理解为一项积累文化资本的事业，由此这些中产家庭得以展现他们的自由主义立场和巩固他们的阶级地位。这一中产群体能够娴熟地进入和离开'他者'的生活空间，这一过程帮助他们自认主流和尊贵。"（Reay 等 2007，1047）

20 Reay 等 2007。另见 Gillies 2005；Khan 2011。

21 一些不那么富有的家长也会担心他们的孩子在私校环境下容易产生自卑感，因为他们家是"屈指可数的没有乡间别墅的家庭"。（来自琳达的描述）

22 "Magnet School 这种类型的特色学校在从 70 年代开始就在美国蓬勃发展，它在一定程度上代表了美国公立学校发展的方向。其特点是来自不同地区不同学区的学生可以根据自己的意愿选择就读，而不分社会背景和种族的差异，学生可以在一个多元文化环境中成长。而且学校会针对学生的个体差异制定课程内容，在很大程度上体现出了因材施教的教育理念。"以上内容由译者摘抄自：http://schools.fltacn.com/magnet-school/

23 另见 Cucchiara 2013；Cucchiara 和 Horvat 2014；Johnson 2006。

24 "Charter school 是美国州政府在公共教育体系之外特许的中小学水平的教育机构，中文一般称为特许学校。相比一般州立中小学，特许学校需要遵守的规定更少，但同时获得的资金支持也更少。特许学校同样分为营利和非营利，其中非营利特许学校不可从私人处获得资金捐助。"以上内容由译者摘

抄自：http://goabroad.xdf.cn/201903/10889326.html

25 Pugh 2009, 194。

26 一个家长告诉我，有些寄宿制学校的学生组成其实比他们所在的白人精英住宅区的公立学校要多元。

27 Lareau（2011）使用 entitlement 一词想表达的就是这一层面的意思。见 Sherman 2017。

远离特权，以接受自我的特权

28 Pugh 2009。

29 普（Pugh, 2009, 178）使用"成长消费"（pathway consumption）一词来描述高收入家长在某些能够形塑孩子的成长轨迹的机会方面的消费，尤其是课外学习和夏令营之类的活动。

结论

1 Stewart 2016。

2 的确，许多关于罗琳的报道都着重描写了她当年作为单身母亲，一边领着失业金，一边含辛茹苦地写作第一部《哈利·波特》的情形。

3 Boshoff 2006。

4 见 Schor 1998。

5 见 Cooper 2014；Pugh 2015。

6 如 Lewis 1993。

7 有关最近的一个例子，见 Silva 2013。

8 Mills 2000［1959］, 8。

方法论附录

1 Sherman 2007。
2 Sherman 2010，2011。
3 Lamont 和 Swidler 2014，159。
4 Pugh 2013。
5 Rivera（2014）挑战了将顶层 1% 视为"精英"的做法；她认为精英应该包括前 20% 的人口，因为他们享有更好的教育资源。皮尤研究中心（Pew Research Centre）按全民工资中位数的两倍以上来定义"高收入群体"。
6 Elkins 2015。
7 见 Robert 2014。
8 Salkin 2009。
9 Page 等 2013。关于采访精英这个话题的总体讨论见 Harvey 2011；Mikecz 2012；Ortner 2003；Ostrander 1995b。
10 以学校为依托寻找访谈对象的研究有 Cookson 和 Persell 1985；Gaztambide-Fernández 2009；Gaztambide- Fernández 和 Howard 2013；Howard 2010；Khan 2011。关于俱乐部的可以参看 Chin 2011；Cousin 和 Chauvin 2014；Holden Sherwood 2013；Kendall 2002。根据慈善机构和基金会的研究有 Ostrander 1995a；Ostrower 1995；Silver 2007。
11 Lamont 1992；Ostrower 1995；Page 等 2013。
12 要系统地分析这些因素如何相互作用和叠加，需要一项大型的问卷调查。但这不仅对我的抽样难度和研究投入提出了更高的要求，而且也会降低研究的深度和细致性。见 Page 等 2013；Small 2009。
13 滚雪球法是一种通过已有的访谈对象招募新的参与者的抽样方法。
14 Bourdieu 1984；Goffman 1951。
15 Sherman 2010，2011。
16 这个职业（几乎所有从业者都是女性）并不好做，成功者寥寥无几。见 Sherman 2010。
17 关于和精英受访者的互动，见 Ostrander 1995b。
18 这两个例外都包含了许多冗杂的材料，于是我选择完整地听访谈录音，择其相关的部分进行转录。各有一名研究助理参与了对服务提供者和富人消费者访谈的编码工作。两人在独立进行编码前，先深入了解了我的编码步骤。他们先仔细阅读了我对许多访谈的编码后才开始独自操作。

19 如 Small 2009。

20 有关这些问题最近的讨论，参看 Jerolmack 和 Khan 2014；Khan 和 Jerolmack 2013；Lamont 和 Swidler 2014；Pugh 2013；Vaisey 2009，2014。

21 Jerolmack 和 Khan 2014；Khan 和 Jerolmack 2013。

22 Ortner 2003，6。

23 如 Kefalas 2003；Lamont 1992，2000；Sayer 2005；Sherman 2009；Silva 2013。

24 这一研究发现符合其他学者对于年轻富人的观察。我的访谈对象和 Ashley Mears（2014，2015a）所聚焦的年轻富有的男性并非一个群体，后者对开 VIP 派对乐此不疲，更享受公开展现他们的财富（不过他们也不会明确谈论花了多少钱搞活动）。但随着年龄的增长，他们可能和我受访者的三观日趋一致。另外，鉴于 Mears 的研究对象大多来自其他国家，他们对于优秀个人品质可能有着另一套理解。

25 Lamont 1992，2000。

26 见 Murphy 和 Jerolmack 2016。

参考文献

Acker, Joan. 1988. "Class, Gender, and the Relations of Distribution." *Signs* 13 (3): 473–497.

Alba, Richard, and Steven Romalewski. 2017. "The End of Segregation? Hardly." New York: Center for Urban Research, Graduate Center, City University of New York. https://www.gc.cuny.edu/Page-Elements/Academics-Research-Centers-Initiatives/Centers-and-Institutes/Center-for-Urban-Research/CUR-research-initiatives/The-End-of-Segregation-Hardly. Accessed February 28, 2017.

Ball, Stephen J., Carol Vincent, Sophie Kemp, and Soile Pietikainen. 2004. "Middle Class Fractions, Childcare and the 'Relational' and 'Normative' Aspects of Class Practices." *Sociological Review* 52 (4): 478–502.

Baltzell, E. Digby. 1964. *The Protestant Establishment: Aristocracy & Caste in America*. New York: Random House.

———. 1991. *The Protestant Establishment Revisited*. New Brunswick, NJ: Transaction.

Barnes, Riché. 2015. *Raising the Race: Black Career Women Redefine Marriage, Motherhood, and Community*. New Brunswick, NJ: Rutgers University Press.

Bartels, Larry. 2008. *Unequal Democracy: The Political Economy of the New Gilded Age*. New York: Russell Sage.

Beaverstock, Jonathan V. and Iain Hay (eds). 2016. *Handbook on Wealth and the Super-Rich*. Cheltenham, UK: Edward Elgar.

Bettie, Julie. 2003. *Women without Class: Girls, Race, and Identity*. Berkeley: University of California Press.

Bittman, Michael, Paula England, Nancy Folbre, Liana Sayer, and George Matheson. 2003. "When Does Gender Trump Money? Bargaining and Time in Household Work." *American Journal of Sociology* 109: 186–214.

Blair-Loy, Mary. 2003. *Competing Devotions: Career and Family among Women Executives*. Cambridge, MA: Harvard University Press.

Blumberg, Rae Lesser. 1988. "Income under Female versus Male Control: Hypotheses from a Theory of Gender Stratification and Data from the Third World." *Journal of Family Issues* 9 (1): 51–84.

Blumberg, Rae Lesser, and Marion Tolbert Coleman. 1989. "A Theoretical Look at the Gender Balance of Power in the American Couple." *Journal of Family Issues* 10 (2): 225–250.

Blumstein, Philip, and Pepper Schwartz. 1991. "Money and Ideology: Their Impact on Power and the Division of Household Labor." Pp. 261–288 in *Gender, Family and Economy: The Triple Overlap*, edited by Rae Lesser Blumberg. Newbury Park, CA: Sage.

Bonilla-Silva, Eduardo. 2006. *Racism without Racists: Color-Blind Racism and the Persistence of Racial Inequality in the United States*. Lanham, MD: Rowman and Littlefield.

Boshoff, Alison. 2006. "What Does JK Rowling Do with Her Money?" *Daily Mail*, August 24. Available at http://www.dailymail.co.uk/femail/article-402027/What-does-JK-Rowling-money.html.

Bourdieu, Pierre. 1984. *Distinction*. Cambridge, MA: Harvard University Press.

———. 1990. *The Logic of Practice*. Cambridge, UK: Polity Press.

Bricker, Jesse, Alice Henriques, Jacob Krimmel, and John Sabelhaus. 2016. "Measuring Income and Wealth at the Top Using Administrative and Survey Data." Brookings Papers on Economics Activity (Spring): 261–312. Available at https://www.jstor.org/stable/43869025?seq=1#page_scan_tab_contents.

Brines, Julie. 1994. "Economic Dependency, Gender, and the Division of Labor at Home." *American Journal of Sociology* 100: 652–688.

Brooks, David. 2000. *Bobos in Paradise: The New Upper Class and How They Got There*. New York: Simon & Schuster.

Brown, Phillip, Sally Power, Gerbrand Tholen, and Annabelle Allouch. 2016. "Credentials, Talent and Cultural Capital: A Comparative Study of Educational Elites in England and France." *British Journal of Sociology of Education* 37 (2): 191–211.

Burgoyne, Carol. 1990. "Money in Marriage: How Patterns of Allocation both Reflect and Conceal Power." *Sociological Review* 38: 634–665.

Burns, Alexander, and Giovanni Russonello. 2015. "Half of New Yorkers Say They

Are Barely or Not Getting By, Poll Shows." *New York Times*, November 18. Available at http://www.nytimes.com/2015/11/19/nyregion/half-of-new-yorkers-say-they-are-barely-or-not-getting-by-poll-shows.html.

Calarco, Jessica McCrory. 2011. "'I Need Help!' Social Class and Children's Help-Seeking in Elementary School." *American Sociological Review* 76 (6): 862–882.

Carlyle, Erin. 2012. "Father's Day Advice from Billionaires: How to Not Raise Spoiled Kids." *Forbes*, June 15. Available at http://www.forbes.com/sites/erincarlyle/2012/06/15/billionaire-advice-how-to-not-raise-spoiled-kids/.

Carruthers, Bruce, and Wendy Espeland. 1998. "Money, Meaning, and Morality." *American Behavioral Scientist* 41 (10): 1384–1408.

Chang, Mariko Lin. 2010. *Shortchanged: Why Women Have Less Wealth and What Can Be Done about It*. Oxford, UK: Oxford University Press.

Chetty, Raj, Nathaniel Hendren, Patrick Kline, and Emmanuel Saez. 2015. "Economic Mobility." *Pathways Magazine*, Stanford Center for the Study of Poverty and Inequality, Winter: 55–60. Available at http://inequality.stanford.edu/sotu/SOTU_2015_economic-mobility.pdf.

Chin, Fiona. 2011. "Inequality among the Affluent." Paper presented at Eastern Sociological Society Annual Meeting, Philadelphia, February.

Cohen, G. A. 2000. "If You're an Egalitarian, How Come You're So Rich?" *Journal of Ethics* 4 (1–2): 1–26.

Cookson, Peter, and Caroline Hodges Persell. 1985. *Preparing for Power: America's Elite Boarding Schools*. New York: Basic Books.

Cooper, Marianne. 2014. *Cut Adrift: Families in Insecure Times*. Berkeley: University of California Press.

Coulson, Margaret, Branka Magas, and Hilary Wainwright. 1975. "The Housewife and Her Labour under Capitalism: A Critique." *New Left Review* 89: 59–71.

Cousin, Bruno, and Sébastien Chauvin. 2014. "Globalizing Forms of Elite Sociability: Varieties of Cosmopolitanism in Paris Social Clubs." *Ethnic and Racial Studies* 37 (12): 2209–2225.

Cucchiara, Maia. 2013. "'Are We Doing Damage?' Choosing an Urban Public School in an Era of Parental Anxiety." *Anthropology and Education Quarterly* 44 (1): 75–93.

Cucchiara, Maia, and Erin Horvat. 2014. "Choosing Selves: The Salience of Parental Identity in the School Choice Process." *Journal of Education Policy* 29 (4): 486–509.

Cullen, Jim. 2004. *The American Dream: A Short History of an Idea That Shaped a Nation*. New York: Oxford University Press.

Daloz, Jean-Pascal. 2012. *The Sociology of Elite Distinction*. New York: Palgrave Macmillan.

D'Amico, James V. 2010. *Affluenza Antidote: How Wealthy Families Can Raise Grounded Children in an Age of Apathy and Entitlement*. CreateSpace Independent Publishing Platform.

David, Gerald F., and Suntae Kim. 2015. "Financialization of the Economy." *Annual Review of Sociology* 41: 203–221.

Dema-Moreno, Sandra. 2009. "Behind the Negotiations: Financial Decision-Making Processes in Spanish Dual-Income Couples." *Feminist Economics* 15 (1): 27–56.

DeMott, Benjamin. 1990. *The Imperial Middle*. New York: William Morrow.

Desmond, Matthew. 2016. *Evicted: Poverty and Profit in the American City*. New York: Crown.

DeVault, Marjorie. 1990. "Talking and Listening from Women's Standpoint: Feminist Strategies for Interviewing and Analysis." *Social Problems* 37 (1): 96–116.

———. 1991. *Feeding the Family: The Social Organization of Caring as Gendered Work*. Chicago: University of Chicago Press.

———. 1999. "Comfort and Struggle: Emotion Work in Family Life." *Annals of the American Academy for Political and Social Sciences* 561: 52–63.

Devine, Fiona. 2004. *Class Practices: How Parents Help Their Children Get Good Jobs*. Cambridge, UK: Cambridge University Press.

Domhoff, William. 1971. *The Higher Circles: The Governing Class in America*. New York: Vintage Books.

———. 2010. *Who Rules America: Challenges to Corporate and Class Dominance* (Sixth Edition). New York: McGraw-Hill.

Dwyer, Rachel E., and Erik Olin Wright. 2012. "Job Growth and Job Polarization in the United States and Europe, 1995–2007." Pp. 52–74 in *Transformation of the Employment Structure in the EU and USA, 1995–2007*, edited by Enrique Fernández-Macías, John Hurley, and Donald Storrie. Hampshire, UK: Palgrave Macmillan.

Edin, Kathryn, and Maria Kefalas. 2005. *Promises I Can Keep: Why Poor Women Put Motherhood before Marriage*. Berkeley: University of California Press.

Edin, Kathryn, and Laura Lein. 1997. *Making Ends Meet: How Single Mothers Survive Welfare and Low-Wage Work*. New York: Russell Sage.

Edin, Kathryn J., and H. Luke Shaefer. 2015. *$2.00 A Day: Living on Almost Nothing in America*. Boston: Houghton Mifflin Harcourt.

Ehrenreich, Barbara. 1989. *Fear of Falling: The Inner Life of the Middle Class*. New

York: Harper Perennial.

———. 2002. "Maid to Order." Pp. 85–103 in *Global Woman: Nannies, Maids, and Sex Workers in the New Economy*, edited by Barbara Ehrenreich and Arlie R. Hochschild. New York: Henry Holt.

Ehrenreich, John, and Barbara Ehrenreich. 1979. "The Professional-Managerial Class." In *Between Labor and Capital*, edited by Pat Walker. Boston: South End Press.

Elkins, Kathleen. 2015. "Here's What You Need to Earn to Be in the Top 1% in 13 Major US Cities." *Business Insider*, August. Available at http://www.businessinsider.com/income-top-one-percent-us-cities-2015-8.

Evertsson, Marie, and Magnus Nermo. 2004. "Dependence within Families and the Division of Labor: Comparing Sweden and the United States." *Journal of Marriage and Family* 66: 1272–1286.

Fan, Jiayang. 2016. "The Golden Generation." *New Yorker*, February 22. Available at http://www.newyorker.com/magazine/2016/02/22/chinas-rich-kids-head-west.

Fiscal Policy Institute. 2010. "Grow Together or Pull Farther Apart? Income Concentration Trends in New York." Available at http://fiscalpolicy.org/wp-content/uploads/2010/12/FPI_GrowTogetherOrPullFurtherApart_20101213.pdf. Accessed November 16, 2016.

Folbre, Nancy. 1991. "The Unproductive Housewife: Her Evolution in Nineteenth-Century Economic Thought." *Signs* 16 (3): 463–484.

Folbre, Nancy, and Julie Nelson. 2000. "For Love or Money—Or Both?" *Journal of Economic Perspectives* 14 (4): 123–140.

Frank, Robert H. 2007. *Falling Behind: How Rising Inequality Harms the Middle Class*. Berkeley: University of California Press.

Frank, Robert. 2008. *Richistan: A Journey through the American Wealth Boom and the Lives of the New Rich*. Three Rivers, CA: Penguin Random House.

Frankenberg, Ruth. 1993. *White Women, Race Matters: The Social Construction of Whiteness*. Minneapolis: University of Minnesota Press.

Fraser, Nancy. 2014. "Behind Marx's Hidden Abode: For an Expanded Conception of Capitalism." *New Left Review* 86: 1–17.

Freeland, Chrystia. 2012. *Plutocrats: The Rise of the New Global Super-Rich and the Fall of Everyone Else*. New York: Penguin.

Fry, Richard, and Paul Taylor. 2012. "The Rise of Residential Segregation by Income." Pew Research Center report, August 1. Available at http://www.pewsocialtrends.org/2012/08/01/the-rise-of-residential-segregation-by-income/.

Fussell, Paul. 1983. *Class: A Guide through the American Status System*. New York: Simon & Schuster.

Gallo, Ellen, and Jon Gallo. 2001. *Silver Spoon Kids: How Successful Parents Raise Responsible Children*. New York: McGraw-Hill.

Gaztambide-Fernández, Rubén. 2009. *The Best of the Best: Becoming Elite at an American Boarding School*. Cambridge, MA: Harvard University Press.

Gaztambide-Fernández, Rubén, and Adam Howard. 2013. "Social Justice, Deferred Complicity, and the Moral Plight of the Wealthy." *Democracy & Education* 21 (1): Article 7.

Gilens, Martin. 1999. *Why Americans Hate Welfare: Race, Media and the Politics of Antipoverty Policy*. Chicago: University of Chicago Press.

Gillies, Val. 2005. "Raising the 'Meritocracy': Parenting and the Individualization of Social Class." *Sociology* 39 (5): 835–853.

Goffman, Alice. 2014. *On The Run: Fugitive Life in an American City*. Chicago: University of Chicago Press.

Goffman, Erving. 1951. "Symbols of Class Status." *British Journal of Sociology* 2: 294–304.

Graham, Lawrence Otis. 1999. *Our Kind of People: Inside America's Black Upper Class*. New York: Harper.

Gramsci, Antonio. 1971. *Selections from the Prison Notebooks*. New York: International Publishers.

Gregory, Kia. 2014. "Citing 'Inequality Crisis,' Mayor Names Top Legal Adviser and Fills 2 Other Jobs." *New York Times*, February 18. Available at http://www.nytimes.com/2014/02/19/nyregion/citing-inequality-crisis-mayor-names-top-legal-adviser-and-fills-2-other-jobs.html.

Hacker, Jacob. 2006. *The Great Risk Shift: The New Economic Insecurity and the Decline of the American Dream*. New York: Oxford University Press.

Hacker, Jacob, and Paul Pierson. 2011. *Winner-Take-All Politics*. New York: Simon & Schuster.

Halle, David. 1984. *America's Working Man: Work, Home, and Politics among Blue Collar Property Owners*. Chicago: University of Chicago Press.

Harth, Nicole Syringa, Thomas Kessler, and Colin Wayne Leach. 2008. "Advantaged Groups' Emotional Reactions to Intergroup Inequality: The Dynamics of Pride, Guilt, and Sympathy." *Personality and Social Psychology Bulletin* 34: 115–128.

Harvey, William S. 2011. "Strategies for Conducting Elite Interviews." *Qualitative Research* 11: 431–441.

Hausner, Lee. 1990. *Children of Paradise: Successful Parenting for Prosperous Families*. New York: St. Martin's Press.

Hay, Iain (ed.). 2013. *Geographies of the Super-Rich*. Cheltenham UK: Edward Elgar.

Hays, Sharon. 2003. *Flat Broke with Children: Women in the Age of Welfare Reform*. New York: Oxford University Press.

Heiman, Rachel. 2015. *Driving after Class: Anxious Times in an American Suburb*. Berkeley: University of California Press.

Heiman, Rachel, Carla Freeman, and Mark Liechty. 2012. "Introduction: Charting an Anthropology of the Middle Classes." Pp. 3–29 in *The Global Middle Classes: Theorizing Through Ethnography*, edited by Rachel Heiman, Carla Freeman, and Mark Liechty. Santa Fe: SAR Press.

Ho, Karen. 2009. *Liquidated: An Ethnography of Wall Street*. Durham, NC: Duke University Press.

Hoang, Kimberly Kay. 2015. *Dealing in Desire: Asian Ascendancy, Western Decline, and the Hidden Currencies of Global Sex Work*. Berkeley: University of California Press.

Hochschild, Arlie R. 1989a. "The Economy of Gratitude." Pp. 95–113 in *The Sociology of Emotions: Original Essays and Research Papers*, edited by David D. Franks and E. Doyle McCarthy. Greenwich, CT: JAI Press.

———. 1989b. *The Second Shift: Working Parents and the Revolution at Home*. New York: Viking Penguin.

———. 2016. *Strangers in Their Own Land*. New York: New Press.

Hochschild, Jennifer. 1995. *Facing Up to the American Dream: Class, Race, and the Soul of the Nation*. Princeton, NJ: Princeton University Press.

Holden Sherwood, Jessica. 2013. *Wealth, Whiteness, and the Matrix of Privilege: The View from the Country Club*. Lanham, MD: Lexington.

Hondagneu-Sotelo, Pierrette. 2001. *Doméstica: Immigrant Workers Cleaning and Caring in the Shadows of Affluence*. Berkeley: University of California Press.

Howard, Adam. 2010. *Learning Privilege: Lessons of Power and Identity in Affluent Schooling*. New York: Routledge.

Irwin, Sarah, and Sharon Elley. 2011. "Concerted Cultivation? Parenting Values, Education and Class Diversity." *Sociology* 45 (3): 480–495.

Jackson, John. 2001. *Harlemworld*. Chicago: University of Chicago Press.

Jensen, Barbara. 2004. "Across the Great Divide: Crossing Classes, Clashing Cultures." Pp. 168–184 in *What's Class Got to Do with It?*, edited by Michael Zweig. Ithaca, NY: Cornell University Press.

Jerolmack, Colin, and Shamus Khan. 2014. "'Talk Is Cheap': Ethnography and the

Attitudinal Fallacy." *Sociological Methods & Research* 43: 178–209.
Johnson, Heather Beth. 2006. *The American Dream and the Power of Wealth*. New York: Routledge.
Kaplan Daniels, Arlene. 1987. "Invisible Work." *Social Problems* 34 (5): 403–415.
———. 1988. *Invisible Careers: Women Civic Leaders from the Volunteer World*. Chicago: University of Chicago Press.
Karabel, Jerome. 2005. *The Chosen: The Hidden History of Admission and Exclusion at Harvard, Yale, and Princeton*. New York: Houghton Mifflin.
Karademir Hazir, Irmak, and Alan Warde. 2016. "The Cultural Omnivore Thesis: Methodological Aspects of the Debate." Pp. 77–89 in *The Routledge Handbook of the Sociology of Arts and Culture*, edited by Laurie Hanquinet and Mike Savage. New York: Routledge.
Katz, Cindi. 2001. "The State Comes Home: Local Hyper-Vigilance of Children and the Global Retreat from Social Reproduction." *Social Justice* 28 (3): 47–55.
———. 2008. "Childhood as Spectacle: Relays of Anxiety and the Reconfiguration of the Child." *Cultural Geographies* 15: 5–17.
———. 2012. "Just Managing: American Middle-Class Parenthood in Insecure Times." Pp. 169–188 in *The Global Middle Classes*, edited by Rachel Heiman, Carla Freeman, and Mark Liechty. Santa Fe, NM: SAR.
Katz, Michael. 2013. *The Undeserving Poor: America's Enduring Confrontation with Poverty; Fully Updated and Revised*. New York: Oxford.
Kefalas, Maria. 2003. *Working-Class Heroes*. Berkeley: University of California Press.
Keister, Lisa. 2005. *Getting Rich: America's New Rich and How They Got That Way*. Cambridge, UK: Cambridge University Press.
———. 2014. "The One Percent." *Annual Review of Sociology* 40: 347–367.
Keister, Lisa, and Stephanie Moller. 2000. "Wealth Inequality in the United States." *Annual Review of Sociology* 26: 63–81.
Keller, Bill. 2005. "Introduction." Pp. ix–xviii in *Class Matters*, edited by correspondents of the *New York Times*. New York: Times Books.
Kendall, Diana. 2002. *The Power of Good Deeds: Privileged Women and the Social Reproduction of the Upper Class*. Lanham, MD: Rowman and Littlefield.
———. 2005. *Framing Class: Media Representations of Wealth and Poverty in America*. Lanham, MD: Rowman & Littlefield.
Kenney, Catherine. 2006. "The Power of the Purse: Allocative Systems and Inequality in Couple Households." *Gender and Society* 20 (3): 354–381.
Kenworthy, Lane. 2015. "Is Income Inequality Harmful?" In *The Good Society*. https://lanekenworthy.net/is-income-inequality-harmful/. Last accessed

January 2017.
Khan, Shamus. 2011. *Privilege*. Princeton, NJ: Princeton University Press.
———. 2012. "The Sociology of Elites." *Annual Review of Sociology* 38 (1): 361–377.
Khan, Shamus, and Colin Jerolmack. 2013. "Saying Meritocracy, Doing Privilege." *Sociological Quarterly* 54: 9–19.
Khimm, Suzy. 2011. "Who Are the 1 Percent?" *Washington Post*, October 6. Available at https://www.washingtonpost.com/blogs/ezra-klein/post/who-are-the-1-percenters/2011/10/06/gIQAn4JDQL_blog.html.
Klawitter, Marieka. 2008. "The Effects of Sexual Orientation and Marital Status on How Couples Hold Their Money." *Review of Economics of the Household* 6 (4): 423–446.
Kluegel, James R., and Eliot R. Smith. 1986. *Beliefs about Inequality: Americans' Views of What Is and What Ought to Be*. New Brunswick, NJ: Transaction.
Kolbert, Elizabeth. 2012. "Spoiled Rotten: Why Do Kids Rule the Roost?" *New Yorker*, July 2. Available at http://www.newyorker.com/magazine/2012/07/02/spoiled-rotten.
Korndörfer, Martin, Boris Egloff, and Stefan C. Schmukle. 2015. "A Large Scale Test of the Effect of Social Class on Prosocial Behavior." *PLoS ONE* 10 (7): e0133193. doi:10.1371/journal.pone.0133193.
Kornhauser, Marjorie E. 1994. "The Morality of Money: American Attitudes Toward Wealth and the Income Tax." *Indiana Law Journal* 70 (1): Article 5.
Krugman, Paul. 2002. "For Richer." *New York Times Magazine*, October 20. Available at http://www.nytimes.com/2002/10/20/magazine/for-richer.html
Lacy, Karyn. 2007. *Blue-Chip Black: Race, Class, and Status in the New Black Middle Class*. Berkeley: University of California Press.
———. Forthcoming. *Black Like Us*. New York: Russell Sage.
Lamont, Michèle. 1992. *Money, Morals and Manners*. Chicago: University of Chicago Press.
———. 2000. *The Dignity of Working Men*. Cambridge, MA: Harvard University Press.
Lamont, Michèle, and Virág Molnár. 2002. "The Study of Boundaries in the Social Sciences." *Annual Review of Sociology* 28: 167–195.
Lamont, Michèle, and Ann Swidler. 2014. "Methodological Pluralism and the Possibilities and Limits of Interviewing." *Qualitative Sociology* 37: 153–171.
Lane, Carrie. 2011. *A Company of One*. Ithaca, NY: Cornell University Press.
Lareau, Annette. 2002. "Invisible Inequality: Social Class and Child Rearing in Black and White Families." *American Sociological Review* 67: 747–776.

———. 2011. *Unequal Childhoods* (Second Edition). Berkeley: University of California Press.

Lareau, Annette, and Dalton Conley (eds.). 2008. *Social Class: How Does It Work?* New York: Russell Sage.

Lareau, Annette, and Elliot B. Weininger. 2008. "Time, Work, and Family Life: Reconceptualizing Gendered Time Patterns through the Case of Children's Organized Activities." *Sociological Forum* 23 (3): 419–454.

Laslett, Barbara, and Johanna Brenner. 1989. "Gender and Social Reproduction: Historical Perspectives." *Annual Review of Sociology* 15: 381–404.

Leach, Colin, Nastia Snider, and Aarti Iyer. 2002. "Poisoning the Consciences of the Fortunate: The Experience of Relative Advantage and Support for Social Equality." Pp. 136–163 in *Relative Deprivation: Specification, Development, and Integration*, edited by Iain Walker and Heather J. Smith. New York: Cambridge University Press.

Lemann, Nicholas. 1999. *The Big Test: The Secret History of the American Meritocracy*. New York: Farrar, Straus & Giroux.

Levin, Dan. 2016. "Chinese Scions' Song: My Daddy's Rich and My Lamborghini's Good-Looking." *New York Times*, April 12. Available at http://www.nytimes.com/2016/04/13/world/americas/canada-vancouver-chinese-immigrant-wealth.html.

Lewis, Michael. 1993. *The Culture of Inequality* (Second Edition). Amherst, MA: University of Massachusetts Press.

Lieber, Ron. 2015. *The Opposite of Spoiled*. New York: HarperCollins.

Lipsitz, George. 1998. *The Possessive Investment in Whiteness*. Philadelphia: Temple University Press.

Liu, John C. 2012. "Income Inequality in New York City." New York City Comptroller's Office. http://comptroller.nyc.gov/wp-content/uploads/documents/NYC_IncomeInequality_v17.pdf. Last accessed January 2017.

Ludwig-Mayerhofer, Wolfgang, Jutta Allmendinger, Andreas Hirseland, and Werner Schneider. 2011. "The Power of Money in Dual-Earner Couples: A Comparative Study." *Acta Sociologica* 54 (4): 367–383.

Macdonald, Cameron Lynne. 2011. *Shadow Mothers: Nannies, Au Pairs, and the Micropolitics of Mothering*. Berkeley: University of California Press.

MacLeod, Jay. 1995. *Ain't No Makin' It: Aspirations and Attainment in a Low-Income Neighborhood*. Boulder, CO: Westview.

Martin, Wednesday. 2015. *Primates of Park Avenue: A Memoir*. New York: Simon & Schuster.

McCall, Leslie. 2013. *The Undeserving Rich: American Beliefs about Inequality, Opportunity, and Redistribution.* Cambridge, UK: Cambridge University Press.

———. 2016. "Political and Policy Responses to Problems of Inequality and Opportunity: Past, Present, and Future." Pp. 415–442 in *The Dynamics of Opportunity in America: Evidence and Perspectives,* edited by Irwin Kirsch and Henry Braun. Springer Open Access.

McGeehan, Patrick. 2012. "More Earners at Extremes in New York than in U.S." *New York Times,* May 20. Available at http://www.nytimes.com/2012/05/21/nyregion/middle-class-smaller-in-new-york-city-than-nationally-study-finds.html.

McIntosh, Peggy. 1988. "White Privilege: Unpacking the Invisible Knapsack." *Race, Class, and Gender in the United States: An Integrated Study* 4: 165–169.

McNamee, Stephan J., and Robert K. Miller. 2004. *The Meritocracy Myth.* Lanham, MD: Rowman & Littlefield.

Mears, Ashley. 2014. "The Collective Accomplishment of Conspicuous Consumption: Doing Display among the New Global Elite." Paper presented at the Council of European Studies, Washington, DC, March.

———. 2015a. "Girls as Elite Distinction: The Appropriation of Bodily Capital." *Poetics* 53: 22–37.

———. 2015b. "Working for Free in the VIP: Relational Work and the Production of Consent." *American Sociological Review* 80 (6): 1099–1122.

Mikecz, Robert. 2012. "Interviewing Elites: Addressing Methodological Issues." *Qualitative Inquiry* 18 (6): 482–493.

Mills, C. Wright. 2000 [1959]. *The Sociological Imagination.* New York: Oxford University Press.

Mogil, Christopher, and Anne Slepian with Peter Woodrow. 1991. *We Gave Away a Fortune: Stories of People Who Have Devoted Themselves and Their Wealth to Peace, Justice, and the Environment.* Philadelphia: New Society.

Molyneux, Maxine. 1979. "Beyond the Domestic Labor Debate." *New Left Review* 116: 3–27.

Murphy, Alexandra, and Colin Jerolmack. 2016. "Ethnographic Masking in an Era of Data Transparency." *Contexts* 15 (2): 14–17.

Nakano Glenn, Evelyn. 1992. "From Servitude to Service Work: Historical Continuities in the Racial Division of Paid Reproductive Labor." *Signs* 18 (1): 1–43.

———. 2002. *Unequal Freedom: How Race and Gender Shaped American Citizenship and Labor.* Cambridge, MA: Harvard University Press.

Nelson, Margaret. 2010. *Parenting Out of Control: Anxious Parents in Uncertain*

Times. New York: New York University Press.

Newman, Katherine. 1999. *Falling from Grace: Downward Mobility in the Age of Affluence*. Berkeley: University of California Press.

Newman, Katherine S., and Rebekah Peeples Massengill. 2006. "The Texture of Hardship: Qualitative Sociology of Poverty, 1995–2005." *Annual Review of Sociology* 32: 423–446.

Norton, Michael, and Dan Ariely. 2011. "Building a Better America—One Wealth Quintile at a Time." *Perspectives on Psychological Science* 6 (1): 9–12.

Odendahl, Teresa. 1990. *Charity Begins at Home: Generosity and Self Interest among the Philanthropic Elite*. New York: Basic Books.

Ortner, Sherry. 2003. *New Jersey Dreaming: Capital, Culture, and the Class of '58*. Durham, NC: Duke University Press.

Osburg, John. 2013. *Anxious Wealth: Money and Morality among China's New Rich*. Stanford, CA: Stanford University Press.

Ostrander, Susan. 1984. *Women of the Upper Class*. Philadelphia: Temple University Press.

———. 1995a. *Money for Change: Social Movement Philanthropy at Haymarket People's Fund*. Philadelphia: Temple University Press.

———. 1995b. "'Surely You're Not in This Just to Be Helpful': Access, Rapport, and Interviews in Three Studies of Elites." Pp. 133–150 in *Studying Elites Using Qualitative Methods*, edited by R. Hertz and J. B. Imber. Thousand Oaks, CA: Sage.

Ostrower, Francie. 1995. *Why the Wealthy Give*. Princeton, NJ: Princeton University Press.

Page, Benjamin, Larry Bartels, and Jason Seawright. 2013. "Democracy and the Policy Preferences of Wealthy Americans." *Perspectives on Politics* 11 (1): 51–73.

Pahl, Jan. 1983. "The Allocation of Money and the Structuring of Inequality within Marriage." *Sociological Review* 31 (2): 237–262.

———. 1990. "Household Spending, Personal Spending and the Control of Money in Marriage." *Sociology* 24 (1): 119–138.

Pattillo, Mary. 2007. *Black on the Block*. Chicago: University of Chicago Press.

———. 2013. *Black Picket Fences* (Second Edition). Chicago: University of Chicago Press.

Pew Research Center. 2016. "America's Shrinking Middle Class: A Close Look at Changes within Metropolitan Areas." http://www.pewsocialtrends.org/2016/05/11/americas-shrinking-middle-class-a-close-look-at-changes-within-metropolitan-areas/. Accessed November 5, 2016.

Piff, Paul K. 2014. "Wealth and the Inflated Self: Class, Entitlement and Narcissism." *Personality and Social Psychology Bulletin* 40 (1): 34–43.

Piff, Paul K., Michael W. Krauss, Stéphane Côté, Bonnie Hayden Cheng, and Dacher Keltner. 2010. "Having Less, Giving More: The Influence of Social Class on Prosocial Behavior." *Journal of Personality and Social Psychology* 99 (5): 771–784.

Piff, Paul K., Daniel M. Stancato, Stéphane Côté, Rodolfo Mendoza-Denton, and Dacher Keltner. 2012. "Higher Social Class Predicts Increased Unethical Behavior." *Proceedings of the National Academy of Sciences of the United States of America* 109 (11): 4086–4091.

Piketty, Thomas. 2014. *Capital in the Twenty-First Century*. Cambridge, MA: Harvard University Press.

Power, Sally, Annabelle Allouch, Phillip Brown, and Gerbrand Tholen. 2016. "Giving Something Back? Sentiments of Privilege and Social Responsibility among Elite Graduates from Britain and France." *International Sociology* 31 (3): 305–323.

Pratto, Felicia, and Andrew L. Stewart. 2012. "Group Dominance and the Half-Blindness of Privilege." *Journal of Social Issues* 68 (1): 28–45.

Pugh, Allison. 2009. *Longing and Belonging: Parents, Children, and Consumer Culture*. Berkeley: University of California Press.

———. 2013. "What Good Are Interviews for Thinking about Culture? Demystifying Interpretive Analysis." *American Journal of Cultural Sociology* 1: 42–68.

———. 2015. *The Tumbleweed Society*. New York: Oxford University Press.

Raxlen, Jussara, and Rachel Sherman. 2016. "Working Hard or Hardly Working? Elite Stay-at-Home-Moms and the Labor of Lifestyle." Paper presented at the American Sociological Association annual meetings, Seattle, August.

Reay, Diane. 1998. *Class Work: Mothers' Involvement in Their Children's Primary Schooling*. London: UCL.

———. 2005a. "Doing the Dirty Work of Social Class? Mothers' Work in Support of Their Children's Schooling." Pp. 104–116 in *A New Sociology of Work?*, edited by Lynne Pettinger, Jane Perry, Rebecca Taylor, and Miriam Glucksmann. Oxford, UK: Blackwell.

———. 2005b. "Beyond Consciousness? The Psychic Landscape of Social Class." *Sociology* 39 (5): 911–928.

Reay, Diane, Sumi Hollingworth, Katya Williams, Gill Crozier, Fiona Jamieson, David James, and Phoebe Beedell. 2007. "A Darker Shade of Pale? Whiteness, the Middle Classes and Multi-Ethnic Schooling." *Sociology* 41 (6): 1041–1059.

Rivera, Lauren. 2014. "The Have-Nots versus the Have-a-Lots: Who Is Economically Elite in America?" Paper presented at the American Sociological Association meetings, August, San Francisco.

———. 2015. *Pedigree: How Elite Students Get Elite Jobs*. Princeton, NJ: Princeton University Press.

Roberts, Sam. 2014. "Gap between Manhattan's Rich and Poor Is Greatest in U.S., Census Finds." *New York Times*, September 17. Available at http://www.nytimes.com/2014/09/18/nyregion/gap-between-manhattans-rich-and-poor-is-greatest-in-us-census-finds.html

Roelofs, Joan. 2003. *Foundations and Public Policy: The Mask of Pluralism*. Albany, NY: State University of New York Press.

Rollins, Judith. 1985. *Between Women: Domestics and Their Employers*. Philadelphia: Temple University Press.

Rothkopf, David. 2009. *Superclass: The Global Power Elite and the World They Are Making*. New York: Farrar, Straus & Giroux.

Rubin, Lillian. 1992 [1976]. *Worlds of Pain: Life in the Working-Class Family*. New York: Basic Books.

Saez, Emmanuel. 2015. "Striking It Richer: The Evolution of Top Incomes in the United States. (Updated with 2013 preliminary estimates)." https://eml.berkeley.edu/~saez/saez-UStopincomes-2013.pdf. Last accessed January 2017.

Salkin, Allen. 2009. "You Try to Live on 500K in This Town." *New York Times*, February 8. Available at http://www.nytimes.com/2009/02/08/fashion/08halfmill.html?_r=0. Accessed July 6, 2016.

Sassen, Saskia. 1988. *The Mobility of Labor and Capital: A Study in International Investment and Labor Flow*. Cambridge, UK: Cambridge University Press.

———. 1990. *The Global City: New York, London, Tokyo*. Princeton, NJ: Princeton University Press.

Savage, Mike, and Karel Williams (eds.). 2008. *Remembering Elites*. Oxford, UK: Blackwell.

Savage, Mike, Gaynor Bagnall, and Brian Longhurst. 2001. "Ordinary, Ambivalent and Defensive: Class Identities in the Northwest of England." *Sociology* 35 (4): 875–892.

Sayer, Andrew. 2005. *The Moral Significance of Class*. Cambridge, UK: Cambridge University Press.

Schneider, Daniel. 2012. "Gender Deviance and Household Work: The Role of Occupation." *American Journal of Sociology* 117 (4): 1029–1072.

Schor, Juliet. 1998. *The Overspent American: Upscaling, Downshifting and the New Consumer*. New York: Basic Books.

———. 2003. *Born to Buy*. New York: Scribner.

———. 2007. "In Defense of Consumer Critique: Revisiting the Consumption Debates of the Twentieth Century." *Annals of the American Academy of Political and Social Science* 611 (1): 16–30.

———. 2016. "Debating the Sharing Economy." *Journal of Self-Governance and Management Economics* 4 (3): 7–22.

Schulz, Jeremy. 2012. "Talk of Work: Transatlantic Divergences in Justifications for Hard Work among French, Norwegian, and American Professionals." *Theory & Society* 41 (6): 603–634.

Schwartz, Pepper, Davis Patterson, and Sara Steen. 2012. "The Dynamics of Power: Money and Sex in Intimate Relationships." Pp. 253–275 in *Gender, Power and Communication in Human Relationships*, edited by Pamela J. Kalbfleisch and Michael J. Cody. New York: Routledge.

Schwartz Cowan, Ruth. 1984. *More Work for Mother: The Ironies of Household Technology from the Open Hearth to the Microwave*. New York: Basic Books.

Scott, Marvin B., and Stanford M. Lyman. 1968. "Accounts." *American Sociological Review* 33 (1): 46–62.

Secombe, Wally. 1974. "The Housewife and Her Labor under Capitalism." *New Left Review* 83: 3–24.

Sengupta, Somini. 2012. "Preferred Style: Don't Flaunt It in Silicon Valley." *New York Times*, May 17, A1. Available at http://www.nytimes.com/2012/05/18/technology/a-start-up-is-gold-for-facebooks-new-millionaires.html. Accessed November 21, 2016.

Sennett, Richard. 2007. *The Culture of New Capitalism*. New Haven, CT: Yale University Press.

Sennett, Richard, and Jonathan Cobb. 1993 [1973]. *The Hidden Injuries of Class*. New York: W. W. Norton.

Shenker-Osorio, Anat. 2013. "Why Americans All Believe They Are 'Middle Class.'" *Atlantic*, August 1. Available at http://www.theatlantic.com/politics/archive/2013/08/why-americans-all-believe-they-are-middle-class/278240/. Accessed July 2, 2016.

Sherman, Jennifer. 2009. *Those Who Work, Those Who Don't*. Minneapolis: University of Minnesota Press.

Sherman, Rachel. 2007. *Class Acts: Service and Inequality in Luxury Hotels*. Berkeley: University of California Press.

———. 2010. "'Time Is Our Commodity': Gender and the Struggle for Occupational Legitimacy among Personal Concierges." *Work and Occupations* 37 (1): 81–114.

———. 2011. "The Production of Distinctions: Class, Gender, and Taste Work in the Lifestyle Management Industry." *Qualitative Sociology* 34 (1): 201–219.

———. 2014. "Caring or Catering? Emotions, Autonomy and Subordination in Lifestyle Work." In *Caring on the Clock: The Complexities and Contradictions of Paid Care Work*, edited by Mignon Duffy, Amy Armenia, and Clare Stacey. New Brunswick, NJ: Rutgers University Press.

———. 2017. "Conflicted Cultivation: Parenting, Privilege, and Moral Worth in Wealthy New York Families." *American Journal of Cultural Sociology* 5 (1): 1–33.

———. n.d. "A Very Expensive Ordinary Life: Symbolic Boundaries and Aspiration to the Middle among New York Elites." Unpublished paper.

Shockley, Kristen, and Winny Shen. 2016. "Couple Dynamics: Division of Labor." Pp. 125–139 in *The Oxford Handbook of Work and Family*, edited by Tammy D. Allen and Lillian T. Eby. Oxford, UK: Oxford University Press.

Silva, Jennifer. 2013. *Coming Up Short*. New York: Oxford University Press.

Silver, Ira. 2007. "Disentangling Class from Philanthropy: The Double-Edged Sword of Alternative Giving." *Critical Sociology* 33: 537–549.

Skeggs, Beverly. 1997. *Formations of Class & Gender: Becoming Respectable*. London: Sage.

Sklair, Leslie. 2001. *The Transnational Capitalist Class*. Oxford: Blackwell.

Small, Mario. 2009. "How Many Cases Do I Need?" *Ethnography* 10 (1): 5–38.

Smith, Heather J., and Thomas F. Pettigrew. 2014. "The Subjective Interpretation of Inequality: A Model of the Relative Deprivation Experience." *Social and Personality Psychology Compass* 8 (12): 755–765.

Spence, Emma. 2016. "Performing Wealth and Status: Observing Super-Yachts and the Super-Rich in Monaco." Pp. 287–301 in *Handbook on Wealth and the Super-Rich*, edited by Jonathan V. Beaverstock and Iain Hay. Cheltenham, UK: Edward Elgar.

Standing, Guy. 2011. *The Precariat: The New Dangerous Class*. London: Bloomsbury.

Stewart, James B. 2016. "In the Chamber of Secrets: J. K. Rowling's Net Worth." *New York Times*, November 25, A1. Available at http://www.nytimes.com/2016/11/24/business/in-the-chamber-of-secrets-jk-rowlings-net-worth.html. Accessed November 26, 2016.

Stone, Pamela. 2007. *Opting Out? Why Women Really Quit Careers and Head Home*. Berkeley: University of California Press.

Strasser, Susan. 1982. *Never Done: A History of American Housework*. New York: Pantheon Books.

Streib, Jessi. 2013. "Class Origin and College Graduates' Parenting Beliefs." *Sociological Quarterly 54: 670–693.

———. 2015. *The Power of the Past: Understanding Cross-Class Marriages*. New York: Oxford University Press.

Thaler, Richard H. 1999. "Mental Accounting Matters." *Journal of Behavioral Decision Making* 12: 183–206.

Tichenor, Veronica. 2005. *Earning More and Getting Less: Why Successful Wives Can't Buy Equality*. New Brunswick, NJ: Rutgers University Press.

Treas, Judith. 1993. "Money in the Bank: Transaction Costs and the Economic Organization of Marriage." *American Sociological Review* 58 (5): 723–734.

U.S. Census Bureau. 2016. "QuickFacts, New York City, New York." https://www.census.gov/quickfacts/table/PST045215/3651000. Last accessed January 2017.

Vaisey, Steven. 2009. "Motivation and Justification: A Dual-Process Model of Culture in Action." *American Journal of Sociology* 114 (6): 1675–1715.

———. 2014. "Is Interviewing Compatible with the Dual-Process Model of Culture?" *American Journal of Cultural Sociology* 2: 150–158.

Veblen, Thorstein. 1994 [1899]. *The Theory of the Leisure Class*. New York: Penguin.

Vincent, Carol, and Stephen J. Ball. 2007. "'Making Up' the Middle-Class Child: Families, Activities and Class Dispositions." *Sociology* 41 (6): 1061–1077.

Vogler, Carolyn. 2005. "Cohabiting Couples: Rethinking Money in the Household at the Beginning of the Twenty-first Century." *Sociological Review* 53 (1): 1–29.

Vogler, Carolyn, and Jan Pahl. 1993. "Social and Economic Change and the Organization of Money within Marriage." *Work, Employment & Society* 7 (1): 71–95.

———. 1994. "Money, Power and Inequality within Marriage." *Sociological Review* 42 (2): 263–288.

Vogler, Carolyn, Clare Lyonette, and Richard D. Wiggins. 2008. "Money, Power and Spending Decisions in Intimate Relationships." *Sociological Review* 56 (1): 117–143.

Vohs, Kathleen D., Nicole L. Mead, and Miranda R. Goode. 2006. "The Psychological Consequences of Money." *Science* 314 (5802): 1154–1156.

Warde, Alan. 2015. "The Sociology of Consumption: Its Recent Development." *Annual Review of Sociology* 41: 117–134.

Weber, Max. 2003 [1958]. *The Protestant Ethic and the Spirit of Capitalism*. New York: Dover.

Weinbaum, Batya, and Amy Bridges. 1976. "The Other Side of the Paycheck: Monopoly Capital and the Structure of Consumption." *Monthly Review* 28 (3): 88–103.

Weis, Lois, Kristin Cipollone, and Heather Jenkins. 2014. *Class Warfare: Class, Race, and College Admissions in Top-Tier Secondary Schools*. Chicago: University of Chicago Press.

Wernick, Laura. 2009. "How Young Progressives with Wealth Are Leveraging Their Power and Privilege to Support Social Justice: A Case Study of Social Justice Philanthropy and Young Donor Organizing." Ph.D. diss., University of Michigan, Ann Arbor.

Whillans, Ashley V., Nathan J. Wispinski, and Elizabeth W. Dunn. 2016. "Seeing Wealth as a Responsibility Improves Attitudes towards Taxation." *Journal of Economic Behavior & Organization* 127: 146–154.

Wilkinson, Richard, and Kate Pickett. 2009. *The Spirit Level: Why Greater Equality Makes Societies Stronger*. Bloomsbury Press.

Willis, Paul. 1979. *Learning to Labor: How Working Class Kids Get Working Class Jobs*. New York: Columbia University Press.

Wright, Erik Olin (ed.). 2005. *Approaches to Class Analysis*. Cambridge, UK: Cambridge University Press.

Wright, Erik Olin, and Rachel E. Dwyer. 2003. "The Patterns of Job Expansions in the USA: A Comparison of the 1960s and 1990s." *Socio-Economic Review* 1 (3): 289–325.

Yodanis, Carrie, and Sean Lauer. 2007. "Managing Money in Marriage: Multilevel and Cross-National Effects of the Breadwinner Role." *Journal of Marriage and Family* 69 (5): 1307–1325.

Young, Alford A. 2004. *The Minds of Marginalized Black Men: Making Sense of Mobility, Opportunity, and Future Life Chances*. Princeton, NJ: Princeton University Press.

Zelizer, Viviana. 1994. *The Social Meaning of Money*. New York: Basic Books.

———. 2005. *The Purchase of Intimacy*. Princeton, NJ: Princeton University Press.

———. 2012. "How I Became a Relational Economic Sociologist and What Does That Mean?" *Politics & Society* 40 (2): 145–174.

Zinn, Howard. 1980. *A People's History of the United States*. New York: Harper & Row.

UNEASY STREET: The Anxieties of Affluence
by Rachel Sherman

Copyright © 2017 by Rachel Sherman
Requests for permission to reproduce material from this work should be sent to Permissions, Princeton University Press
Published by Princeton University Press, 41 William Street, Princeton, New Jersey 08540
In the United Kingdom: Princeton University Press, 6 Oxford Street, Woodstock, Oxfordshire OX20 1TR
press.princeton.edu
All Rights Reserved

All rights reserved. No part of this book may be reported or transmitted in any form or by any means, electronic or mechanical, including photocopying, recording or by any information storage and retrieval, without permission in writing from the Publisher.

Simplified Chinese translation copyright © 2021 by East China Normal University Press Ltd. All rights reserved.

上海市版权局著作权合同登记　图字：09-2018-1287 号